本书由
中央高校建设世界一流大学（学科）
和特色发展引导专项资金
资助

中南财经政法大学“双一流”建设文库
区｜域｜发｜展｜系｜列｜

农村老龄人口贫困化研究

于长永　著

中国财经出版传媒集团
中国财政经济出版社

图书在版编目（CIP）数据

农村老龄人口贫困化研究 / 于长永著. -- 北京：中国财政经济出版社，2019.12

（中南财经政法大学“双一流”建设文库. 区域发展系列）

ISBN 978-7-5095-9448-3

Ⅰ. ①农… Ⅱ. ①于… Ⅲ. ①农村－老年人－贫困问题－研究－中国 Ⅳ. ①F323.8

中国版本图书馆 CIP 数据核字（2019）第 254583 号

责任编辑：武志庆　　　　责任校对：徐艳丽

封面设计：陈宇琰

农村老龄人口贫困化研究

NONGCUN LAOLING RENKOU PINKUNHUA YANJIU

中国财政经济出版社 出版

URL：http：//www. cfeph. cn

E-mail：cfeph @ cfemg. cn

社址：北京市海淀区阜成路甲 28 号　邮政编码：100142

营销中心电话：010-88191537

北京财经印刷厂印装　各地新华书店经销

787×1092 毫米　16 开　15 印张　230 000 字

2019 年 12 月第 1 版　2019 年 12 月北京第 1 次印刷

定价：68.00 元

ISBN 978-7-5095-9448-3

总　序

“中南财经政法大学‘双一流’建设文库”是中南财经政法大学组织出版的系列学术丛书，是学校“双一流”建设的特色项目和重要学术成果的展现。

中南财经政法大学源起于1948年以邓小平为第一书记的中共中央中原局在挺进中原、解放全中国的革命烽烟中创建的中原大学。1953年，以中原大学财经学院、政法学院为基础，荟萃中南地区多所高等院校的财经、政法系科与学术精英，成立中南财经学院和中南政法学院。之后学校历经湖北大学、湖北财经专科学校、湖北财经学院、复建中南政法学院、中南财经大学的发展时期。2000年5月26日，同根同源的中南财经大学与中南政法学院合并组建“中南财经政法大学”，成为一所财经、政法“强强联合”的人文社科类高校。2005年，学校入选国家“211工程”重点建设高校；2011年，学校入选国家“985工程优势学科创新平台”项目重点建设高校；2017年，学校入选世界一流大学和一流学科（简称“双一流”）建设高校。70年来，中南财经政法大学与新中国同呼吸、共命运，奋勇投身于中华民族从自强独立走向民主富强的复兴征程，参与缔造了新中国高等财经、政法教育从创立到繁荣的学科历史。

“板凳要坐十年冷，文章不写一句空”，作为一所传承红色基因的人文社科大学，中南财经政法大学将范文澜和潘梓年等前贤们坚守的马克思主义革命学风和严谨务实的学术品格内化为学术文化基因。学校继承优良学术传统，深入推进师德师风建设，改革完善人才引育机制，营造风清气正的学术氛围，为人才辈出提供良好的学术环境。入选“双一流”建设高校，是党和国家对学校70年办学历史、办学成就和办学特色的充分认可。“中南大”人不忘初心，牢记使命，以立德树人为根本，以“中国特色、世界一流”为核心，坚持内涵发展，“双一流”建设取得显著进步：学科体系不断健全，人才体系初步成型，师资队伍不断壮大，研究水平和创新能力不断提高，现代大学治理体系不断完善，国际交流合作优化升级，综合实力和核心竞争力显著提升，为在2048年建校百年时，实现主干学科跻身世界一流学科行列的发展愿景打下了坚实根基。

“当代中国正经历着我国历史上最为广泛而深刻的社会变革，也正在进行着人类历史上最为宏大而独特的实践创新”，“这是一个需要理论而且一定能够产生理论的时代，这是一个需要思想而且一定能够产生思想的时代”①。坚持和发展中国特色社会主义，统筹推进“五位一体”总体布局和协调推进“四个全面”战略布局，实现“两个一百年”奋斗目标、实现中华民族伟大复兴的中国梦，需要构建中国特色哲学社会科学体系。市场经济就是法治经济，法学和经济学是哲学社会科学的重要支撑学科，是新时代构建中国特色哲学社会科学体系的着力点、着重点。法学与经济学交叉融合成为哲学社会科学创新发展的重要动力，也为塑造中国学术自主性提供了重大机遇。学校坚持财经政法融通的办学定位和学科学术发展战略，“双一流”建设以来，以“法与经济学科群”为引领，以构建中国特色法学和经济学学科、学术、话语体系为己任，立足新时代中国特色社会主义伟大实践，发掘中国传统经济思想、法律文化智慧，提炼中国经济发展与法治实践经验，推动马克思主义法学和经济学中国化、现代化、国际化，产出了一批高质量的研究成果，“中南财经政法大学‘双一流’建设文库”即为其中部分学术成果的展现。

文库首批遴选、出版二百余册专著，以区域发展、长江经济带、“一带一路”、创新治理、中国经济发展、贸易冲突、全球治理、数字经济、文化传承、生态文明等十个主题系列呈现，通过问题导向、概念共享，探寻中华文明生生不息的内在复杂性与合理性，阐释新时代中国经济、法治成就与自信，展望人类命运共同体构建过程中所呈现的新生态体系，为解决全球经济、法治问题提供创新性思路和方案，进一步促进财经政法融合发展、范式更新。本文库的著者有德高望重的学科开拓者、奠基人，有风华正茂的学术带头人和领军人物，亦有崭露头角的青年一代，老中青学者秉持家国情怀，述学立论、建言献策，彰显“中南大”经世济民的学术底蕴和薪火相传的人才体系。放眼未来、走向世界，我们以习近平新时代中国特色社会主义思想为指导，砥砺前行，凝心聚

① 习近平：《在哲学社会科学工作座谈会上的讲话》，2016年5月17日。

力推进“双一流”加快建设、特色建设、高质量建设，开创“中南学派”，以中国理论、中国实践引领法学和经济学研究的国际前沿，为世界经济发展、法治建设做出卓越贡献。为此，我们将积极回应社会发展出现的新问题、新趋势，不断推出新的主题系列，以增强文库的开放性和丰富性。

“中南财经政法大学‘双一流’建设文库”的出版工作是一个系统工程，它的推进得到相关学院和出版单位的鼎力支持，学者们精益求精、数易其稿，付出极大辛劳。在此，我们向所有作者以及参与编纂工作的同志们致以诚挚的谢意！

因时间所囿，不妥之处还恳请广大读者和同行包涵、指正！

中南财经政法大学校长 杨灿明

前　言

研究背景

中国在1999年底跨入人口老龄化社会的门槛，近年来，中国人口老龄化已经进入加速增长时期，老龄人口日益增多，且呈现出高龄化、空巢化、失能化等发展趋势。农村老龄人口更面临着三种生存困境：一是随着年龄的增加，农村老龄人口身体机能逐渐下降，身体健康状况日益恶化，农村老龄人口参与农业生产劳动的能力大大降低，导致其收入水平迅速下降；二是随着年龄的增加，农村老龄人口遭受疾病风险的概率大大增加，医药费支出快速增加，成为威胁农村老龄人口基本生活的重要因素；三是农村社会保障制度建设滞后，农村社会保障制度的保障水平较低，尚不能为农村老龄人口提供稳定的生活安全保障预期。在三种困境的共同“围剿”下，农村老龄人口很容易陷入贫困状态。而且，随着人口老龄化向纵深方向发展，农村老龄人口、高龄人口和空巢老龄人口数量正快速增加，由此带来的农村老龄人口贫困化问题，需要我们给予高度关注和重视。

一些关键问题值得我们深入研究与思考。这包括：什么是老龄人口贫困化，如何界定老龄人口贫困化？农村老龄人口贫困化的现状与趋势是什么，农村老龄人口贫困化的特点是什么，农村老龄人口贫困化的成因是什么，农村老龄人口贫困化的生成机制是什么，如何应对人口老龄化快速发展背景下的农村老龄人口贫困化问题？等等。这些都是值得我们高度关注的问题，正确把握和回答这些问题，不仅有助于我们清楚的认识农村老龄人口贫困问题的总体形势，提高我们应对农村人口老龄化问题的理论自信，还有助于地方政府根据农村老龄人口贫困化的特点、成因和生成机制等，有针对性的提出化解农村老龄人口贫困化问题的对策建议，提高农村社会政策的针对性、合意性和有限养老资源的配置效率。

研究设计

本书的研究设计，主要包括以下三个方面：

（1）研究内容设计。按照课题申请书的研究计划以及开题时与会专家提出的建设性意见和建议，本书的研究内容包括五个方面，也即是本书要解决的五个主要问题。具体包括：①农村老龄人口贫困化的现状；②农村老龄人口贫困化的特点；③农村老龄人口贫困化的成因；④农村老龄人口贫困发生率的决定因素；⑤农村老龄人口贫困持续期的决定因素。这五个方面的主要问题，从逻辑上层层递进，层次分明，并把农村老龄人口置于“理性经济人”理论框架之内，分析他们贫困化的生成机制。最后基于上述五个方面的分析和研究结论，站在“统筹城乡”的视角提出化解农村老龄人口贫困化问题的对策建议。

（2）抽样调查设计。①调查时间，安排在2013年1—3月，这期间正是中国传统节日即春节，这个时候外出务工的农民工大部分都返乡回家，确保被抽中的调查对象（特别是被调查的农村高龄、甚至失能老龄人口）的可及性，同时，学生们（调研员）放假，有充分的时间参与课题调查。②调查问卷，规模为800份，依据是经费限制、时间限制和样本代表性考虑。③调查人员，由中南财经政法大学2009级、2010级、2011级和2012级四个年级的统计、人力资源管理、金融与统计学等专业的60名学生构成。④抽样方法，等额概率抽样，结构式问卷访问。⑤调查地点，分布在11个地市31个县65个村。

（3）调查质量控制。为了保证调查数据的质量和代表性，课题组做了以下安排和紧急情况处理办法：①调查问卷经过了社会调查和抽样研究专家的讨论，并进行了试调研，调查员经过了认真筛选和专门的培训和指导。②在试调研和问题反馈的基础上，调查问卷又做了进一步完善，并做了个案试调查。③调查过程中，尽量保证被调查对象选择的随机性。④建立了调查中突发问题处理办法和处理机制。调查中遇到突发问题，及时向课题组反映，并及时纠正，保持适度的灵活性，如碰到农户拒访的问题，调查员选取拒访农户的邻居作为调查对象，以保证被调查对象的随机性等。

研究结果

研究结果，包括抽样调查结果和课题研究结果两个方面。

（一）抽样调查结果

调查样本的分布情况是，1个地级市，调查样本量为10份；6个地区，有效回收样本量分别为93份、20份、20份、104份、149份和20份；4个自治州，有效回收样本量分别为17份、15份、52份和150份。调查问卷总计发放问卷800份，回收问卷756份，问卷回收率94.5%，剔除无效问卷后，有效回收问卷650份，调查问卷有效回收率为81.3%。调查样本的信度和效度检验结果显示，本次调查具有较好的代表性，为本书研究提供了重要的基础和条件。

从被调查对象的基本分布情况来看，男性所占比例为57.7%，女性为42.3%；超过77.1%的被调查对象处于已婚状态，有17%的被调查对象处于丧偶状态，有3.9%的被调查对象处于离异状态，其他占2.0%；接近94.4%的被调查对象的文化程度为初中及以下水平，高中以上文化程度的只有5.6%左右，说明农村老龄人口文化程度普遍较低；绝大多数被调查对象的年龄为60~75岁，所占比例接近70%；32.6%的被调查对象认为自己的健康状况较好，有接近21.9%的被调查对象认为健康状况不好，另有45.5%的被调查对象认为健康状况一般。从被调查对象反映的信息，特别是年龄分布、健康状况、文化程度、婚姻状况四个方面的基本分布情况可以很好地说明，调查数据质量较高。

（二）课题研究结果

1. 农村老龄人口贫困化的现状

农村老龄人口贫困化的现状，包括农村老龄人口贫困发生率和农村老龄人口贫困持续期两个方面。从农村老龄人口的贫困发生率来看，主观视角下的农村老龄人口贫困发生率为25.0%；收入视角下的农村老龄人口贫困发生率为33.5%，相对视角下的农村老龄人口贫困发生率为16.0%。从农村老龄人口贫困的持续期来看，贫困持续期在5年以下的农村老龄人口占贫困老龄人口的56.3%，贫困持续期在6~10年的农村老龄人口占贫困老龄人口的14.1%，贫困持续期在11～15年的农村老龄人口占农村贫困老龄人口的23.9%，贫困持续期在16～20年的农村老龄人口占农村贫困老龄人口的4.2%，贫困持续期达到20年以上的农村老龄人口占农村贫困老龄人口的1.4%。贫困持续期最短的时间为0.67年，即不到1年，贫困持续期最长的时间超过了20年，贫困持续期平均时间为6.24年，其中标准差（Std. Deviation）为4.79。

2. 农村老龄人口贫困化的趋势

农村老龄人口贫困化的趋势，包括农村老龄人口贫困发生率的变化趋势和农村老龄人口贫困持续期的变化趋势。从农村老龄人口贫困发生率的变化趋势来看，随着分组年龄的增加，农村老龄人口的贫困发生率呈现出上升趋势。55～60岁年龄组的农村老龄人口中，贫困发生率只有20%左右，而在80岁以上的农村高老龄人口中，贫困发生率已经超过了40%。卡方检验结果显示，分组年龄与农村老龄人口贫困发生率有显著的正相关关系。即分组年龄越大，农村老龄人口的贫困发生率越高。从农村老龄人口贫困持续期的变化趋势来看，在55～60岁年龄组，农村老龄人口贫困持续期在5年以上的老龄人口所占比例只有38.7%，而到了80岁以上的高年龄组，农村老龄人口贫困持续期在5年以上的人口所占比例已经达到了75%。即分组年龄越大，农村老龄人口的长期贫困问题越严重。

3. 农村老龄人口贫困化的特征

农村老龄人口贫困发生率的特征。按照55～69年龄组、70～79年龄组和80岁及以上年龄组的划分标准，把农村老龄人口分为低龄老龄人口、中龄老龄人口和高龄老龄人口3个群体，分析发现农村老龄人口贫困发生率存在显著的年龄差异，在低龄老龄人口中，农村老龄人口的贫困发生率为21.4%，在中龄老龄人口中，农村老龄人口的贫困发生率为33.1%，在高龄老龄人口中，农村老龄人口的贫困发生率为55.6%。

农村老龄人口贫困持续期的特征。从性别差异来看，农村老龄人口贫困持续期的性别差异也是不存在的。从年龄差异来看，农村老龄人口的贫困持续期，尽管存在一定差异，但这种差异并不是特别明显，因为显著性水平只有10%。

4. 农村老龄人口贫困化的成因

从个人原因来看，是否患有慢性病与农村老龄人口贫困发生率没有显著的关系，而农村老龄人口患有慢性病的数量与农村老龄人口贫困发生率呈现出显著的正相关关系，即罹患慢性病的数量越多，农村老龄人口的贫困发生率越高、贫困持续期越长。农村老龄人口的自评健康状况与农村老龄人口贫困发生率有显著的负相关关系，自评健康状况越差，农村老龄人口贫困发生率越高、贫困持续期越长。农村老龄人口的文化程度也是农村老龄人口贫困化的重要原因，统计数据显示，农村老龄人口贫困发生率与农村老龄人口的受教育程度有显著的相关关系。观念守旧是影响农村老龄人口贫困化的重要原因。依赖思想、“等、靠、要”等传统守旧的观念，成为农村老龄人口贫困化的重要致贫原因。

从家庭原因来看，家庭规模与农村老龄人口贫困发生率有显著关系。随着家庭规模的扩大，农村老龄人口的贫困发生率呈现出明显的下降趋势，而且这种趋势通过了显著性检验。家庭代际关系与农村老龄人口的贫困发生率有显著的相关关系。家庭代际关系越好的家庭，农村老龄人口的贫困发生率越低，相反，家庭代际关系越差的家庭，农村老龄人口的贫困发生率越高。家庭收入结构与农村老龄人口贫困发生率有显著的相关关系，外出务工收入占农村家庭收入中的比重越高，农村老龄人口的贫困发生率越低，反之则越高。

从政策与制度原因来看，农村社会保障制度建设较为滞后，突出体现在新型农村合作医疗制度和新型农村社会养老保险制度的保障水平较低，制约了农村社会保障制度对降低农村老龄人口贫困发生率的作用。从环境与风险原因来看，不同地区之间的交通便利性差、交通成本高、自然灾害频发，成为农村老龄人口贫困化的风险原因。

5. 农村老龄人口贫困发生率的决定因素

本书以“收入—支出”为分析框架，实证分析了农村老龄人口贫困发生率的决定因素。

从收入因素对农村老龄人口贫困发生率的影响来看，工资性收入、养老金收入、子女赠送收入、农业种养收入和医疗补偿收入5个解释变量，对农村老龄人口的主观贫困发生率都有显著影响。其中，农业种养收入对农村老龄人口贫困发生率有正向影响，其他4个解释变量有负向影响。即农业种养收入在总收入中的比重越大，农村老龄人口的主观贫困发生率越高；工资性收入、养老金收入、子女赠送收入和医疗费补偿收入在总收入中所占的比重越大，农村老龄人口的主观贫困发生率越低。养老金收入的提高对降低农村老龄人口主观贫困发生率的作用是最大的，养老金收入对降低农村老龄人口贫困发生率的作用，不仅仅体现在它所提供的物质支持，更体现在养老金对于农村老龄人口的精神赡养功能。子女赠送收入、工资性收入和医疗补偿收入在降低农村老龄人口主观贫困发生率的作用是依次降低的。

从支出因素对农村老龄人口贫困发生率的影响来看，社会参与支出、基本生活支出、日常通信支出、医疗保健支出和人情往来支出5个方面，只有社会参与支出一个解释变量，对农村老龄人口的主观贫困发生率、收入贫困发生率和相对贫困发生率均有显著的影响。而基本生活支出、日常通信支出、医疗保健支出和人情往来支出4个解释变量，对农村老龄人口主观贫困发生率和收入贫困发生率的影响均没有通过显著性检验。这说明，农村老龄人口的主观贫困发生率和收入贫困发生率，受农村老龄人口的基本生活支出、日常通信支出、医疗保健支出和人情往来支出的影响比较弱。

从控制变量对农村老龄人口贫困发生率的影响来看，个体特征因素、家庭特征因素和社区特征因素的13个解释变量中，有8个变量对农村老龄人口的主观贫困发生率有显著影响；有5个变量对农村老龄人口的收入贫困发生率有显著影响；有6个控制变量对农村老龄人口相对贫困发生率有显著的影响。其中，健康状况、儿子数量和村经济情况3个控制变量对农村老龄人口主观贫困发生率有显著的正向影响，即健康状况越差、儿子数量越多、村经济情况越差的农村老龄人口，主观贫困发生率越高。健康状况每下降一个档次、儿子数量每增加一个、村经济情况每下降一个水平，农村老龄人口主观贫困发生的概率发生比将分别增加69.3%、21.5%和65.7%。性别、文化程度、女儿数量、子女上大学、村所在区域4个控制变量对农村老龄人口的主观贫困发生率有显著的负向影响。即男性、文化程度越高、女儿数量越多、子女上大学、平原地区的农村老龄人口的主观贫困发生率更低。农村的男性老龄人口主观贫困发生的概率发生比是女性农村老龄人口这一概率发生比的0.664倍；文化程度每上升一个水平，农村老龄人口主观贫困发生的概率发生比将降低65.6%；女儿数量每增加一个，农村老龄人口主观贫困发生的概率将降低3.5%；子女上大学的农村老龄人口主观贫困发生的概率发生比是子女没有上大学的农村老龄人口这一概率发生比的0.604倍。

基于上述分析，课题组认为，农村老龄人口贫困发生率主要是由于收入因素所决定的，是典型的收入型贫困而非支出型贫困，农村老龄人口贫困发生率在不同的个人和家庭禀赋之间呈现出显著的差异。

6. 农村老龄人口贫困持续期的决定因素

本书以“脆弱性”为分析框架，分析了农村老龄人口贫困持续期的决定因素。脆弱性分析框架是“风险因素”“保障因素”和个体因素共同构成的函数。

从风险因素对农村老龄人口贫困持续期的影响来看，自然风险、社会风险、市场风险以及疾病风险4个层面的解释变量，只有疾病风险一个解释变量对农村老龄人口贫困持续期有显著影响。其他3个解释变量对农村老龄人口贫困持续期的影响，没有通过显著性检验，说明这3个变量对农村老龄人口贫困持续期的影响是比较普遍的，风险一旦发生并没有选择性，因此也就没有显示出明显的差异性。从大病风险冲击对农村老龄人口贫困持续期的具体影响来看，遭受大病风险冲击的农村老龄人口，在控制其他变量不变的情况下，农村老龄人口贫困的持续期将增加2.9年。

从保障因素对农村老龄人口贫困持续期的影响来看，保障性因素，即子女数量、代际关系、养老保险水平、医疗保险水平、家庭收入5个保障因素中，只有农村老龄人口的养老保险水平，对农村老龄人口贫困持续期表现出了显著的影响。但是从解释变量的显著性的水平来看，养老保险水平在10%的显著性水平下，对农村老龄人口贫困持续期有显著影响，显著性水平较低。这预示了保障性因素对农村老龄人口贫困持续期的影响是比较小的。

研究结论

（1）老龄人口贫困化有两层含义。就像人口老龄化、工业化、信息化和城镇化的概念界定一样，老龄人口贫困化也有两种含义：一是指老龄人口中贫困的老龄人口占老龄人口总数的比例逐渐增加的过程；二是指老龄人口中贫困的老龄人口在老龄人口中达到一定比例时的一种状态。从过程的角度来讲，农村老龄人口贫困化是一个明显的社会现实，因为随着年龄的增加，农村老龄人口贫困发生率在增加，贫困持续期在延长；从状态的角度来讲，由于缺乏科学的设定标准，因此，很难讲现在的区农村老龄人口已经处于贫困化状态。

（2）相对而言，农村老龄人口贫困发生率更高。主观视角、收入视角和相对视角下的农村老龄人口贫困发生率分别为25.0%、33.5%和16.0%。美国在

1960年的老年贫困人口比例为35%，1970年降低到25%，1980年降低到16%，2012年大约为10%。2003年奥地利和德国的老年贫困风险率约为14%。王德文和张恺悌（2005）的研究结果表明，2000年，中国老年贫困人口贫困发生率为7.1%～9.0%。其中，农村老年人口贫困发生率为8.6%～10.8%。乔晓春（2005）等的研究结果表明，农村老年人贫困发生率约为18.8%。杨立雄（2010）采用农村贫困线和“1天1美元”两个标准，测得农村老年贫困人口规模在1400万人以上，老年贫困发生率为10%。因此，相对于上述专家的研究结果而言，农村老龄人口的贫困发生率是相对更高的。

（3）农村老龄人口的贫困持续期以短期贫困为主。大多数农村老龄人口的贫困持续期在5年以下，所占比例达到了56.3%，贫困持续期在6～10年的农村老龄人口占贫困老龄人口的14.1%，贫困持续期在11～15年的农村老龄人口占农村贫困老龄人口的23.9%，贫困持续期在16～20年的农村老龄人口占农村贫困老龄人口的4.2%，贫困持续期达到20年以上的农村老龄人口占农村贫困老龄人口的1.4%。农村老龄人口的贫困持续期平均时间为6.24年，部分极端贫困老龄人口提高了农村老龄人口贫困持续期的平均水平。

（4）农村老龄人口贫困发生率呈现出显著的分组年龄差异。年龄分组与农村老龄人口贫困发生率呈现出显著正相关关系，即年龄分组的平均年龄越大，农村老龄人口的主观贫困发生率更高。

（5）农村老龄人口贫困持续期呈现出显著的分组年龄差异。分组年龄越大的农村老龄人口群体，一旦陷入贫困状态则贫困的持续期越长。

（6）农村老龄人口贫困发生化是多种因素共同作用的结果。农村老龄人口患慢性病的数量、健康状况、受教育程度、传统观念等是影响农村老龄人口贫困发生率的个人原因。农村老龄人口患慢性病数量越多，贫困发生率越高；健康状况越差，贫困发生率越高；受教育程度与农村老龄人口贫困发生率呈现出正“U”形相关关系；传统观念提高了农村老龄人口的贫困发生率。子女数量、家庭代际关系、家庭收入结构是影响农村老龄人口贫困发生率的家庭原因，子女数量越多，农村老龄人口贫困发生率相对更低；家庭代际关系越好，贫困发生率越低；外出务工收入所占比例越多，贫困发生率越低。

（7）农村老龄人口贫困发生率由多个因素共同决定。工资性收入、养老金收入、子女赠送收入、农业种养收入和医疗补偿收入5个解释变量，对农村老龄人口的贫困发生率有显著影响。其中，农业种养收入对农村老龄人口贫困发生率的影响为正向影响，即农业种养收入占家庭收入中的比例越大，农村老龄人口贫困发生率越高，农业收入占总收入中的比例每增加1个百分点，农村老龄人口主观贫困的发生率将增加8.6%。其他4个解释变量的影响为负向影响。养老金收入的提高对降低农村老龄人口主观贫困发生率的作用最大，养老金收入对降低农村老龄人口贫困发生率的作用，不仅仅体现在它所提供的物质支持，更体现在养老金对于农村老龄人口的精神赡养功能。

社会参与支出、基本生活支出、日常通信支出、医疗保健支出和人情往来支出5个方面，只有社会参与支出一个解释变量，对农村老龄人口的主观贫困发生率、收入贫困发生率和相对贫困发生率均有显著的影响。而基本生活支出、日常通信支出、医疗保健支出和人情往来支出这4个解释变量对农村老龄人口主观贫困发生率和收入贫困发生率的影响没有通过显著性检验。控制变量中的个体特征因素、家庭特征因素和社区特征因素的13个解释变量中，有8个变量对农村老龄人口的主观贫困发生率有显著影响；有5个变量对农村老龄人口的收入贫困发生率有显著影响；有6个控制变量对农村老龄人口主观贫困发生率有显著的影响。其中，健康状况、儿子数量和村经济情况3个控制变量对农村老龄人口主观贫困发生率有显著的正向影响。性别、文化程度、女儿数量、子女上大学、村所在区域4个控制变量对农村老龄人口的主观贫困发生率有显著的负向影响。

（8）农村老龄人口贫困持续期由多种因素决定。疾病风险是影响农村老龄人口贫困持续期的核心原因。遭受大病风险冲击的农村老龄人口，在控制其他变量不变的情况下，农村老龄人口贫困的持续期将增加2.9年。农村老龄人口的养老金水平对农村老龄人口贫困持续期有显著影响。但从解释变量的显著性水平来看，养老保险水平对农村老龄人口贫困持续期的影响程度较低。控制变量中的年龄、健康状况两个解释变量对农村老龄人口贫困持续期有显著的影响。年龄越大，农村老龄人口贫困的持续期越长，年龄每增加一岁，在其他控制变量不变的情况下，农村老龄人口贫困持续期将增加1.1个月；健康状况对农村老龄人口贫困持续期的影响为负向，健康状况好的农村老龄人口比健康状况差的农村老龄人口的贫困持续期将缩短2.3年。

政策建议

（1）站在城乡统筹的视角，解决农村老龄人口贫困化问题。在城镇化快速发展的背景下，农村老龄人口贫困问题的解决，不能“就农村谈农村”“就城市谈城市”，而应该站在统筹城乡的视角综合解决。依据是：一是中国正处在统筹城乡发展、促进城乡一体化建设的关键时期。党的十八大报告已经把实现城乡一体化确认为解决“三农问题”的根本途径，确立了“城乡统筹”的总目标，即实现城乡一体化，打破城乡分割体制，缩小城乡差距，实现城乡共同富裕。二是农村老龄人口贫困化，尽管是多个因素共同作用的结果，但最根本的原因在于社会经济发展成果不能惠及各个群体，尤其是落后的农村地区的老年人。是我国长期实行的“以农补工”和“以乡养城”发展战略，造成了现在农村老龄人口在步入老年生活时“一穷二白”。三是中国社会经济发展已经进入“以工促农”“以城补乡”的发展时期，政府有财力也应该支持工业反哺农业，城市反哺农村，城市居民支持农村居民。因此，解决农村老龄人口贫困化问题，要有大视野，要站在统筹城乡的角度，综合治理农村老龄人口贫困化。

（2）构建多层次的养老保障体系，协同治理农村老龄人口贫困化问题。根据国外社会保障制度改革发展的经验和趋势，解决农村老龄人口的贫困化问题，中国政府难以、也不应该完全承担责任，地方政府财力有限。特别是随着农村地区农村老龄人口的快速增加，仅靠某一方面的力量是有限的，仅靠一种保障措施的保障能力也是有限的。在风险社会和人口老龄化快速发展的背景下，解决农村老龄人口贫困化问题，需要构建“多层次”的养老保障体系。

具体而言，在制度体系建设上，要建立“家庭保障”“社会养老保障”“商业养老保险”“个人储蓄”和“社区互助”相结合的“五位一体”的保障体系。其中，要通过“家风行动”促进家庭美德建设，促进家庭养老的健康发展；要加大城市对农村、中央对地方财政的支持力度，提高农村社会养老保险水平；尽快实行“税收递延型”养老保险，促进商业养老保险在农村的发展；鼓励农村老年人建立“个人资产账户”以增强自我养老能力；充分发挥社区组织的作用，促进社区互动。

同时，要以农村五保供养制度和农村最低生活保障制度为抓手，通过提高保障水平、落实“应保尽保”、建立保障标准动态调整机制等措施，促进农村社会救助制度的发展和完善，让农村社会救助制度能够真正起到社会的“安全阀”，起到“托底”的作用。从服务模式上，要建立以“社区为依托，以居家养老为主体，以机构养老为补充”的养老服务体系。从运行机制上，要充分发挥市场在资源配置中的决定作用，综合运用“政府与市场”双重调控手段，协同治理农村老龄人口贫困化问题。

(3) 站在公平的视角，构建“四位一体”的农村养老保障责任分担机制。“不患寡，而患不均”是中国社会长期以来形成的文化积淀，公平问题几乎是我们每个人处事的基本准则，以公平为准绳，有利于问题的更好解决。因此，解决农村老龄人口贫困化问题，需要立足公平。但如何认识公平，需要有一种开放的视野，既要立足现实，也要顾及历史；既要顾及眼前，又要考虑长远。公平是一个动态的概念，评判公平有很多角度，权利和义务相对应，收入和付出相对应，是判断公平的重要标尺。从责任主体的角度来看，农村老龄人口贫困化，既有个人的原因，也有家庭的原因；既有社会的原因，也有政府的原因。因此，解决农村老龄人口贫困化，应该构建“四位一体”的责任分担机制。无论从公平的角度，还是从效率的角度，农村老龄人口个人需要对个人的贫困负责，因为，养老是一种私人物品，老龄人口对自己的贫困负责是一种“底线”。家庭是社会的细胞，农村老龄人口的贫困，在很大程度上是老龄人口的贡献奉献给了家庭，因此，家庭对农村老龄人口的贫困化责无旁贷，家庭对农村老龄人口贫困化负责是“基础”。国家长期的“重工轻农”发展战略，是导致农村老龄人口贫困化的重要原因，农村老龄人口为国家经济和社会发展做出了巨大贡献，国家对农村老龄人口贫困化也责无旁贷，国家起着“保障”或“兜底”作用。在共建共享发展的大背景下，社会组织有责任对农村老龄人口的贫困化负责，这既是社会组织社会责任的体现，也是人民大众“善心”回归的载体，是落实“共建共享”时代主题的具体体现。

(4) 针对农村老龄人口贫困化的特点，分对象、分内容、分方式，有针对性的采取反贫困措施。农村老龄人口贫困化呈现出显著的年龄差异。个人、家庭、制度与政策、环境、风险等都是造成农村老龄人口贫困化的原因。因此，解决农村老龄人口贫困化，不应该“一刀切”，而应该“分类分层”的解决问题。针对农村老龄人口贫困化的年龄差异特点，有限的反贫困资源，应该更多地向高龄老龄人口倾斜，而对于低龄老龄人口，应该通过开发低龄老龄人口的人力资源来提高其自我保障能力。

（5）道义与法律相结合，完善化解农村老龄人口贫困问题的监督机制。中国是一个受儒家文化影响深厚的国家，家国同构、尊老爱幼的孝悌思想源远流长。孝文化是中国优秀的传统文化，应该得到进一步发扬和倡导，而不应该被埋没和遗弃。但是，在市场经济大潮的冲击下，中国传统的孝文化正在被遗弃，传统文化的约束力正在降低。因此，应该通过宣传教育，以典型案例为抓手，弘扬优秀的传统文化，加强传统文化在农村老龄人口养老中的道义支持作用。但是，市场机制是一种鼓励人们追求私利、追求物质的机制，仅仅靠道义的约束是不够的，因此，要进一步完善相关的法律法规体系。特别是要进一步完善《中华人民共和国老年人权益保障法》，细化其中的法律约束条文，确保法律的强制性能够真正得到执行。同时，要加强《中华人民共和国老年人权益保障法》与其他法律法规的协调配合，共同搭建起农村老龄人口养老保障的法律体系，为农村老龄人口的“老有所养”保驾护航。

本专著是2018年国家社科基金一般项目《慢性病对农村老年贫困影响的效应与机制研究》（项目编号：18BSH050）的阶段性研究成果。

目 录

第一章　导　论

在党和政府强有力的领导下，西部地区社会经济发展取得巨大进步，人民生活水平不断提高，各项社会事业繁荣发展。随着西部大开发战略的实施以及中央关于西部地区发展工作座谈会的召开，西部地区 GDP 增长势头更加迅猛，2009—2011 年连续 3 年增长数千亿元。在社会建设方面，中央和西部各个地区以充分保障人民切身利益为出发点，提高经济发展成果的可及性和普惠性，减少社会发展结果不平等，最大限度地保证西部地区发展的成果能够惠及到每一位西部地区民众。与此同时，西部地区地区民族团结和社会稳定政策不断得到强化，和谐有序的社会发展局面初步形成。

但是，西部地区的发展也受到一定的结构失衡和动力不足的挑战。一方面，西部地区特殊的地理位置决定了对其发展过程、发展方向的管控至关重要。西部地区是一个由多个民族杂居的地区，发展成果如何公平合理的惠及各个民族及其聚居的地区而避免发展的非均衡性甚至断裂性，不仅关涉西部地区发展的质量，更关系到西部地区良序发展环境的形成——各民族、各地区、代际间的和谐融洽关系氛围。另一方面，在新的国际安全形势和人口变动结构下，尤其是人口管理环境复杂多变的情况下，实现西部地区的跨越式发展和长治久安，需要在全面加强社会管理体制、机制创新的基础上，着重强调对人口结构问题管理方面的创新是至关重要的，这也涉及西部地区经济社会发展的主观载体或曰人口基础。人口结构管理的创新是在人口老龄化的全球背景下进行的，当前全球社会普遍面临着人口老龄化的格局，西部地区的老龄化形势，尤其是农村老龄化形势不容乐观。

一、研究背景与研究意义

21 世纪是人口老龄化的世纪，人口老龄化不是中国独有，而是世界各个国家共同面临的问题。据 David 预测，到 2050 年，不论是发达国家还是发展中国家，都将同样面临严峻的人口老龄化压力，人口老龄化将成为一个世界性的问题[①]。与国外发达国家不同，中国的人口老龄化表现出明显的特点，农村地区由于社会经济发展水平比较低，以及特殊的人文环境和地理环境，由人口老龄化带来的老龄人口贫困问题更加复杂和难以解决。在这样的社会背景下，研究农村老龄人口贫困化及其阻断机制，显然具有重要的现实意义和理论意义。

（一）研究背景

1956 年，联合国《人口老龄化及其社会经济后果》确定，当一个国家或地区 65 岁及以上老年人口占总人口中的比例达到 7%，则意味着这个国家或地区进入人口老龄化社会。1982 年维也纳老龄问题世界大会确定，当一个国家或地区 60 岁及以上老年人口占总人口中的比例达到 10%，则意味着这个国家或地区进入人口老龄化社会。第五次人口普查数据显示，2000 年中国 60 岁和 65 岁及以上的老年人口占总人口中的比重分别达到了 10% 和 7%，意味着中国正式步入人口老龄化社会。

1. 社会背景

人口老龄化是当前中国社会发展中面临的突出问题，与国外发达国家相比，中国的人口老龄化具有明显的以下六大特点：

（1）老年人口基数大。截至 2014 年底，中国 60 岁及以上的老年人口已经达到了 2.12 亿人，占总人口的比重已达到 15.5%[②]。预计 2013—2033 年，平均每年增加 1000 万名老年人口，到 2033 年将突破 4 亿人，2050 年达到峰值 4.83

① David E B, David C, Günter F. Implications of population aging for economic growth. Oxf Rev Econ Policy: 2010, 26 (4): 583 -612.

② 张天潘：“中国老龄化更高视野上的冲击和压力”，《南方都市报》，2015 年 6 月 14 日。

亿人，比重高达 34.1%，届时分别占亚洲老年人口的 2/5 和全球老年人口的 1/4，比发达国家老年人口的总和还要多出 1 亿人，进入超级老龄社会（一个国家或地区老年人口赡养比达到 30% 以上）。①

（2）发展速度快。中国老龄化发展速度快，体现在两个方面，一方面老年人口每年以 1000 万人的数量在增加，年均增长速度达到 3.28%；另一方面，65 岁及以上老年人口从 7% 上升到 14% 所需要的时间远远少于其他国家。这一时间，在法国是 115 年，瑞典是 85 年，美国是 66 年，英国是 45 年，而中国只需要 25 年②。

（3）未富先老。国外发达国家进入人口老龄化社会时，人均 GDP 已经达到 5000～10000 美元，而中国在 21 世纪之初跨入人口老龄化社会的门槛时，人均 GDP 才达到 1000 美元左右，未富先老、未备先老的特征非常明显。

（4）地区差异明显。人口老龄化与社会经济发展水平密切相关，中国地区社会经济发展水平的巨大差异，决定了人口老龄化的地区差异。上海早在 20 世纪 70 年代就已经进入了人口老龄化行列，而宁夏、西藏等则在 2010 年以后才逐步进入人口老龄化社会。

（5）城乡人口老龄化差异明显。我国是一个农业大国，农民占人口中的大多数，农村人口老龄化问题更加突出。据第五次人口普查数据显示，我国农村老年人口为 8557 万人，占老年人口总数的 65.82%，农村人口老龄化水平高于城镇 1.24 个百分点③。

（6）高龄化、空巢化趋势明显。80 岁以上高龄老年人口增长率快于老年人口增长率。2050 年 80 岁以上高龄老人占老年人口的比重将从现在的 10% 上升到 20%。80 岁以上高龄老人将由目前 2100 万人增加到 2050 年的 1.08 亿人，比重由 11.4% 提高到 22.3%④。全国老龄委研究表明，2010 年中国城乡空巢家庭超过 50%，部分大中城市达到 70%；农村留守老人约 4000 万人，占农村老年人口的 37%，老年人照料问题日益突出⑤。

西部地区当前的人口老龄化问题虽不像发达城市和发达地区一样严重，但

① “中国面临未富先老困境　养老问题不容乐观”，《人民日报》，2012 年 4 月 24 日。
② 蒋正华：“中国人口老龄化现象及对策”，《求是》，2005 年第 6 期，第 41－43 页。
③ 唐康芬、许改玲：“农村人口老龄化的特殊性分析”，《西北人口》，2007 年第 2 期，第 85－88 页。
④ “中国面临未富先老困境 养老问题不容乐观”，《人民日报》，2012 年 4 月 24 日。
⑤ “中国：人口老龄化、高龄化、空巢化加速”，http://news.xinhuanet.com/politics/2011－03/01/c_121135622.htm.

也呈现出向纵深方向发展的趋势。一方面，西部地区进入老龄化社会的时间虽晚于全国，但老龄化的速度却明显高于全国平均水平。自1990年开始，西部地区的老龄化发展速度一直高于全国平均水平。另一方面，比较全国范围内各省农村居民人均可支配收入，我们发现西部地区无论是城镇居民可支配收入还是农村居民可支配收入，均低于全国平均水平，其排名也较为靠后，处于下游位置。这为西部地区农村老龄人口的贫困化问题埋下了伏笔。

西部地区农村人口老龄化问题的严重性，不仅仅体现在人口老龄化速度快、农民收入水平低，更为严重的是，随着老年人口的增多，老年人口健康预期寿命却在减少。很多老年人在老年阶段是带病度过老年生活的，特别是高龄老年人口健康状况更差。统计资料显示，高龄老人生活不能自理率达30%以上，90岁以上老年人的生活不能自理率高达50%以上①。导致老年人医疗消费支出迅速增加。一方面，老年人口健康状况恶化，收入能力降低；另一方面，老龄人口因健康状况恶化而导致的消费支出，特别是医疗消费支出却在快速增加。在这种双重夹击下，老年人口陷入贫困就成为了一种必然的趋势和结果。

2. 政策背景

在依靠老年人口自身及其家庭难以应对由于生理机能衰退所导致的自然贫困化问题之时，通过公共政策以及社会支持来解决这一问题，就成为不同国家和地区的共同选择。纵观世界各国，由于不同的社会经济发展水平、人文环境以及人口结构等的差异，也出现了不同的保障模式。如以英国为代表的福利国家模式，政府在解决老年人口贫困问题上起到了重要作用。再如以德国为代表的社会保险型模式，多元分担是解决老年人口贫困问题的重要途径。又如以美国为代表的商业保险为主和政府贫困救助为辅相结合“自保公助型”模式等，成为解决老年人口贫困问题的重要政策模式。

中国是一个受儒家文化影响深远的国家，在“家国同构”传统文化的影响下，以家庭为单位的非正式社会支持，在解决农村老年人口养老、医疗以及贫困等问题上发挥了巨大作用，甚至在一定程度上家庭支持在农村地区起着绝对的主导作用。在20世纪70年代末期，中国开始执行计划生育政策，甚至把“一对夫妇只生一个孩子”上升到国策的地位。几十年严格的计划生育政策约束，导致中国传统上以大家庭为主的家庭结构逐渐解体，取而代之的是家庭结构核

① “中国面临未富先老困境　养老问题不容乐观”，《人民日报》，2012年4月24日。

心化、家庭规模小型化趋势。这严重降低了家庭保障对解决农村老年人口养老、医疗以及贫困问题等方面的积极作用。

西部地区由于特殊的社会经济发展背景，在执行国家计划生育政策时，会有一定的政策松动空间，比如少数民族可以生两个孩子等，这会在一定程度降低计划生育政策对传统大家庭结构带来的破坏作用。但是，总体来看，随着人们生育观念的转变，中国人口的总和生育率从1995年开始已经呈现出持续的下降趋势，西部地区也不例外。家庭规模呈现出小型化趋势，家庭结构呈现出核心化特点。家庭支持对于农村老年人口养老、医疗以及老年贫困方面的保障作用也是非常有限的。

在这种背景下，政府从20世纪80年代就开始着手试点建立农村社会养老保险制度，并辅之以农村社会救助制度建设，主要是农村五保供养制度。其实，回顾农村社会政策的发展历史，以农村五保供养制度和农村最低生活保障制度等为主要内容的农村脆弱群体的贫困救助制度，在新中国成立初期就已经开始建立了，而且已经逐步得到完善。进入新的世纪，中国从2003年和2009年先后开始重建农村合作医疗制度和农村社会养老保险制度。这两项制度，先后在2008年和2012年基本实现“应保尽保”。西部地区的新农村社会养老保险也在2012年实现了制度全覆盖。

随着中国社会保障制度的逐步健全，西部地区农村的社会政策也实现了从无到有、从低到高、从零散到体系化的发展和完善。但是问题在于，现有的农村社会政策其保障水平和保障能力仍有待于进一步提高。调查数据显示，新型农村合作医疗制度的实际比例比较低，平均只有30%左右（胡善联，2004①；郭景平等，2008②；张广科，2008③；易红梅、张林秀等，2011④；于长永，2012⑤）。同时，新型农村合作医疗定点医疗机构道德风险诱导下的医药服务价格大幅度上涨，直接冲销了新型农村合作医疗制度的政策效果，不仅没有降低

① 胡善联：“全国新型农村合作医疗制度的筹资运行状况”，《中国卫生经济》，2004年第9期，第24－25页。

② 郭景平、宋月萍、谭琳：“关于我国新型农村合作医疗制度的若干思考”，《天津社会科学》，2008年第6期，第57－60页。

③ 张广科：“新型农村合作医疗制度保障能力及其建设建议”，《财政研究》，2008年第10期，第72－74页。

④ 易红梅、张林秀、罗仁福等：“新型农村合作医疗：农民认知与受益调查”，《人口学刊》，2011年第1期，第47－53页。

⑤ 于长永：“新型农村合作医疗制度建设绩效评价”，《统计研究》，2012年第4期，第92－97页。

患者的医疗费支出负担，甚至使增加了患者的医疗费支出负担（Wagstaff et al.，2009①）。

新型农村社会养老保险制度的基础养老金平均只有60元左右，个人缴费水平尽管设计了100元、200元、300元、400元、500元5个档次，有的地方增加了1000元、1200元、1500元和2000元的缴费档次，但是新型农村社会养老保险制度的保障能力非常低是一个不争的事实，用农民的话说“每个月50元的养老金，请客人吃一顿饭都不够”。在制度建设初期，过多的强调制度覆盖的广度这本身并没有错，但是如果制度建设长期停留在低水平的层次上，制度存在的价值是值得怀疑的。实践中，很多35岁以下的青壮年农民不愿意参加新型农村社会养老保险制度便是一个明证。

农村计划生育政策严格执行30多年来，农村家庭规模一直呈现出下降趋势，即便在社会舆论压力和民众的关切下，“十三五”时期国家明确了普遍二胎计划生育政策，但是由于人们生育观念的转变，生育意愿转化成生育行动则仍然显得动力不足。根据国际经验，我国已经处在低生育陷阱的边缘，据国家第六次人口普查数据显示，2010年全国总和生育率为1.18110，其中，“城市”为0.88210，“镇”为1.15340，“乡村”为1.43755，远低于全球平均每个妇女生2.5个孩子，发达国家为1.7个，欠发达国家为2.7个，最不发达国家为4.5个的水平②。即便是国家全面放开二孩计划生育政策，人们的生育观念也很难在短期内得到快速扭转。因此，家庭结构的小型化、人口老龄化、少子化将成为未来相当长的一段时期内普遍存在的社会现象。再加上西部地区城镇化的快速发展，农村人口向城市流动加快，特别是农村青壮年劳动力大批向城市迁居，更是弱化了西部地区农村传统保障的保障能力。上述这些方面，都成为西部地区农村老年人口贫困的重要诱因。

（二）研究意义

1. 理论意义

老龄人口是一个国家的特殊阶层。中国正处在加速的老龄化进程之中，在

① Wagstaff, A., M. Lindelow, J. Gao, L. Xu and J. Qian, 2009, “Extending Health Insurance to The Rural Population: An Impact Evaluation of China's New Cooperative Medical Scheme”, Journal of Health Economics, 28, (1): 1-19.

② “中国2010年总和生育率仅为1.18”，《中国经济导报》，2012年7月10日。

这个进程中，西部地区人口老龄化的水平虽然低于全国平均水平，但是人口老龄化的速度却明显快于全国平均水平。在这种背景下，一方面，西部地区农村老年人口和高龄老年人口规模在快速增加，农村老年人口的健康预期寿命在下降，农村老年人口的医疗消费支出呈现出快速增加的趋势；另一方面，西部地区农村老年人口收入水平下降，传统的保障能力弱化，现代的保障制度水平较低，农村老年人口贫困化就是一个必然出现的问题。

但是，从各个方面的资料来看，当前中国农村老龄人口贫困化研究存在三个明显的不足：一是农村老龄人口贫困化这一问题目前并没有引起理论界的足够重视，西部地区农村老龄人口贫困化更是由于地理位置、调查成本、语言文化等方面的障碍，常常被理论界所忽略。二是已有的研究大多把老年人口看成是一个同质性的群体，进行总体性分析，而较少针对老龄人口贫困化的个体差异进行针对性分析；三是已有的研究，更多的是关于农村老龄人口贫困化的规范性分析，而较少从实地调查的角度展开实证研究，关于西部地区的实证研究就更少。因此，本书的研究，在以下三个方面丰富了老龄人口贫困化的理论成果：

（1）拓宽了农村老龄人口贫困化研究的对象范围。本书的研究范围，定位在西部典型地区，研究在人口老龄化背景下，农村老龄人口贫困的现状、成因、决定因素，并据此提出针对性的对策建议，从一定程度上拓宽了农村老龄人口贫困化研究的对象和地域范围，弥补了已有关于西部地区农村老龄人口贫困化研究的不足。

（2）从实证的角度来展开研究，弥补已有研究中更多是规范性分析，而缺乏实证研究的不足。从实地调查的角度，与农村老龄人口面对面交谈，从与农村老龄人口的对话中发现他们面临的贫困问题及其原因，这比一般的规范分析更具有政策参考价值。

（3）从农村老龄人口个体差异的角度，分析农村老龄人口贫困化的异质性。在把农村老龄人口贫困化现状及其发展趋势的基础上，从农村老龄人口的个体特征、家庭结构特征、制度特征以及社会环境特征等多个角度，揭示农村老龄人口贫困化的成因及其决定因素，弥补已有研究中从总体上分析农村老龄人口贫困化问题而存在的不足。

2. 实践意义

长期以来，贫困问题始终是西部地区社会经济发展面临的突出问题，对西部地区社会经济发展有相当大的制约作用。由于西部地区各地经济和社会条件差异极为显著，扶贫任务十分艰巨，农村老龄人口贫困化问题，更成为西部地区社会经济发展中面临的新课题。西部地区经济的健康发展、社会的和谐稳定、各个民族的团结等都要求贫困人口的大幅度减少。因此，在国家大力支持西部地区实现跨越式发展的大背景下，研究西部地区农村老龄人口贫困问题具有重要的现实意义。具体体现在：

一是本书基于一线调查数据，调查分析了西部典型地区农村老龄人口贫困化的现状，并预测了农村人口发展趋势，并据此推算农村老龄人口贫困化的发展趋势，为政府部门从宏观上了解和把握农村老龄人口贫困问题提供了一个宏观图景。

二是从农村老龄人口群体异质性的角度，实证分析农村老龄人口贫困化的成因及其决定因素，为政策制定部门有针对性制定农村老龄人口贫困化的解决对策，提供借鉴和参考。

二、国内外研究现状述评

人口老龄化与社会经济发展水平密切相关，同时也受到一个国家和地区特殊的人文环境与地理环境以及这个国家和地区医疗卫生发展水平等因素的影响。人口老龄化最先开始于欧洲的法国，随后逐渐向发达国家和发展中国家蔓延。关于人口老龄化问题的理论与实证研究，也最先开始于国外发达国家。其中，老年人口贫困问题是人口老龄化问题的重要内容之一。本书按照学术研究的一般思路，对国内外相关问题研究现状进行归纳、分析和评价，以期为本书研究目标的确定提供基础和条件。

（一）老龄人口贫困化的现状研究

分析老年人口贫困化的现状，首先需要回答三个问题：一是什么是老年人口贫困化，如何测量老年人口贫困化？二是有多少老龄人口处于贫困状态，具有什么样特征的老年人口容易陷入贫困，处在什么样家庭的老年人口处于贫困状态？三是贫困的老年人口的发展动态和趋势是什么？等等。这些都是老年人口贫困化现状的应有内容。

关于老年人口贫困的界定与测量。界定老年人口贫困化，首先应该明确贫困的概念。一般认为，贫困是福利的缺失与不足（Bourguignon，Chakravarty，2003①；尚卫平、姚智谋，2005②；Rojas，2006③；Bastos，Casacab，Nunesc，et al.，2009④）。阿玛蒂亚·森（1998）认为，贫困意味着贫困人口缺少获得和享有正常生活的能力⑤。朗特里和布思（1901）认为，贫困就是“总收入水平不足以获得仅仅维持身体正常功能所需的最低生活必需品，包括食品、房租和其他项目等”。⑥ 英国的奥本海默认为，贫困是指物质上的、社会上的和情感上的匮乏⑦。欧共体委员会在1989年在《向贫困开展的共同体特别行动计划的中期报告》对贫困界定是：贫困应该被理解为个人、家庭和人的群体的资源（物质的、文化的和社会的）如此有限，以致他们除被排除在最低限度的生活方式之外⑧。世界银行对贫困的界定是，缺少达到最低生活水准的能力⑨。国家统计局所界定的贫困是生活困难及一个人或一个家庭的生活水平达不到一种社会可接受的最低标准，生活处于困难境地⑩。

如同贫困概念的界定所存在的差异一样，老年人口贫困的测量也有多重方法。乔晓春等（2005）从相对贫困线、绝对贫困线和消费贫困等三个方面来对老年人口贫困做了界定和测量，他们将老年人的实际收入或净收入与贫困线进行比较，从而确定贫困线以下的老年人口数量⑪。张弘骅（2014）对于老年人口收入贫困的研究则选择采用国际上的相对贫困线这一标准来研究我国的老年贫困人口。国际相对贫困线这一标准把收入水平1天低于2美元的人口就视为贫困

---

① Bourguignon，Chakravarty. The Measurement of Multidimensional Poverty［J］. Journal of Economic Inequality，2003，（1）.
② 尚卫平、姚智谋：“多维贫困测度方法研究”，《财经研究》，2005年第12期，第88－94页。
③ Rojas. Experienced Poverty and Income Poverty in Mexico：A Subjective Well-Being Approach［J］. World Development，2008，36（6）.
④ Bastos，Casacab，Nunesc，et al.. Women and Poverty：A Gender-Sensitive Approach［J］. The Journal of Socio-Economics，2009，（38）.
⑤ 阿玛蒂亚·森：“有关全球化的十个问题”，《国外社会科学文摘》，2001年第9期，第35－36页。
⑥ 韦璞：“贫困、贫困风险与社会保障的关联性”，《广西社会科学》，2015年第2期，第134－141页。
⑦ 奥本海默：《贫困真相》，伦敦：儿童贫困关注小组，1993年版，第36－77页。
⑧ 欧共体委员会：“向贫困开展的共同体特别行动计划的中期报告”，转引自阿特金森：《法定贫困线的制定和经济政策》，《福利国家计划论丛》，1993年版。
⑨ 世界银行：《1990年世界发展报告》，北京：中国财政经济出版社，1990年版，第26页。
⑩ 魏后凯、邬晓霞：“中国的贫困问题与国家反贫困政策”，《中国经济时报》，2007年5月31日。
⑪ 乔晓春、张恺悌、孙陆军、张玲：“对中国老年贫困人口的估计”，《人口研究》，2005年第2期，第8－15页。

人口[①]。杨立雄（2011）对老年贫困人口的研究也是分为农村和城市，他依据农村家庭人均纯收入指标，采用农村贫困线和“1天1美元”两个标准来测量农村的贫困老年人口数量；在测量城镇老年贫困人口时，依据城镇的收入指标，采用城市最低生活保障标准和“1天2美元”两个标准[②]。

关于老年人口贫困的规模与结构。老年人口贫困的规模与测量的标准和方法密切相关，而且在不同的国家和地区又表现出明显的差异性。从老年人口贫困的规模来看，国外的统计数据显示，美国在1960年的老年贫困人口比例为35%，1970年降低到25%，1980年降低到16%，目前大约为10%[③]。2003年奥地利和德国的老年贫困风险率约为14%[④]。

于学军（2003）采用不同（恩格尔系数法、国际贫困线标准等）的贫困度量方法，估计出不同的中国老年贫困人口的规模，其中，以恩格尔系数法估算的中国老年贫困人口的规模为3853万人；以国际贫困线标准法估算的中国老年贫困人口的规模为4487万人，其中城市1264万人，农村3222万人；以主观感觉法估算的中国老年贫困人口的规模为4285万人，其中城市932万人，农村3354万人。王德文和张恺梯（2005）通过对老年人口的收入、消费、主观评价三套指标对老年人口的贫困发生率进行了估计[⑤]。他们的研究结果表明，2000年，中国老年贫困人口数量为921万—1169万人，贫困发生率为7.1%—9.0%。其中，城市老年人口贫困发生率为4.2%—5.5%，农村老年人口贫困发生率为8.6%—10.8%。乔晓春（2005）等运用相对贫困、绝对贫困以及消费贫困等指标分别测算我国农村老人贫困状况，得出农村老年人贫困发生率约为18.8%。而杨立雄（2010）采用农村贫困线和“1天1美元”两个标准，测得农村老年贫困人口规模在1400万人以上，老年贫困发生率为10%[⑥]。

关于老年人口贫困的结构。Booth（1892，1894）在对19世纪末英国伦敦的贫困研究中发现，老年人口的贫困发生率比其他人口的贫困发生率更高[⑦]。

---

① 张弘骅：“教育水平与老年贫困问题的研究”，《金田》，2014年第8期，第290-291页。
② 杨立雄：“中国老年贫困人口规模研究”，《人口学刊》，2011年第4期，第37-45页。
③ 美国人口普查局官方网站，http://www.census.gov。
④ Howse, Kenneth. Tackling Poverty and Social Exclusion of Older People-Lessons from Europe [Z]. Oxford Institute of Ageing Working Papers, 2008, October.
⑤ 王德文、张恺悌：“中国老年人口的生活状况与贫困发生率估计”，《中国人口科学》，2005年第1期，第60-68页。
⑥ 杨立雄：“中国老年贫困人口规模研究”，《人口学刊》，2011年第4期，第37-45页。
⑦ Booth. C. (1892), Pauperism: A Picture of the Endowment of Old Age: An Argument, Macmillan. Booth, C. (1894), The Aged Poor: Condition, Macmillan.

Rowntree（1901）在早期的研究中，按照个人需要与相对富裕的状况这一标准，把人的一生划分为5个阶段，即儿童期、成年工作早期、父母期、子女长大后工作期和老年期，并指出在个人的生命周期中，儿童期、父母期和老年期这3个阶段所遭遇到贫困的风险是最高的①。Walker（1980、1986）对20世纪70年代和80年代的英国贫困的研究同样也得出了老年人口更容易陷入贫困的结论②。Armando（2003）以发展中国家为研究对象，对老年人口的贫困发生率及整体人口的贫困发生率进行估算，研究结果表明老龄人口贫困发生率要高于劳动年龄人口和少年人口的贫困发生率，而且75岁以及以上的老龄人口的贫困发生率要高于65—74岁老龄人口的贫困发生率③。

根据全国老龄办提供的数据，目前我国1.4亿老年人口中，贫困老年人口约有1010万人，其中农村为860万人。农村老年人口的贫困发生率约为8.5%，相当于城镇老龄人口贫困发生率的3倍以上。老年妇女这一群体的内部贫困状况也不是均匀分布的，没有配偶的老年妇女贫困率要高于有配偶的老年妇女，而在没有配偶的老年妇女中，从未结婚的老年妇女的贫困率又明显高于丧偶老人（Timothy M.，2002）。

关于老年人口贫困的动态和趋势。老年人口贫困的动态和趋势是一个非常值得重视的问题，它既预示着这一问题的严重程度，也指引公共政策的发展方向，但已有的研究对这一问题的关注明显较少。丹妮夫（Dannefer，2003）创立了累积的“弱势—优势”模型，该模型指出：个体在某些既定的特征上会随时间推移而产生系统性的分化。她认为老年贫困不是静止不变的，而是动态地逐步发展形成的，是弱势积累的结果，随着时间的变化，系统的结构性力量会使贫困者越来越穷④。Timothy M.（2002）通过分析比较1990年以来北美和欧洲一些发达国家的老年人口的贫困发生率的变化趋势发现，虽然北美和欧洲等国家经济发展水平位居世界前列，但由于各国的养老保障体系不同，不同国家老年人口的贫困发生率水平和变化趋势也存在较大的差异。虽然西方发达国家老年

① Rown tree, B. S.（190]）, Poverty: A Study of Town Life, Macmillan.

② Walker, A.（1980）, The Social Creation of Poverty and Dependency in Old Age, Journal of social Policy, 9（1）. Walker. A,（1986）, Pensions and the Production of Poverty In Old Age, In Walker. A. and Phillip son, C.（eds）, Aging and Social Policy: A Critical Assessment（Gower）.

③ 袁蓓、傅国华、赵杠：“农村家庭养老保障效果实证研究”，《农业经济问题》，2011年第4期，第61－71页。

④ Dannefer, D. Cumulative Advantage/ Disadvantage and the Life Course Cross-Fertilizing Age and Social Science Theory. Journals of Gerontology Series B: Psychological Sciences and Social Sciences, 2003.

贫困率大幅度下降，但是老年人口群体内部各子群体下降幅度并不均等，女性、黑人和高龄老人贫困率仍处于较高水平，其中老年妇女的贫困率最高，1989 年美国 71% 的贫困老龄人口为女性（Madanna Harrington Meyer，1990）。

农村老年人口的贫困化问题与城市化导致的大量农村青壮年劳动力外出务工有很大关系。汪三贵、王瑜（2012）认为，随着城市化进程的加快，农村人口的自由流动，导致农村出现了大量的留守老人。虽然留守老人的经济条件可能会因为子女的经济收入增长而有得到改善的可能，但是他们内心的孤独寂寞感会普遍加重，而且更会缺少子女的生活照料①。

随着老年人口年龄的增加，老年人口的生活状况将更加恶化，收入下降，而支出却会增加，因此随着年龄的增大，老年人口陷入贫困的概率就会越来越大。乔春晓（2006）根据根据中国老年人口状况一次性抽样调查数据，通过对老年贫困年龄差异的比较，得出在年龄上老年人口贫困的比例是随着年龄的提高而增加的结论②。

（二）老龄人口贫困化的原因研究

贫困是一个多维度的概念，贫困的原因也是多元的。这正如 Ferge，Zs. & Miller（1987）所指出的，农村老年贫困不在于老年人本身，而是在于“社会力作用的结果”③。在社会转型中，农村老年人口的个体特征、家庭情况以及宏观社会经济背景等因素相互作用、相互影响，共同作用于老人的经济福利（McGarry and Schoeni，1997④）。农村老年人口贫困受到老年人自身、家庭、社会和国家等多个方面的影响。

从个体因素的角度来看，默顿（Merton，1968）认为，老年贫困的发生不仅与老年期有关，更多地与老年期之前的状态密切相关，老年贫困是老年期之前的贫困状态或潜在的贫困状态在老年期的延续和外化⑤。Chulhee Lee（2003）认为，尽管工业化的发展促进了老年人口收入水平的提高，但相对于总体经济发

① 汪三贵、王瑜：“人口老龄化与人口流动背景下的农村老年贫困”，《农业部管理干部学院学报》，2012 年第 4 期，第 1－6 页。

② 乔晓春、张恺悌、孙陆军：“中国老年贫困人口特征分析”，《人口学刊》，2006 年第 4 期，第 3－8 页。

③ Ferge，Zs. & Miller，S. M. ed. Dynamics of Deprivation，Hants：Gower，1987：37.

④ Mc Garry，K. and R. F. Schoeni. 1997. Transfer Behavior within the Family：Results from the Asset and Health Dynamics Study. Journal of Gerontology：Social Sciences 52 B（Special Issue）：82－92.

⑤ Merton，Robert K. Social Theory and Social Structure. New York：Free Press，Enlarged edition，1968.

展水平而言，老年人口收入水平的增加相对较慢，老年人口的经济地位相对于年轻时期而言下降较多，导致老年人口贫困①。罗遐、于立繁（2009）从老年人自身的生理、个体素质等原因的分析指出，生理功能退化，丧失劳动能力，疾病发生率较高；文化技术水平低，个人品行素质低，不易与人相处，或者肢体残疾，无法劳动等是导致老年人口易陷入贫困的原因②。

从家庭因素的角度来看，于学军（2003）认为，改革开放以来，随着城镇化的快速发展，我国的家庭结构发生了很大的变化，家庭规模大大缩小，核心家庭成为主流的家庭形式，空巢和留守家庭的比例也大大增加。这些都使得很多老人在步入老年之后的日常生活没有成年子女在身边贴心照料，导致他们很容易陷入到精神贫困中③。郭荣丽（2012）的研究发现，在家庭成员的需求和利益与孩子们的需求和利益面前，永远要最大程度地先满足孩子的需求和利益，从而不可避免的就把老年人的需求和利益忽略掉，这会致使老年人所分配的生活资源不足而导致风险的增加④。Lloyd-Sherlock（2000）从生活模式的角度对老年人口贫困进行研究，他发现代际关系对老年贫困有重要影响⑤。M. Makiwane, S. A. Kwizera 对南非国家的 Mpumalanga 省进行的定量研究所得出的结果是，老年人的生活质量差，主要原因在于收入低、几乎没有家庭生活享受以及负有繁重的照顾家庭成员的负担⑥。

从社会因素的角度来看，马克思认为，失业和贫困完全是资本主义制度的产物，造成无产阶级贫困化的根源，必须从制度本身寻找答案⑦。马尔萨斯认为，无产阶级的贫困是由贫困自身造成的，并不是由资本主义私有制造成⑧。著名贫困研究专家马丁·罗维利恩（Martin Lowliten）从社会的角度指出，城市化与城市贫困的关系密切⑨。阿玛蒂亚·森认为，要理解普遍存在的贫困，频繁出现的饥饿或饥荒，我们不仅要关注所有权模式和交换权利，还要关注隐藏在它

① Chulhee Lee. Life-Cycle Saving in the United States, 1900－90 [J]. Review of Income and Wealth, 2003: 472.
② 罗遐、于立繁："我国农村老年贫困原因分析与对策思考"，《生产力研究》，2009 年第 1 期，第 110－112 页。
③ 于学军："从上海看中国老年人口贫困与保障"，《人口研究》，2003 年第 3 期，第 33－38 页。
④ 郭荣丽："老年人口贫困的成因及对策研究"，《商业经济》，2012 年第 9 期，第 11－12 页。
⑤ Lloyd-Sherlock, P.: Old Age and Poverty in Developing Countries: New Policy Challenges, World Development, 2000, 28 (12): 2157－2168.
⑥ M. Makiwane, S. A. Kwizera. An Investigation of Quality of Life of the Elderly in south Africa, with Specific Reference to Mpumalanga Province [J]. Applied research in Quality of life, 2006 (1): 310.
⑦ 马克思：《资本论》第一卷，人民出版社，1972 年版。
⑧ 高鸿业、吴易风等：《现代西方经济学著作解读》，中国经济出版社，2004 年版。
⑨ 李少春："城市化中的贫困现象与和谐发展"，《光明日报》，2006 年 6 月 15 日第 10 版。

们背后的因素。这就要求我们认真思考生产方式，经济等级结构及其他们之间的相互关系①。朱庆芳（2005）指出社会上存在歧视老年人的倾向，如果不采取措施将会加大代际间的不和谐②。

从国家因素的角度来看，王德文、张恺悌（2005）指出，城市老年人口领取退休金和基本生活费的比例接近60%，依靠家庭养老的比例不到40%；农村老年人口领取退休金和基本生活费的比例只有10%，依靠家庭养老的比例超过85%，这是农村老年人口陷入贫困的重要原因③。郭荣丽（2012）认为，如果老年工作与服务的供给长期得不到满足，就会大大降低老人的生活质量，从而易使老人陷入贫困④。Jay Ginn（1998）从公共政策的角度指出，老年妇女陷入贫困的风险之所以大于老年男子是因为女性老人的养老金水平低于男性老人⑤。于学军、陈功（2004）的研究指出，我国“年轻的老人”的数量很大，他们依然可以在我国的产业结构的过程中找到适合他们的岗位⑥。罗遐、于立繁（2009）研究认为，法律法规的缺失是导致无法给予老年贫困人口应有的保障的原因，更确切地说，法律法规如果没有规定国家和社会应给予老年人经济支持的具体途径和福利安排，就会导致老年贫困人口经济支持的缺失，老年人口的生存保障也就无从谈起，那他们就很容易陷入贫困的泥潭⑦。

（三）老龄人口贫困化的决定因素

什么因素决定了老年人口的贫困以及这些因素对老年人口贫困的贡献是多大，是一个值得研究的问题。既然老年人口贫困的原因体现在老年人口的自身因素、家庭因素、社会因素和国家因素等几个方面，那么这几个方面的具体因素则是老年人口贫困化的决定因素。

乔晓春、张恺悌、孙陆军（2006）研究结果表明：女性贫困发生率高于男

① 阿玛蒂亚·森著，王宇、王文玉译：《贫困与饥荒》，商务印书馆，2001年版。
② 朱庆芳：“从指标体系看老龄人口的贫困化”，《中国党政干部论坛》，2005年第8期，第25－28页。
③ 王德文、张恺悌：“中国老年人口的生活状况与贫困发生率估计”，《中国人口科学》，2005年第1期，第60－68页。
④ 郭荣丽：“老年人口贫困的成因及对策研究”，《商业经济》，2012年第9期，第11－12页。
⑤ Jay Ginn. Older women in Europe: East follows west in the feminization of poverty? [J]. Ageing International, 1998: 244.
⑥ 于学军、陈功：“应对老年人口贫困问题的几点建议”，《老人天地》，2004年第12期，第30页。
⑦ 罗遐、于立繁：“我国农村老年贫困原因分析与对策思考”，《生产力研究》，2009年第1期，第110－112页。

性；年龄越高的老年人越容易贫困；城市中汉族和少数民族老年人的贫困发生率差距不大，而农村少数民族老年人的贫困发生率要远高于汉族；受教育程度越高，贫困发生率越低；城市中从未工作过以及退休后没有养老金的老年人贫困发生率更高，农村劳动与不劳动的老年人在贫困上不存在显著差异；收入水平越高的老年人，贫困发生率越低；生活满意度较高的老年人贫困发生率越低；健康状况的较小程度的变化，不会对贫困产生明显影响，而健康问题较大的老年人更容易陷入贫困①。

张恺悌、孙陆军、苗文胜（2003）研究结论表明：女性老年人贫困率高于男性；丧偶老年人贫困发生率更高，婚姻状况与老年人贫困呈正相关；独居或仅与配偶居住的老年人，贫困比例高，与子女共住的老年人贫困比例低。收入水平低、没有退休金保障的老年人更容易贫困；有无患病与贫困之间的相关程度不高，但贫困状况与身体变差呈正相关；经济状况自我评价的顺序与老年人贫困呈正相关。其他因素包括：农村老年人受教育程度、生活自理能力、家庭是否有需要照料的成员等。②

杨菊华、陈志光（2010）利用全国老年人口健康状况调查”（CLHLS）以及“人口转变与老年贫困调查”数据，采用定量和定性相结合的分析方法，对老龄人口绝对经济贫困的影响因素以及这些因素对老年贫困的作用机制进行了研究。研究结果表明：家庭形式和居住安排、子女构成、子女的经济支持、公共福利政策、人口因素与人文资本以及城乡—性别差异这些因素，对老人的绝对经济贫困有显著的影响③。

刘生龙、李军（2012）的研究结果发现：居民的劳动参与率与健康状况呈反向关系，而居民的贫困发生率与健康状况呈正向关系。发现农村老年居民的劳动参与受到健康状况的显著影响，而且健康状况对农村老年居民贫困发生的影响明显大于对城镇老年居民贫困发生的影响。然后，通过采用 Blackorby and Donaldson（1987）的“福利比率”（welfare ratio）模型，发现健康状况对中国农村老年居民的福利比率有着显著的正向影响，年龄对农村老年居民的福利比

---

① 乔晓春、张恺悌、孙陆军：“中国老年贫困人口特征分析”，《人口学刊》，2006 年第 4 期，第 3－8 页。

② 张恺悌、孙陆军、苗文胜：《中国农村老年人的贫困问题》，中国老龄科学研究中心 2003 年度优秀论文集，2003 年第 1－5 页。

③ 杨菊华、陈志光：“老年绝对经济贫困的影响因素：一个定量和定性分析”，《人口研究》，2010 年第 5 期，第 51－67 页。

率具有负向影响，教育对农村老年居民的福利比率具有显著的正向影响。①

张弘骅（2014）采用实证分析的方法，分析了教育水平与老年贫困之间的关系。研究采用随机抽样原则，以60岁以上人口为调查对象。通过对中国综合社会调查数据（CGSS）2008年度数据进行的分析，得出以下结论：①教育年限与老年贫困存在反向关系；②学历与老年贫困具有相关性，并且学历较低的女性更容易陷入老年贫困，而学历越高的老年人精神上越不容易陷入老年贫困。②

李委沙（2008）认为导致农村老年贫困的因素主要包括客观因素和主观因素两个方面，客观因素主要包括：一是劳动参与方式，城镇职工退出劳动市场后，大部分拥有老年社会保障，而农村仍采用传统的劳动参与方式，主要依靠个体劳动提供收入保障，而且农民参与劳动的时间更长，退出后又不存在社会保障支持。二是农村养老保障方式，家庭养老仍然是主体，而随着家庭结构小型化以及约束机制的缺乏，导致家庭养老的维系困难。三是农村老年人致贫因素，首先源于家庭贫困，其次源于老年人自身的衰老和疾病，“因病致贫”“因病返贫”现象多发。主观因素则包括政府和社会养老意识的缺乏。③

孙陆军、张恺悌（2003）认为，社会保障状况是城市老年人贫困的主要影响因素，离退休老年人的经济状况优于未参加过工作的老年人。城市老年人贫困的另外两个影响因素是受教育程度和婚姻状况，受教育程度越低和丧偶的老年人更容易陷入贫困。家中有其他病人、未得到子女资助和政府救助、未参加过工作的老年人，贫困发生率更高。④ Robert Haveman 等采用历史分析方法，比较分析了62—64岁退休的工人和65岁之后退休的工人在10年中经济地位的不同。研究结果表明：退休早的工人的经济状况相对较差，近乎贫困，早退人员中的单身或丧偶的女性贫困状况更为严重。⑤

（四）老龄人口贫困化的对策研究

如何消除贫困是一个世界性话题，随着人口老龄化的快速发展，如何应对

① 刘生龙、李军：“健康、劳动参与及中国农村老年贫困”，《中国农村经济》，2012年第1期，第56－68页。

② 张弘骅：“教育水平与老年贫困问题的研究”，《金田》，2014年第8期，第290－291页。

③ 李委沙：“消除农村老年人口贫困的路径探讨”，《江汉论坛》，2008年第12期，第128－130页。

④ 孙陆军、张恺悌：“中国城市老年人的贫困问题”，《人口与经济》，2003年第5期，第1－7页。

⑤ Robert Haveman, Karen Holden, Kathryn Wilson and Barbara wolfe; Social Security, Age of Retirement, And Economic Well-Being: Intertemporal and Demogrophic Patterns Among Rerired-Worker Beneficiaries; Demogropy, Volume. No. 2, May 2003: 369－394.

老年人口的贫困化问题也日益受到较多的关注和研究。总体来看，解决老年人口贫困问题应该是个人取向、市场取向和政府取向三个方面以“福利多元化”为视角，采取多种应对措施（Adrienne La Grange，2001[①]；张俊良、戴姗姗，2010[②]）。

从贫困人口自身的角度看，吉姆斯·舒尔茨认为，一个人通过自己的力量来防止因为年迈而经济状况的不稳定，即便不说这是不可能的，至少也是非常困难的，因为他们将面临种种的问题。[③] 世界银行在《1990 年世界发展报告》中提出了两项基于人力资本理论的反贫困政策：一是提高穷人所具有的主要资源；二是对穷人提供基本社会服务。发展中国家通过初级卫生保健和教育，对穷人的人力资本进行投资，是消除贫困的重要成功战略之一。[④] 曹振飞（2009）认为，在任何国家传统的家庭养老功能无法被代替，基于我国家庭养老的悠久历史和传统，应注重家庭养老作用的发挥，同时提高老年人个体的自我养老意识。[⑤]

从贫困人口家庭的角度，Barrietos et al.（2003）针对如何解决发展中国家的老年贫困问题时指出，必须准确把握老年人口对家庭、社区的贡献才能推行适合的老年政策，这是很有必要的[⑥]。在东亚地区，60% 以上的老人从子女处获得经济支持（Leeetal.，1994；Agreeetal.，1998）。在菲律宾、泰国、新加坡等地，成年子女的经济支持是老年人口生活的主要来源（Hermalinetal.，2003）[⑦]。因此，S. R. Michael 等认为，通过和家人生活在一起可以消减老年贫困[⑧]。周忠、孙开庆（2009）通过对转型时期我国农村老年贫困的状况及其原因进行分析，认为缓解农村老年人口贫困状况，发展农村经济是基础，发展农村教育是关键，同时应营造尊老敬老的社会氛围、塑造社会主义新型孝文化，政府应明确职责，

---

① Adrienne La Grange & Betty Yung. Aging in a tiger welfare regime: The single elderly in Hong Kong. Cross-Cultural Gerontology. 2001（16）：257.
② 张俊良、戴姗姗：“城市老年人口贫困问题研究”，《中国人口报》，2010 年 10 月 18 日第 3 版。
③ ［美］吉姆斯·舒尔茨：“老年人的经济保障”，转引自陈功：《我国养老方式研究》，北京大学出版社，2003 年版。
④ 世界银行：《1995 年世界发展报告（第 1 版）》，北京：中国财政经济出版社，1995 年版。
⑤ 曹振飞：“我国城市老年贫困问题研究”，《乐山师范学院学报》，2009 年第 1 期，第 113 – 116、121 页。
⑥ 唐钧：《中国城市居民贫困线研究》，上海社会科学院出版社，1998 年版，第 13 – 16 页。
⑦ Hermalin，A. I.（Ed.）. 2003. Thewell-being of the Elderly in Asia：A four-country Comparative Study. Ann Arbor：University of Michigan Press.
⑧ Miehael S. Rendall，Alden S Peare，Jr. Elderly Poverty alleviation through living with family［J］. Population Economics，1995（8）：383.

逐步建立符合我国国情的农村养老保障制度。[①]

从市场取向的角度来看，美国经济学家阿瑟·奥肯在《平等与效率——重大的抉择》一书中，提出了解决贫困问题的原则和思路：即“既要注意解决一部分人的贫困问题，又要发挥好市场机制对效率的促进作用”，消除贫困要“在平等中注入某些合理性，在效率中注入某些人性。[②] 张俊良、戴姗姗（2010）认为，重视对老年贫困人口的研究具有迫切性，应该从经济和社会两方面采取对策。具体来说，发展经济是根本措施，社会方面的措施主要包括制度、家庭、个人以及社区作用的发挥。[③] 程建家（2011）认为，我国农村现有老龄贫困群体存在孤独与失落、怀旧与恋旧、逃避与惰性等心理，因此，应该从改善农村老年贫困群体的社会认知模式、培育成就动机以及健康向上的社会心理方面采取措施。[④] 张航空（2007）指出应重视贫困女性老年人口问题，社会优待政策更多地向该群体倾斜，考虑将贫困女性老年人口纳入社会保障体系。[⑤]

从国家的角度来看，很多学者认为，大力发展社会保障制度和养老服务体系是解决农村老年人口贫困的重要途径（Housc et al.，1988[⑥]；Zimmer and Kwong，2003[⑦]；王宁、庄亚儿，2004[⑧]；向荣、张永群，2014[⑨]）。马克思认为，消除无产阶级贫困问题，必须从制度本身寻找答案，即要改变旧制度、建立新制度。[⑩] 吴香雪（2014）认为应从拓宽救助资金来源渠道、实行分层分类救助、加大政府投入、营造社会氛围以及实行教育救助等方面，完善农村社会救助体系，缓解农村老年贫困状况。[⑪] 郭荣丽（2012）认为，要消除社会上的老年歧视，保护老年人的合法权益，预防老年人口贫困问题的发生。[⑫]

---

① 周忠、孙开庆：“转型期我国农村老年贫困问题成因及对策思考”，《中共四川省委省级机关党校学报》，2009年第1期，第53－55页。

② 阿瑟·奥肯：《平等与效率——重大的抉择》，北京：华夏出版社，1987年版。

③ 张俊良、戴姗姗：“城市老年人口贫困问题研究”，《中国人口报》，2010年10月18日第3版。

④ 程建家：“农村老龄贫困群体社会心理‘扶贫’探析——基于优化人口心理素质的反贫困视角”，《安徽农业大学学报（社会科学版）》，2011年第5期，第1－6页。

⑤ 张航空：“上海市贫困女性老年人口特征分析”，《南京人口管理干部学院学报》，2007年第4期，第45－48页。

⑥ House，J. S. 1988. Social Relationships and Health. Science 241：540－545.

⑦ Zimmer，Zachary and Julia Kwong. 2003. Family Size and Support of Older Adultsin Urban and Rural China：Current Effectsand Future Implications. Demography1：23－44.

⑧ 王宁、庄亚儿：“中国农村老年贫困与养老保障”，《西北人口》，2004年第2期，第55－58页。

⑨ 向荣、张永群：“对贫困地区人口老龄化与养老体系建设的调查与思考——立足于恩施自治州实际”，《清江论坛》，2014年第3期，第19－22、27页。

⑩ 马克思：《资本论》第一卷，人民出版社，1972年版。

⑪ 吴香雪：“农村老年贫困人口社会救助问题研究”，《重庆工商大学学报（社会科学版）》，2014年第6期，第14－21页。

⑫ 郭荣丽：“老年人口贫困的成因及对策研究”，《商业经济》，2012年第9期，第11－12页。

从综合的角度来看，于学军（2003）对上海市老年人口进行实地调研，认为在人口老龄化高峰的大前提下，上海老年人口的贫困化问题面临严峻挑战。在分析老年人口贫困原因的基础上，从老年人自身自我养老和保护意识的增强、通过完善就业制度为老年人提供就业机会、家庭养老功能的发挥以及社会保障制度覆盖面的扩大、社会保障税的开征等方面，为缓解乃至解决老年人口贫困问题提出建议。[①] 陈银娥、高思（2011）基于生命周期理论，认为在个人生命周期的不同阶段，应该采取不同的社会福利措施。针对贫困老龄人口救助力度不够、形式单一的问题，为缓解乃至解决老龄人口贫困问题，应从加强老年福利立法，加大政府对老龄事业的投入，提高医疗救助水平，完善老年人医疗救助体系等方面采取措施。[②]

已有的研究文献为本书的深入开展提供了重要基础，但已有研究也存在以下不足：

一是关于老年人口贫困化的内涵及其测量标准仍缺乏明确的界定，这也决定了当前的研究是把老年人口贫困化与老年人口贫困两个概念混为一谈的，在我们看来，老年人口贫困与老年人口贫困化是不同的概念，有待于进一步深化研究。

二是老年人口贫困化的成因与决定因素在不同地区、不同民族、不同文化背景下有什么样的差异，也有待于进一步深化。

三是不同的老年人口贫困化的影响因素中，它们对老年人口贫困化的影响程度有多大，哪些是最为关键的因素，仍有待于进一步明确。

四是不同的老年人口贫困化的诱致因素是如何作用于老年人口贫困的，它们导致老年人口贫困的机制是什么，需要进行深入研究。

三、老龄人口贫困化理论

生、老、病、死是每个人一生中必然经历的生命过程和生活事件，老年人

① 于学军："从上海看中国老年人口贫困与保障"，《人口研究》，2003 年第 3 期，第 33 - 38 页。
② 陈银娥、高思："社会福利制度反贫困的新模式——基于生命周期理论的视角"，《福建论坛（人文社会科学版）》，2011 年第 3 期，第 13 - 17 页。

口是一个特殊的脆弱群体，容易招致社会的歧视和排斥而陷入困境，需要多方主体提供帮助和支持。因此，生命周期与脆弱性理论、社会排斥与社会歧视理论以及社会支持与福利三角理论是分析农村老年人口贫困的重要理论基础。

（一）生命周期与脆弱性理论

老年时期是人的生命周期的最后阶段，也是最为脆弱的阶段。生命周期理论和脆弱性理论，从生物规律的角度分析了老年人口贫困化的必然性。

1. 生命周期理论

生命周期是指在现代社会中一个人从出生到死亡的全部生命历程，如按照年龄划分可以分为儿童期、成年期和老年期等[①]。生命周期这一概念被广泛应用于政治、经济、技术、环境、社会等诸多领域，演化出不同的生命周期理论。例如，宏观经济周期理论、产品生命周期理论、需求生命周期理论、行业生命周期理论、甚至制度生命周期理论等。在经济学领域，生命周期理论（Life-Cycle Approach）是由美国经济学家弗朗科·莫迪利安尼（Franco Mordigliani）和理查德·布伦伯格（Richard Brumberg）共同创建的（柴效武，2004[②]）。该理论主要研究在个人整个生命周期里，如何通过平滑一生的收入与支出，以使个人的资源配置达到最优，避免老年时期的入不敷出问题。

在社会保障领域，王诚（2004）借鉴熊彼特（1912）在《经济发展理论》中提出的宏观经济周期理论，即将经济增长划分为景气上升期、繁荣期、不景气衰退期、萧条期或危机期四个发展阶段，借鉴 Argenti（1976）在《公司崩溃》一书中提出的企业生命周期理论，即把企业的生命周期划分为产生、成长、成熟、衰退四个生命周期阶段，在《论社会保障的生命周期及中国的周期阶段》一文中，首次提出社会保障体制生命周期假说，分析了社会保障生命周期的条件、内容和形态，并以社会保障缴税率或社会保障水平（社会保障支出占 GDP 的比重）为依据和抓手，将社会保障体制生命周期划分为：产生、成长、高峰、衰退和消亡五个阶段。他认为，中国的社会保障体制在生命周期上已经完成产生阶段，正处于成长阶段的中期，经过另外 30 年左右的努力，将可以进入高峰

① 徐月宾、刘凤芹、张秀兰：“中国农村反贫困政策的反思——从社会救助向社会保护转变”，《中国社会科学》，2007 年第 3 期，第 40 –55 页。

② 柴效武：“生命周期理论及其在售房养老模式中的运用”，《西安财经学院学报》，2004 年第 4 期，第 5 –9 页。

阶段①。

不难看出，上述理论更多的是从市场生命周期或制度生命周期的角度来说的，而不是从生物的生命周期来说的。从生物生命周期来看，老年是人的生命的最后阶段。一方面，老年人的劳动能力和创造收入的能力急剧下降，自我保障能力弱化；另一方面，身体健康状况日益恶化，各种常见病、慢性病等突发性增加，老年人口患病率是总人口患病率的 2 倍左右，这又加大了农村老年人的医疗费支出。在这种时候，如果老年人的家庭保障和社会保障不能及时补位或即便及时补位但是保障水平过低，老年人就很容易陷入入不敷出的境地，导致农村老年人的贫困问题，农村老年人的贫困化，不仅体现在农村老年人贫困发生率的增加，还体现在农村老年人贫困深度的增加和长期陷入贫困不能自拔。

2. 脆弱性理论

脆弱性概念起源于对自然灾害问题的研究，1974 年学者怀特（G. F. White）在其专著《Natural Hazards：Local，National，Global》一书中首次提出了“脆弱性”概念②。在地理学研究领域，Timmerman P. 于 1981 年第一次使用了脆弱性概念③。在经济学研究领域，Hyman P Minsky 在 1982 年系统提出了金融脆弱性假说，认为金融脆弱性是由金融业高负债经营的行业特点所决定④。目前，脆弱性概念已经被广泛应用于自然科学、地理科学、社会科学，甚至生命科学等多种科学领域和研究方面⑤。在社会科学领域，脆弱性研究主要体现在经济学领域中的银行或金融系统脆弱性研究和社会学领域中的反贫困以及可持续生计问题的研究等。

回顾已有的国内外研究文献，脆弱性概念界定出现了多种不同的认识，主要有以下五种界定⑥：①脆弱性是暴露于不利影响或遭受损害的可能性；②脆弱性是遭受不利影响损害或威胁的程度；③脆弱性是承受不利影响的能力；④脆弱性是一种概念的集合（包括：风险、敏感性、适应性和恢复力等）；⑤脆弱性是由于系统对扰动的敏感性和缺乏抵抗力而造成的系统结构和功能容易发生改

---

① 王诚：“论社会保障的生命周期及中国的周期阶段”，《经济研究》，2004 年第 3 期，第 98 - 107 页。

② G. F. White.《Natural Hazards：Local，National，Global》［M］，Oxford：Oxford University Press，1974.

③ Timmerman p. Vulnerability，Resilience and the Collapse of Society：A Review of Models and Possible Climatic Applications. Toronto，Canada：Institute for Environmental studies，University of Toronto，1981.

④ Hyman P Minsky.《The Financial Fragility Hypothesis：Capitalist Process and the Behavior of the Economy in Financial Crises》［M］，Edited by Cambridge University Press，1982.

⑤ 于长永：“脆弱性概念、分析框架与农民养老脆弱性分析”，《农村经济》，2011 年第 8 期，第 88 - 91 页。

⑥ 李鹤、张平宇、程叶青：“脆弱性的概念及其评价方法”，《地理科学进展》，2008 年第 2 期，第 18 - 25 页。

变的一种属性。从以上五种概念界定来看，第一种界定与风险类似；第二种界定强调了系统面对扰动的结果；第三种界定强调了系统的应对能力和抵抗力，而应对能力和抵抗力是脆弱性的表征，不是脆弱性本质。第四种界定也是强调了脆弱性的表征；第五种界定从系统的内部结构和功能角度来分析脆弱性，这一概念界定较为准确，但也有一定缺陷，有必要进一步明确。

从字面上来看，脆弱性（Vulnerability）由两个核心字构成，即“脆”和“弱”，“脆”即“易碎”，“弱”指“抵抗力差”。因此，所谓脆弱性是指由个体、组织、系统的内部结构和特征（包括系统构成组件、内部结构、甚至时间因素等）决定的，由于对内外风险扰动的敏感性高、抵抗能力差和弹性小而容易在内外风险冲击中失去其系统原有结构、状态、存在形式及其功能的一种属性和不稳定状态。这种属性或状态是由其内部结构特征决定的、是与“生”俱来的一种系统属性，内外部风险的扰动或人为的行为对系统脆弱性程度具有放大或缩小的作用，是影响系统脆弱性属性显性化的直接原因，但不是决定因素。

脆弱性不是一个“显性”的特征，而是“隐显”① 于其载体之内，其显性化是风险、保障与暴露的函数。脆弱性是一个相对的概念，即脆弱性的判断有一个现实或潜在的参照项。敏感性高、抵抗能力差和恢复能力低等是脆弱性事物的显著表征。脆弱性是一个动态的概念，其动态性表现在系统脆弱性程度会随着系统内部结构和特征的改变而改变，具体来说就是指脆弱性物体可以通过其自身或人为因素改变其内部结构和其对风险的暴露，而改变其脆弱性程度和增加其抵抗力，最终使脆弱性对象表现出较低脆弱性的特征，增加系统的稳定性。一个系统在这一时刻脆弱性较低，但在另一时刻，由于其内部结构和特征的变化，脆弱性可能更高。正如世界银行所说“脆弱性人人都有，甚至薪俸优厚的公务员也很脆弱，他们也会失去工作并陷入贫困之中”②。这是脆弱性动态性的很好佐证。正是脆弱性的动态性，才使得脆弱性研究具有了理论意义和实践价值。

老年是人的生命的最后阶段，在这一阶段，老年人天生具有内在的脆弱性。从生理上来说，老年人的身体机能逐渐下降，记忆力日渐衰退，骨质变得疏松，腿脚变得不灵便。这导致：一方面，老年人抵御疾病风险和意外伤害风险的能力大大降低；另一方面，老年人患病或遭遇意外事故之后，从困境走出来的能

① 参考向新民：“对金融脆弱性的再认识”，《浙江学刊》，2005 年第 1 期，第 190 - 195 页。
② 世界银行：“2000—2001 年世界发展报告：与贫困作斗争”，中国财政经济出版社，2001 年版，第 140 页。

力也大大降低。因此，在没有外力协助的情况下，老年人很容易在困境中徘徊，甚至处境越来越差，最后导致贫困问题的发生与深化。

（二）社会排斥与社会歧视理论

老年人口是一个特殊的弱势群体，常常因为年龄大、身体健康状况差、容易生病等问题，遭到社会的排斥和歧视。因此，社会排斥和社会歧视是老年人口贫困化的社会因素。社会排斥理论和社会歧视理论，也就成为分析农村老年人口贫困化的重要理论基础和分析工具。

1. 社会排斥理论

社会排斥理论起源于欧洲，1974 年法国学者 Lenior 提出社会排斥的概念，当时主要用于分析经济领域中的互相排斥现象①。如今，社会排斥概念已经广泛应用于经济、社会、政治等诸多领域。这正如 Silver 所言“社会排斥是一个非常容易被使用、模糊的、多角度的和边缘宽广的概念，它可以用许多方式来定义”②。一些学者从“参与”的角度来分析社会排斥问题（Burchard，1999③；Richardson & Legrand，2002④）。Walker 从社会排斥存在的领域来分析社会排斥问题⑤。Robbins 从社会连接的断裂、福利依赖的重新组合等方面，分析了社会排斥的内容⑥。Giddens 从社会排斥的发生机制和社会排斥的形式两个方面来分析社会排斥问题⑦。Silver 认为，精神病患者、有自杀倾向的人、被虐待的儿童、单亲父母和其他有问题的人士，是被社会排斥的群体⑧。

关于社会排斥的概念，学者一般认为，社会排斥是指社会成员不能正常参

① Lenoir, R. , Les exclus: Un francais sur dix, Pairs: seuil, 1974.

② Silver, H. , Three paradigms of social exclusion, In Rodgers, G. , Gore, C. & Figueiredo, J. B. (ED), Social exclusion: rhetoric, reality, responses, Geneva: International Instrute for Labour Studies 1995.

③ Burchardt, T. , Le Grand, J. & Piachaud, D. , “Social exclusion in Britain 1991—1995. Social Policy & Administration, 1999, 33 (3).

④ Richardson, L. & Le Grand, J. , Outsider and insider expertise: the response of residents of deprived neighbor hoods to an academic definition of social exclusion. Social Policy and Administration. 2002.

⑤ Wakker, A. , The Strategy of inequality, in Walker, A. & Walker, C. (Ed), Britain divided: the growth of social exclusion in 1980s and 1990s, London: CPAG, 1997.

⑥ Robbins, D. , Social Europe towards a Europe of solidarity: combating social exclusion, European Community. 1994.

⑦ Giddens, A. , Face a exclusion, Esprit, Quoted in Beck, W. , Maesen, L. & Walker, A. (Ed), The social quality of Europe, Bristol: the Policy Press, 1995.

⑧ Silver, H. , Three paradigms of social exclusion, In Rodgers, G. , Gore, C. & Figueiredo, J. B. (ED), Social exclusion: rhetoric, reality, responses, Geneva: International Instrute for Labour Studies 1995.

与社会生活、公民权利不能实现的状态（Burchard，1999①；Richardson & Legrand，2002②；Gordon，2000③；Saraceno，1997④）。Duffy 利用问卷调查方法，分析了社会政策领域、社会排斥问题和被社会排斥群体之间的关系⑤。他指出，在被社会排斥的诸多领域中，在社会保护领域，社会排斥问题主要表现在：需要社会保护的社会群体所得到的社会保护的实际受益低、国家不能提供比较慷慨的最低收入保证⑥。其中，长期失业者、脆弱的老年群体以及长期以来社会救助的老年群体是被社会排斥的主要对象。

中国是一个发展中国家，而且在相当长的时期内，是一个以农业为主和农民为主的发展中国家。农村经济发展滞后，农民的收入水平较低，而农村老年人的收入水平更低。经济基础决定上层建筑，农村老年人经济地位的低下，决定了农村老年人在老年时期支配家庭的权力大大降低。很容易陷入被家人和社会遗忘的境地，成为被社会排斥的群体。农村老年人被家庭成员和社会排斥的典型表现就是各种机会的丧失、各种权利的丧失，这包括就业能力的降低和就业机会的丧失、家庭决策能力和决策机会的丧失、参与家庭资源和社会资源分配的能力和机会的丧失等。这些机会和权利的丧失，最终表现为农村老年人经济资源、服务资源和政策资源的丧失和匮乏，导致农村老年人的贫困化。

2. 社会歧视理论

社会歧视概念起源于 19 世纪中期的西方社会，20 世纪中期以来，社会歧视成为西方经济学研究的重点问题之一。1944 年，瑞典经济学家冈纳·缪尔达尔的《美国的困境》的出版标志着歧视经济学的产生。1957 年，美国经济学家加里·贝克尔的《歧视经济学》的面世则标志着歧视经济学的成熟⑦。如今，社会歧视理论已经不仅仅应用于经济问题中不合理现象的分析，还广泛应用于社会现象以及心理行为方面的分析。

---

① Burchardt, T., Le Grand, J. & Piachaud, D., "Social exclusion in Britain 1991—1995. Social Policy & Administration, 1999.

② Richardson, L. & Le Grand, J., Outsider and insider expertise: the response of residents of deprived neighbor hoods to an academic definition of social exclusion. Social Policy and Administration. 2002.

③ Gordon, D. et al., Poverty and social exclusion in Britain, York: Joseph Rowntree Foundation, 2000.

④ Saraceno, C., The importance of the concept of social exclusion, In Beck, W., Measen, L. V. D. & Walker, A. (Ed), The social quality of Europe, Bristol: Policy Press. 1997.

⑤ Duffy, K., The human dignity and social exclusion project-research opportunity and risk: trends of social exclusion in Europe, Council of Europe, 1998.

⑥ 彭华民："社会排斥与社会融合——一个欧盟社会政策的分析路径"，《南开学报》（哲学社会科学版），2005 年第 1 期，第 23 - 31 页。

⑦ 周林刚、胡杨玲："歧视理论视野下的残疾人就业"，《中国残疾人》，2007 年第 6 期，第 40 - 41 页。

社会歧视与社会偏见是一对密切相关的概念，一些学者认为，社会歧视与社会偏见具有明显的界限；而另外一些学者则认为，社会歧视与社会偏见则融为一体，社会偏见只是社会歧视的初始表现。认为二者概念明显不同的学者认为，偏见常常被理解为一种负性情感（包括反感、讨厌和恐惧等）和消极看法，而歧视则常常被解释为一种根据负性情感和消极看法而事实的实际区别对待的行为（Allport，1954[①]；Taylor，2004[②]；安东尼·吉登斯，2003[③]）；认为二者概念融为一体的学者认为，社会歧视的核心内涵是不公平和不平等，它既可以表现为一种行为，也可以表现为一种制度，更可以表现为一种态度（Merton Robert，2000[④]；Strycker Robin，2001[⑤]；郑航生，2007[⑥]）。黄家亮（2008）认为，偏见、行为和制度是社会歧视的三个维度，社会歧视是一个由偏见到制度性歧视构成的连续发展谱系[⑦]。

社会对老年人的歧视，即体现在家庭内部成员对老年人的歧视，也表现在企业与社会组织、团体的成员对老年人的歧视。在家庭内部，家庭成员对老年人的歧视，集中表现在子女对长辈表现出来的反感和讨厌，婆媳矛盾是其中的典型代表。在家庭外部，社会成员对老年人的歧视，更多的表现在老年人被排斥在市场之外。就业机会不均和工资福利待遇的差异，是老年人在劳动力市场被歧视的典型表现。社会歧视与社会排斥一样，也最终使老年人获取基本生活资源的丧失和匮乏，导致老年人口贫困。农村老年人由于文化程度较低、资产积累非常有限等原因，而更容易陷入贫困的境地。

（三）社会支持与福利三角理论

老年人的特殊弱势地位，决定了农村老年人更需要国家、社会和家庭等多方面的支持。因此，社会支持与福利三角理论是分析农村老年人口贫困化的重

① Allport, G. W., The Nature of Prejudice. Cambridge, Ma: Addison-Wesley. 1954.

② Se. Taylor, L. A. Peplau, D. O. Sears. 《社会心理学》，谢晓非等译。北京：北京大学出版社，2004。

③ 安东尼·吉登斯：《社会学》，赵旭东等译．北京：北京大学出版社，2003。

④ Merton, Robert k. Insiders and outsiders. Ameirican Journal of sociology, 2000 (78): 213.

⑤ Strycker Robin. Disparate Impact and the Quota Debates: Law, Labor Market Sociology, and Equal Employment Policies. Sociological Quarterly 2001 (42): 19 - 27.

⑥ 郑杭生：“社会歧视和以人为本——一个社会学的分析”，载郑杭生《减缩代价与增促进步：社会学及其深层理念》，北京：北京师范大学出版社，2007 年版，第213 页。

⑦ 黄家亮：“论社会歧视及其治理——一个社会学视角的理论分析”，《华东理工大学学报》（社会科学版），2008 年第3 期，第1 -6 页。

要视角。它是从社会政策的角度，来分析如何消除农村老年人口的贫困化问题。

1. 社会支持理论

社会支持理论属于社会学的分析范畴，是社会网络分析的延续和发展。20世纪70年代初，社区心理学和精神病学领域的研究者开始使用“社会支持”这一概念，用于分析社会支持与身心健康之间的关系。在社会支持研究的早期阶段，研究者常常把社会支持看作是一个比较宽泛、统一的关系整体，不考虑人与人之间的关系的性质，认为只要有人与人之间的关系存在，这种关系就一定能帮助个人应付日常生活中的困难（周林刚、冯建华，2005①）。之后的研究发现，社会支持并不是一个没有差异的整体，而是在内部存在严重的异质性，社会支持的种类也多种多样。

关于社会支持的概念和分类，Thoits（1994）认为，社会支持指的是“重要的他人如家庭成员、朋友、同事、亲属和邻居等，为某个人所提供的实际帮助、信息帮助和社会情感帮助”②。韦尔曼将社会支持分为感情支持、小宗服务、大宗服务、经济支持、陪伴支持等5项（Wellman and Wortley，1989③）。Cutrona & Russell（1990）把社会支持区分为情感性支持、社会整合或网络支持、满足自尊的支持、物质性支持、信息支持④。马特·范德普尔把社会支持划分为情感支持、实际支持、社会交往、社会活动参与等几个方面⑤。Barreea（2004）从广义的角度把社会支持划分为物质帮助、行为支持、亲密的互动、指导、反馈、社会互动6个方面⑥。

20世纪90年代以后，社会支持研究逐渐被介绍到中国，一些学者对社会支持的内涵进行了剖析。李强（1998）从社会心理刺激与个体心理健康之间关系的角度出发，认为社会支持是指一个人通过社会关系所获得的能减轻心理应激反应、缓解精神紧张状态、提高社会适应能力的影响⑦。丘海雄等（1998）认

① 周林刚、冯建华：“社会支持理论——一个文献的回顾”，《广西师范学院学报（哲学社会科学版）》，2005年第3期，第11－15页。

② 马特·G. M. 范德普尔：“个人支持网概述”，《国外社会科学》，1994年第4期，第3－7页。

③ Wellman, B. & Wortley, S., 1989, Brothers' keepers: Situating kinship relations in broader networks of social support, Sociological Perspectives, 32.

④ 贺寨平：“国外社会支持网研究综述”，《国外社会科学》，2001年第1期，第76－82页。

⑤ 马特·G. M. 范德普尔：“个人支持网概述”，《国外社会科学》，1994年第4期。转引自徐莉：《非政府组织与社会支持体系的构建》，2009年武汉大学博士学位论文，第7－8页。

⑥ Barbara Klugman. Organizing and Financing for Sexual and Reproductive Health and Rights: The Perspective of an NGO Activist Turned Donor [J]. Reproductive Health Matters, Volume 12, Issue 24, November 2004, Pages 14－24.

⑦ 李强：“社会支持与个体心理健康”，《天津社会科学》，1998年第1期，第67－70页。

为，在大多数情形下，社会支持不是一种单向的关怀或帮助，而是一种社会交换[①]。也有一些学者认为，社会支持就是社会中所得到的来自他人的各种帮助（张文宏、阮丹青，1999[②]；蔡禾等，1997[③]）。陈成文（2000）从社会学的角度指出，社会支持是社会网络运用物质和精神手段等，对社会弱者的一种无偿帮助行为[④]。贺寨平（2002）从社会网络的视角分析了社会支持问题，他认为社会支持网就是指能藉以获得各种资源支持（如金钱、情感、友谊等）的社会网络[⑤]。

进入21世纪以后，风险社会的特征越来越明显。市场竞争中的弱者需要通过社会的帮助和支持才能摆脱生存危机，促进社会稳定和社会公平正义。现代社会学，也正是从这一角度出发，提出了以社会关怀为核心的社会支持概念，即社会支持是对社会生活有困难者所提供的服务和帮助[⑥]。在众多的社会弱势群体当中，老年人是一个特别脆弱的人群。需要社会的支持，而在正式的制度化的社会支持缺位、且保障水平极其低的情况下，依托于家庭血缘关系和亲缘关系所提供的社会支持对老年人就越发显得重要。然而，农村的社会现实是，正式的社会支持长期缺位和低水平徘徊，而非正式的社会支持，又因为社会的转型与人口的流动而变得更加脆弱。农村老年人在这样的双重夹击下，更容易陷入贫困的境地，因而也更加需要社会的支持。

2. 福利三角理论

福利三角理论是20世纪80年代末期，由伊瓦思（Evers）在借鉴多元组合理论的基础上提出的一种新的社会政策分析范式。1986年，罗斯（Rose）提出了福利多元理论，成为福利三角理论的基础。福利多元理论认为，一个社会中的总体福利是由家庭、市场和国家三个方面提供的总和。这三个方面提供的社会福利，并不是相互隔离的，而是相互影响。社会的总福利是三个方面提供的福利整合后的综合福利。在罗斯的基础上，1987年，约翰逊（Johnson）在福利多元理论的基础上，增加了志愿机构作为福利提供的主体，把社会总福利划分

① 丘海雄、陈健民、任焰："社会支持结构的转变：从一元到多元"，《社会学研究》，1998年第4期，第31－37页。

② 张文宏、阮丹青："城乡居民的社会支持网"，《社会学研究》，1999年第3期，第12－24页。

③ 蔡禾等："城市居民和郊区农村居民寻求社会支援的社会关系意向比较"，《社会学研究》，1997年第6期，第8－15页。

④ 陈成文、潘泽泉："论社会支持的社会学意义"，《湖南师范大学社会科学学报》，2000年第6期，第25－31页。

⑤ 贺赛平："社会经济地位、社会支持网与农村老年人身心健康"，《中国社会科学》，2002年第3期，第135－148页。

⑥ 梁君林："基于社会支持理论的社会保障再认识"，《苏州大学学报（哲学社会科学版）》，2013年第1期，第42－48页。

为国家部门提供的福利、商业部门提供的福利、志愿机构提供的福利和非正规部门提供的福利四个方面[①]。

伊瓦思的福利三角理论，将福利多元组合中的家庭、市场和国家三个完全不同的福利提供主体，演绎为家庭、（市场）经济和国家共同组成的福利整体[②]。伊瓦思将福利三角中的三方主体具体化为对应的组织、家庭和社会成员关系。市场对应正式组织，国家对应公共组织，家庭对应非正式组织。三种组织体现的价值依次是选择和自主、平等和保障、团结和共有。就社会福利提供而言，市场提供就业福利，家庭提供非正规福利，国家提供社会福利制度。在不同的社会经济文化背景之下，国家、市场和家庭提供的社会福利起着分担某个主体提供的社会福利不足的风险。

按照福利三角理论的分析框架，农村老年人的社会福利也是由国家、市场和家庭三方提供的福利总和。不同的社会经济发展背景下，三方福利提供主体所提供的福利份额是不同的，在农村老年人社会福利供给中发挥的作用也是不同的。在计划经济时期，国家经由政社合一的人民公社对特殊弱势群体提供福利，家庭对农村老年人提供较为全面的福利，市场提供的福利非常少。但是，在社会转型时期，人民公社解体、农村家庭规模缩小、市场发育不健全，大大降低了福利三角中的三方福利提供主体提供社会福利的能力，最终导致农村老年人福利减少和老年人口贫困化的发生。作为一个经济发展水平相对滞后，社会政策建设相对滞后的地区，农村老龄人口面临的上述问题更加突出，贫困问题也更加复杂和严重。

四、研究内容、研究设计与数据

（一）研究内容

研究对象、研究范围和研究的问题，三个方面的研究边界，共同构成了本书研究的主要内容。

①② 彭华民："福利三角：一种社会政策的分析范式"，《社会学研究》，2006年第4期，第157－169页。

1. 研究对象

本书的研究对象是老龄人口，这看起来好像是一个非常明确的概念，其实不然，因为什么是老，老的本质内涵是什么？并没有统一的规定。甚至在一定程度上说，老是没有本质的，这也是本书在这里对研究对象进行说明的原因。

老的无本质性，源于老的多维度性。在年龄视角下，生理年龄到了35岁就开始走下坡路，因此35岁就应该是生理年龄老的标准；但退休年龄，却有50岁、55岁、60岁、65岁和67岁等标准，而且这些标准还存在中外差异、城乡差异和地区差异；在历史视角下，2000多年前，人的平均预期寿命只有20岁，18世纪增加到30岁，19世纪末达到40岁，21世纪初达到70岁，中国人均预期寿命在1949年只有35岁左右，而现在已经达到了73岁；在职业视角下，不同职业对老的评判标准也是不同的。一般来说，从事体育的人到了30岁以后，就要退役，因为他们已经是老人，几乎没有上升的空间。但是对于医生、律师、法官等职业来说，年龄大并不意味着效率低下，甚至年龄越大，技术水平越高，也就不能称之为老；在社会视角下，每个人都生活在自己的角色之中，父母与之间常常存在着角色互换，即便是60岁的老人在80岁甚至90岁以上的父母面前，他们仍是孩子，而不是老人。

通过上述分析不难看出，老是一个动态发展的概念，老是没有本质的，老的存在是社会建构的需要。因此，本课题所研究的老龄人口，是根据国际上关于人口老龄化的界定标准来确定的老龄人口，而且没有考虑退休年龄，因为，在中国退休年龄存在50岁、60岁等差异，女干部55岁退休，特殊工种甚至45岁就可以退休等，中国农民由于职业特点，根本不存在退休一说等。鉴于此，在问卷调查时，我们确定调查的对象也是年龄达到55岁以上的人群，55岁以下的人群不是本书所要研究的对象。

2. 研究的问题

本书研究的主要问题是西部地区农村老龄人口贫困化，在我们看来，老龄人口贫困化，包括两个方面：一是老龄人口贫困的发生率，这是从横向的角度，来分析农村老龄人口贫困发生的范围，体现的是农村老龄人口贫困的一种宽度和广度，也涵盖了老龄人口贫困的地区分布情况；二是老龄人口贫困的持续期，这是从纵向的角度来分析西部地区农村老龄人口贫困的严重程度，也可以说是西部地区农村老龄人口贫困的深度，它反映了社会政策解决农村老龄人口贫困的难易程度。贫困的发生率和贫困的持续期两个方面的结合，更加全面、立体的反映了农村老龄人口贫困化的基本情况。

（二）研究设计

1. 研究目标

本书的总目标是研究农村老龄人口贫困化的现状与发生机制，完成这个总目标，需要解决四个问题：一是农村老龄人口贫困的发生率，即有多少农村老龄贫困人口；二是农村老龄人口贫困发生率的决定因素，这个问题主要反映哪些农村老龄人口陷入了贫困，以及农村老龄人口贫困的发生机制；三是农村老龄人口贫困的持续期，即农村老龄人口贫困会伴随老龄人口多长时间，用于反映农村老龄人口贫困的严重程度；四是农村老龄人口持续期的决定因素，主要反映具有什么特征的农村老龄人口贫困的持续期更长，而具有什么样特征的农村老龄人口贫困持续期更短，农村老龄人口贫困持续的影响机制到底是什么等。

为更加全面地洞察农村老龄人口贫困化的总体画面，本书又利用实证调查数据，对农村老龄人口贫困化的年龄分布、性别分布、文化程度分布、地区分布、民族分布等多个方面进行了实证分析，展现了农村老龄人口贫困化的特征；并从老龄人口贫困化的个体层面、家庭层面、社会政策与制度层面以及社会与自然环境层面等，论述了农村老龄人口贫困化的生成机制。最后，在上述分析的基础上，提出了解决农村老龄人口贫困化的对策建议。

2. 技术路线

本书的技术路线如图 1 – 1 所示：

3. 研究方法

本书采用理论分析与实证分析相结合，计量分析与质性分析相结合的方法，对农村老龄人口贫困化的特点、成因、决定因素与发生机制进行系统研究。主要研究方法包括：

（1）文献分析方法。文献分析方法主要用于对国内外关于农村老龄人口贫困化问题研究现状的分析和梳理，以及国家与地方已经出台的各种反贫困政策文件的总结和汇总，具体包括老龄人口贫困化的特征、老龄人口贫困化的原因、老龄人口贫困化的决定因素等方面的研究文献。所分析文献，包括专家学者的研究成果，国家关于反贫困、养老、医疗、社会救助等方面的系列政策等。

（2）田野调查研究方法。本书的田野调查研究方法，主要用于第一手调查

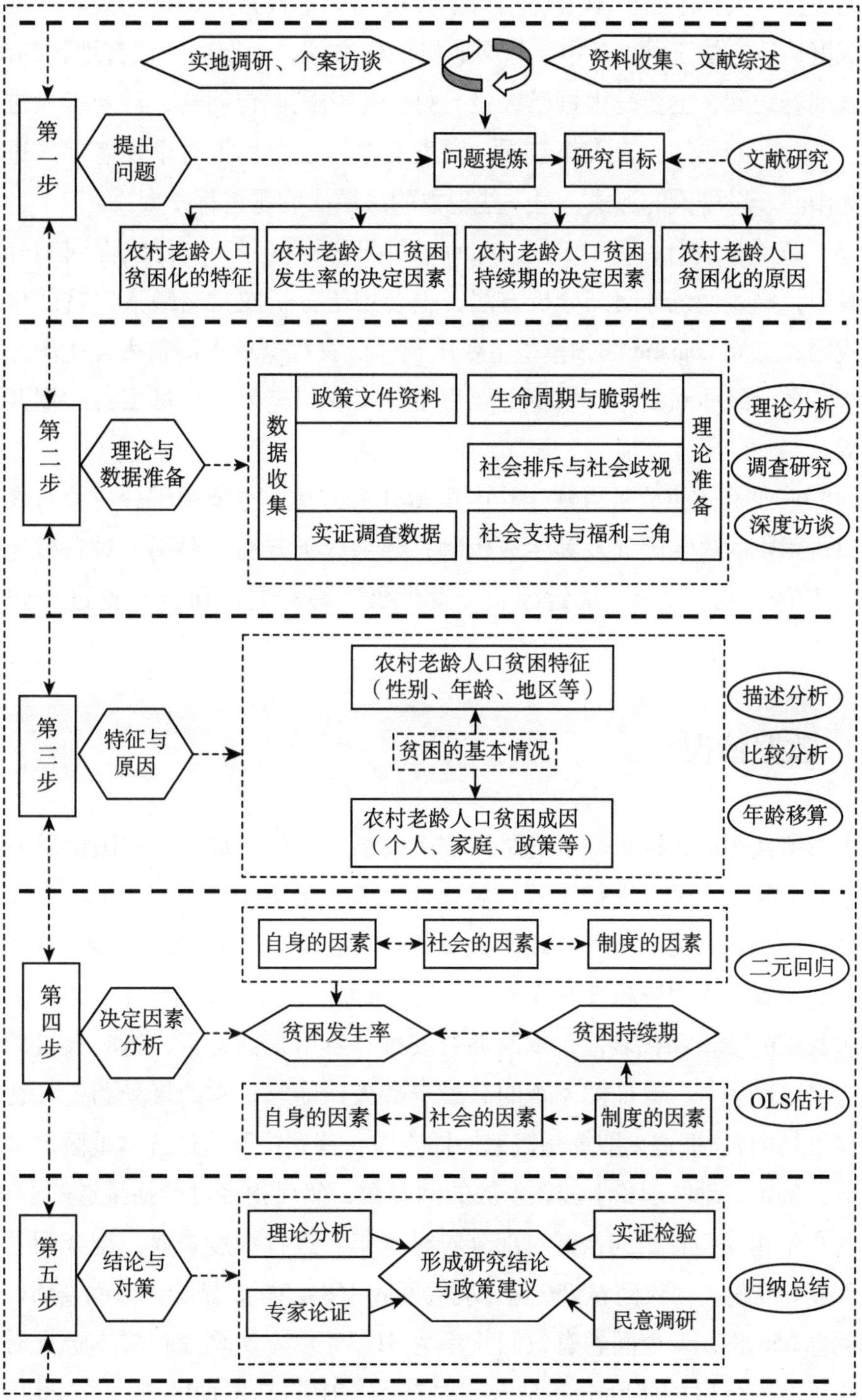

图1-1 农村老龄人口贫困研究的技术路线

数据的收集。具体来看，本书使用到了分层随机抽样方法、结构式问卷访问方法和深度访谈方法三种。其中，分层随机抽样方法，主要用于调查地区的确定；结构式问卷访问，主要是根据已经设计好的结构式调查问卷，对老年人进行面对面、一对一的访问，来收集数据；深度访谈，主要用于对个别老年人进行以问题为中心、以聊天的形式，对一些现象的深层次问题进行发掘。

（3）描述性统计回归、二元 Logistic 回归分析模型和多元线性回归分析模型。其中，描述性统计回归分析方法，主要用于分析农村老龄人口贫困化的特征与成因；二元 Logistic 回归模型主要用于分析农村老龄人口贫困发生率及其决定因素；多元线性回归分析模型主要用于分析农村老龄人口贫困持续期及其决定因素。

（4）归纳和逻辑分析方法。其中逻辑分析方法，主要用于分析分析农村老龄人口贫困化的决定因素及其生成机制；归纳分析方法主要用于对农村老龄人口贫困化的特征、成因、决定因素、发生机制等问题的研究结论进行归纳和总结。

（三）数据情况

本书所使用的数据来自中南财经政法大学“农村老龄人口贫困化研究”课题组于 2013 年 1—3 月进行的“农村老年人口生存现状与社会保障问题研究”问卷调查。调查员由中南财经政法大学 2009 级、2010 级、2011 级和 2012 级四个年级的统计、人力资源管理、金融专业以及统计学的 60 名学生构成。为了保证调查数据的质量和代表性，本次调查安排在春节期间进行，这时大量的外出务工人员已经还乡，保证被调查的高龄老龄人口能够正常的接受调查（在家人的陪伴下访问）。调查采取等额概率抽样方法，首先按照所选样本地区的乡村人口总数，确定各地区理论上应该发放的问卷数，然后由经过严格挑选的调查员，进行入户结构式问卷访问，并对部分农村老年人进行深度访谈。调查问卷总计发放问卷 800 份，回收问卷 756 份，问卷回收率 94.5%，剔除无效问卷后，有效回收问卷 650 份，调查问卷有效回收率为 81.3%。本次调查在样本选择时，充分考虑了贫困地区的实际分布情况，对贫困集中的高发地区进行了重点调查。调查样本的信度和效度检验结果显示，本次调查具有较好的代表性，为本书研究提供了重要的基础和条件。

从表1－1所显示的结果来看，本次的被调查对象中，男性占被调查对象总数的42.3%，女性老龄人口占57.7%；有77.1%的农村老龄人口处于已婚状态，这说明绝大部分农村老龄人口有老伴陪伴一起生活，非在婚的农村老龄人口所占比例为22.9%。这一统计数据表明，农村老龄人口非在婚的比例明显的高于农村全体成年人的这一比例的。农村老龄人口的文化程度普遍较低，文盲率高达33.2%，小学以下文化程度的农村老龄人口所占比例接近80%；农村老龄人口的健康状况较好，一般健康水平以上的农村老龄人口占78.2%。

表1－1　农村老龄人口贫困化被调查对象的基本情况

项目	类别	频数（个）	百分比（%）	项目	类别	频数（个）	百分比（%）
性别	男	372	42.3	婚姻状况	已婚	606	77.1
	女	273	57.7		非在婚	118	22.9
文化程度	没上过学	214	33.2	年龄	55—60岁	158	24.8
	小学	281	43.6		61—70岁	356	56.0
	初中	113	17.5		71—75岁	82	12.9
	高中中专	29	4.5		76—85岁	37	5.8
	大专以上	7	1.1		85岁以上	3	0.5

五、本书的创新与不足

（一）创新点

本书在以下几个方面，弥补了现有关于老龄人口贫困化研究的不足：

（1）本书把农村老龄人口贫困化研究的地域范围扩展到西部农村地区，弥补了已有大量调查研究忽视西部地区农村老龄人口贫困化问题的不足。在人口老龄化快速发展的背景下，随着老龄人口的快速增加，西部地区农村老龄人口贫困化是影响农村社会稳定、社会公平与社会和谐的潜在因素。因此，深入调查研究西部地区农村老龄人口贫困化的现状、特征、成因以及生成机制，对解决西部地区农村老龄人口贫困化具有重要的意义。

（2）把农村老龄人口的贫困化，分解为农村老龄人口贫困发生率和老龄人口贫困持续期，纵向与横向相结合，广度与深度相结合，立体、综合的分析农村老龄人口贫困化问题，弥补了已有研究较多关注老龄人口贫困发生率而较少分析老龄人口贫困持续期的不足。

（3）本课题不仅从老龄人口的个体特征、家庭特征、社区特征等方面分析农村老龄人口贫困化的成因和发生机制，也把制度与政策因素、环境因素等纳入本课题的分析框架，尝试从“福利三角”的框架下来分析农村老龄人口贫困化问题。

（二）不足之处

本书的研究是基于来自西部典型地区的调查，就已有的研究内容来看，我们认为，本书在以下几个方面仍有待于进一步深化：

（1）不同少数民族老龄人口致贫原因与发生机制的研究有待于进一步深化。不同民族的农村老龄人口贫困化的个体特征、家庭特征、生活环境、文化环境等都具有较大的差异，这些差异对农村老龄人口贫困化具有深刻的影响，但是本书的分析并没有在这些方面多着笔墨，有待于进一步深化。

（2）对农村老龄人口贫困持续期的研究有待于进一步细化。农村老龄人口贫困持续期是反映农村老龄人口贫困深度和严重程度的重要指标，值得高度重视和深入研究。本书认为，对于该问题更为科学的研究，应该是基于面板数据的动态跟踪，而本书在分析此问题时，采用的是截面数据，尽管本书在操作化过程中，已经把这一问题转化成了一个面板数据，但仍带有一定的主观性，有待于进一步完善和深化。

（3）本书的研究结果与研究结论，主要是根据课题组所调研的数据，样本量只有650份左右。问卷调查中不可避免的抽样误差和调研时的突发情况带来的误差，会在一定程度上影响本书的研究结果与研究结论。因此，出于谨慎起见，本书研究结果的有效性和科学性需要做后续的跟踪研究加以验证。

除了上述几个方面有待于进一步深化研究之外，我们认为，如果能够采集更大规模的调查数据，本书的分析将更具有参考价值。

第二章 农村老龄人口贫困化的现状

作为社会经济发展较为落后的地区，西部地区农村老龄人口贫困化的现状，是我们认识农村贫困问题的一个缩影，它能为我们制定农村地区反贫困政策提供重要的参考依据。

一、贫困化的界定与测量

贫困化概念的界定和测量是本书研究的一个基本前提。而且，目前学界也没有关于贫困化这一概念的准确界定以及如何选择测量标准，这也是本书在此界定贫困化及其测量指标的一个重要原因。要界定什么是贫困化，必须需要首先了解什么是贫困。

（一）贫困的多重含义

贫困是一个多维度的概念，尽管贫困是一个客观存在的社会现象，但至今为止学术界没有关于什么是贫困的标准界定。回顾已有的研究文献和学者观点，主要有以下几种贫困概念：即物质贫困和精神贫困、主观贫困和客观贫困、绝对贫困和相对贫困、暂时贫困和长期贫困、能力贫困和权利贫困以及机会贫困等多个方面。

贫困不仅是一个多维度的概念，也是一个历史的概念和动态的概念。作为一个历史性的概念，贫困是随着社会经济的发展而不断变化，贫困的历史性特点集中体现在贫困线的不断调整和贫困对象的不断更换。这也就是说，在这一时期是贫困的，而在下一时期则可能不再是贫困的，反之，在这一时期不是贫困的，也可能在下一时期因为某种原因而陷入贫困当中。这一点与贫困的动态性特点很相似，但贫困的历史性与贫困的动态性又不是完全相同的一个概念。贫困的动态性不仅仅表现在贫困标准的动态调整和贫困对象的不断更新，还体现在贫困内涵的不断丰富、贫困测量方法的不断完善、贫困原因的动态变化以及社会贫困结构的不断调整等方面，贫困动态性是能够更加准确的反映贫困内涵的一个概念。

回顾贫困问题的研究历史，不难发现人们对贫困内涵的认识，经历了一个从狭义到广义、从单一到多维的发展过程，早期的学者多从经济收入的角度，从“绝对”意义上来界定贫困，将贫困概念理解为经济收入不足以维持基本的生活需要的生存状态。随着认识的不断深入，贫困的界定由开始的单一地从经济收入界定标准，逐步扩展到从能力、机会、文化、精神等多个角度来界定，更加强调贫困的相对性，而不是贫困的绝对意义。由于贫困是一个多维度的概念，没有必要从每一个角度都来界定一次。因此，本书只选择几个比较有代表性的界定来阐明贫困概念界定的复杂性和动态性。

从收入的角度来界定贫困。英国学者本杰明·郎特里在《贫困：对城市生活的研究》中指出，贫困是指一个家庭的总收入不能维持身体正常功能所需要的最低生活必需品的状况①。“如果一个家庭的总收入不足以维持家庭人口最基本的生存活动要求，那么，这个家庭就基本上陷入了贫困之中。”② 贫困是指由于缺乏“物质和服务”而引起的包括经济、社会、文化、身体和精神等方面的“落后”或“困难”，是贫困的一个十分重要的方面③。

从能力和机会的角度来界定贫困。诺贝尔经济学奖获得者阿玛蒂亚·森认为，贫困是指对人类基本能力和权利的剥夺，而不仅仅是收入缺乏。在他看来，贫困的真正含义是指贫困人口创造收入的能力和机会的缺乏。④ 奥本海默曾尝试从“机会被剥夺”的角度去界定贫困。⑤ 欧共体委员会对贫困概念的界定，也是从“社会排斥”的角度加以阐述的。⑥ 世界银行在《1990 年世界发展报告》中

① 姚云云、东波：“农村反人文贫困的社会支持网络构建分析——以黑龙江省为例”，《西安电子科技大学学报：社会科学版》，2011 年第 2 期，第 75 - 79 页。
② 吴理财：“‘贫困’的经济学分析及其分析的贫困”，《经济评论》，2001 年第 4 期，第 3 - 9 期。
③ Sen，Amartya. Development as Freedom [M]. NewYork：Anchor Books，1999.
④ 刘纯阳、蔡铨：“贫困含义的演进及贫困研究的层次论”，《经济问题》，2004 年第 10 期，第 5 - 6 页。
⑤ 奥本海默：《贫困真相》，伦敦：儿童贫困关注小组，1993 年版，第 36 - 77 页。
⑥ 景晓芬：“‘社会排斥’理论研究综述”，《甘肃理论学刊》，2004 年第 2 期，第 20 - 24 页。

将贫困界定为“缺少达到最低生活水准的能力。”[①]

从文化贫困的角度来界定贫困。联合国开发计划署《1997 年人类发展报告》提出“人文贫困”的概念，并界定“人文贫困”是指人们在寿命、健康、居住、知识、参与、个人安全与环境等方面的基本条件得不到满足，从而限制了人的选择。

其他角度对贫困的界定。西奥多·W. 舒尔茨在《经济增长与农业》中认为，“贫困是作为某一特定社会中特定家庭的特征的一个复杂的社会经济状态。”

上述贫困概念的多维界定表明，贫困是一个动态发展的问题。本书所指的贫困，主要从以下几个方面来界定：一是从收入的角度，是指收入水平低于贫困线以下的情况，又称之为绝对贫困；二是相对贫困，相对贫困是相对于某一收入水平或相对于某一人群的贫困程度，本书所指的相对贫困，指的是收入水平相对于邻里的收入水平的高低情况；三是主观贫困状况，即总体上对于自己经济状况的主观认知。

（二）贫困的测量方法

贫困测量是贫困问题研究中最为关键的环节，关系到缓贫、减贫以及消除贫困的针对性和有效性，是贫困问题研究中技术性较强的工作。贫困的测量，包括贫困线的确定和贫困程度的测量两个方面，其中贫困程度又包含贫困的广度和深度两个方面。确定贫困线，一般有市场菜篮子法、恩格尔系数法、食物能量法、国际贫困标准法、生活形态法、剥夺指标法、马丁法等；贫困程度的测量主要有贫困人口比率、收入缺口比率、基尼系数、森指数、SST 指数以及 FGT 指数等。

市场菜篮子法。市场菜篮子法又称为预算标准法。最早使用这种方法对贫困进行度量的学者是布思和朗特里，其核心思想是根据各种物品在生活中的必需程度，确立一张生活必需品清单。各种生活必需品的确定要根据社会认定的最基本的生活水平所需要的各种物品的种类与数量，然后根据市场价格将这些必需品及其数量换算为购买时的现金。假设基本生活必需品清单中包含 n 种必需品，P_i代表第 i 种必需品的价格，q_i代表第 i 种必需品的数量，则贫困线 PL 可

① 世界银行：《1990 年世界发展报告》，中国财政经济出版社，1990 年版，第 26 页。

以用公式表示为：

$$PL = (p_1 \cdot q_1 + p_2 \cdot q_2 + p_3 \cdot q_3 + \cdots + p_i \cdot q_i) = \sum_{i-1}^{n} p_i \cdot q_i$$

这种计算贫困的方法具有操作简便、涵盖内容详细以及便于修正等优点，但是也存在不足，比如，如何确定什么物品才能进入必需品的清单；进入多少种物品及其数量才算合适；如何保证所确定的物品价格、种类的动态性及合意性等，这些问题是市场菜篮子法在测算贫困问题时所面临的主要问题。同时，必需品清单从一开始就忽略了贫困个体之间的差异性以及个性化的需求，由此得出的关于贫困线的标准往往较低，而且需要不断的更新与调整。

恩格尔系数法。恩格尔系数（Engel coefficient method）是德国学者恩格尔在研究比利时153户家庭的家庭预算与家庭支出时发现的一种食物支出规律。即随着家庭总收入和富裕程度的提升，家庭在食物等必需品方面的支出占整个家庭支出的比例在不断下降，而非必需品在家庭总支出中所占的比重越来越高。由此得出关于家庭贫富程度的一个基本结论：即越是贫穷的家庭，其消费支出中食品开支比重就越大。恩格尔发现的食物支出与收入增长成反比这一基本定律被称为恩格尔定律（见图2－1）。后来的学者奥珊斯基（Orshansky）和钱纳里（H. Chenery）从本国国情出发，验证了恩格尔定律的适用性。奥珊斯基通过论证指出，生活必需品开支的社会平均水平可以用于确定贫困水平。她在研究了美国家庭的食物开支占总开支的比例后，绘出了一条“恩格尔曲线”，并且声称她在这条曲线上发现了一个“转折点”，在这一点以下的部分就是贫困的。这个转折点的量化标准就是30%，也即家庭消费中，必需品消费高于30%的是贫困家庭。20世纪70年代，联合国粮食及农业组织将恩格尔系数作为衡量一个国家富裕与贫穷的标准之一，并在此基础上提出了具体的范围标准。恩格尔系数在59%以上为贫困，50%—59%为温饱，40%—50%为小康，30%—40%为富裕，低于30%为最富裕。1987年，布拉德肖等人经研究后提出，恩格尔曲线不是一条简单的曲线，而是一条更长的“S”形曲线，它描绘出消费模式更为复杂的变化。如图2－2中箭头所指，恩格尔曲线的弯曲点代表的是边际倾向，是表示消费的加速或减速的“转折点”。在第一点以上，收入的增加造就了更强的消费能力，人们用于购买非生活必需品的开支增多，而用于生活必需品的比例锐降。到了第二点，情况发生变化，各种新的消费能力已经耗尽，商品交易趋于定型（见图2－2）。

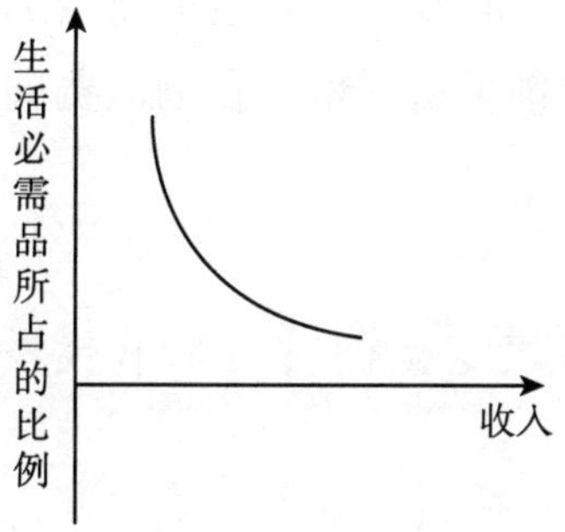

图 2－1　恩格尔定律

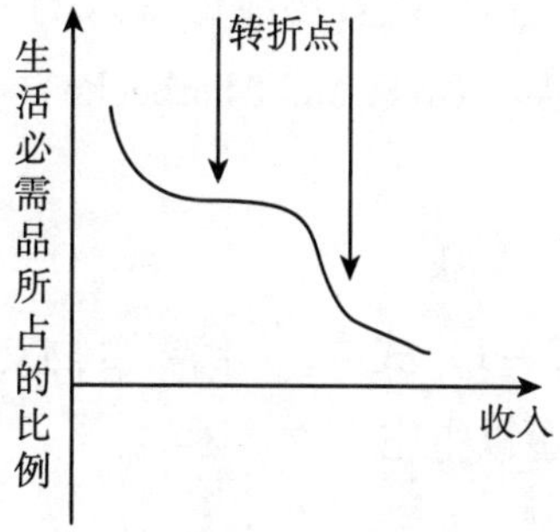

图 2－2　恩格尔定律转折点

当然，恩格尔系数确定贫困线的方法在受到宏观贫困测量追捧的同时，也被部分学者所诟病，其原因在于国家或者地区间的消费结构存在很大差异，更何况家庭及其成员在物品偏好上存在的极大不同。由于在整个测算中最为关键的指标在于食物支出在家庭支出中的比例，如果家庭其他支出（教育、医疗、住房）导致家庭入不敷出，也会产生新的贫困，但这种情况下的贫困难以用恩格尔系数法测定出来。

食物能量法或营养标准法。这种计算方法是伴随着营养学和生理学的发展而逐步流行的，通常从满足个体生存需求条件下身体最低能量摄入或曰营养标准角度出发，模拟出若干食物或商品的（数量）组合，将这些商品的（数量）组合按照食物价格换算成货币，然后据此确定贫困线的标准与范围。最早进行这一贫困方法研究的学者是美国的阿特华特，1894 年，阿特华特根据营养需求、食物组成和食物的营养经济性将食物营养分为蛋白质、碳水化合物、脂肪和矿物质，这一测算标准的着眼群体是美国从事中等体力的美国男性。20 世纪 30 年代初，经济大萧条使得低收入家庭的生活步履维艰，为了帮助低收入家庭渡过难关，美国农业部根据阿特华特的划分标准为不同年龄、不同规模结构以及不同经济活动的家庭制订了不同的食品计划，即紧急状态下的受限饮食、最低支出的充足饮食和慷慨饮食等。1941 年美国国家研究委员会根据性别、年龄和活动水平制订了 17 个营养摄入量指南。1962 年，美国农业部发布了 4 个支出水平的 5 个食品计划。而得出如此食物组合或者计划的标准则是按照营养学的人体生存最低需求，选定 2100 大卡（卡路里：calorie）作为人体每日最低热量需求①。

① 杨立雄、胡姝：《中国农村贫困线研究》，北京：中国经济出版社，2013 年版，第 36 页。

在一定区间内食物能量摄入的期望值随着总消费支出的增加而增加。格雷尔和索贝克（Greer and Thorbeche）提出了人体能量摄入量与食物消费支出的表达式：

$$\ln c = \alpha + \beta k \tag{2-1}$$

在（2-1）式中，c 代表食物支出额，k 代表能量总量；α 和 β 代表待估计参数。则可以得出食物贫困线：

$$Z_f = e^{(\alpha + \beta k)} \tag{2-2}$$

在（2-2）式中，Z_f代表食物支出额；k 代表能量总量；α 和 β 代表待估计参数。如果要确定食物贫困线 Z_f，那么只需要将 k 设定在维持人体生存最低能量摄入量 k_m，例如人均每天 2100 卡①。

这种方法在一定程度上避免了主观方法在确定贫困线时的弊端，以营养学标准为基础，能够在一定程度上满足人们的生存、生理需求。同时，这一方法也是绝对贫困线发展至今的基础。但是，营养需求法忽略了个体对于食物需求的差异，也没有充分考虑不同地区人群在饮食以及营养需求的差异，这种方法虽然在很长一段时间内被发展中国家所使用，但是其确立的贫困线标准却极低。

国际贫困标准。国际贫困标准这一方法最早起源于国际经济与发展组织（OECD）在 1976 年对其成员国的大规模收入调查后提出的一个贫困标准。即一个国家平均收入或者中位收入的 50% 或 60% 作为这个国家或者地区的贫困线。后来，发展到世界银行确定的“1 天 1 美元”的贫困标准。1990 年，世界银行通过对比 36 个有贫困标准的发展中国家和经济转型国家贫困标准，发现 12 个最贫困国家的贫困标准集中于 275—370 美元，因此，世界银行在其发布的《1990 世界发展报告》中采用了 370 美元作为衡量国家社会贫困状况的国际通用标准。按照 1985 年购买力评价指数，每年 370 美元的贫困线被简化为 1 天 1 美元。1994 年，世界银行通过对贫困标准的重新估量，以 1993 年的购买力评价指数，估得 10 个最贫困国家的平均贫困线约为 1.08 美元。2008 年，采取同样的方法，世界银行重新将国际贫困标准提高到 1 天 1.25 美元。

1 天 1 美元或者 1 天 1.25 美元的贫困线是按照发展中国家尤其是经济发展落后国家的贫困线标准加权得出的，这种方法的优点在于方便进行贫困问题的国际比较，尤其是在不发达国家。但也存在极大不足，“1 天 1 美元”这一国际

① 池振合、杨宜勇：“贫困线研究综述”，《经济理论与经济管理》，2012 年第 7 期，第 56-65 页。

贫困线的代表性较差，或者说仅局限于不发达国家，而对于发达国家则充分暴露出其滞后性。此外，这一标准忽略了不同国家的消费习惯和国家内部的地区差异。因此，这一方法较多的运用于国家间的贫困比较，而不作为实际贫困线。

生活形态法。“生活形态法”也称为“剥夺指标法”，它从人们的生活方式、消费行为等有关生活习惯的一系列问题入手，通过设置一些有关贫困家庭生活形态的问题，让被调查者回答，据此选择若干“剥夺指标”，并根据所体现的剥夺指标和被调查者的实际生活状况计算出“贫困门槛”，从而根据贫困者的共有特征来确定哪些人是贫困者，通过分析贫困者的日常收入、消费和需求来测定贫困线。这一方法是定量研究与定性研究的综合，生活形态指标或曰剥夺指标的确定与设置需要很强的共性，更加能够代表不同生活形态中个体的“缺”与“有”的程度。而量的积累则是提取若干个体共性“被剥夺”指标的主要途径，从社会若干个体的主观评价到代表社会大众客观被剥夺指标的确立，生活形态法在一定程度上兼顾了个体与群体。生活形态法在测定贫困时往往会预先设立若干关乎生活习惯、饮食、社会交往、家庭环境、子女教育、住房条件、就业状况、工作环境等方面的剥夺指标，一般而言，个体拥有的资源越多，其所能享受到的社会平均生活条件、符合社会规范的商品服务以及正常社会交往活动越多，其剥夺指标就越低，反之，剥夺指标就越高。

由于融合了主观与客观、现实与动态发展的生活期许或生活现实，生活形态法在一定程度上避免了社会经济发展所带来贫困标准的静态化，使得贫困线的调整能够及时反应达到社会规范生活这一标准的个体需求。同时，生活形态法所涵盖的内容不仅仅在于维持基本生活需求，更加考虑社会融入条件下个体在子女教育、社会交往、就业状况及福利等诸多体现生活形态的指标，避免了单一标准下的“部分融入与整体排斥”的状况。与此同时，由于生活形态法所涉及的贫困度量指标较为全面，可以在测算精准的基础上甄别“伪贫困”或者“假贫困”的现象，保证社会政策或救助资源的最大化利用效率，在一定程度上从源头避免福利依赖的发生。但是，由于生活形态法所涉及的内容较为丰富，由此造成贫困线的测定程序比较烦琐。而且，“符合社会规范”是一个相对模糊且不易量化与表达的状态，因此，如何科学而精准地把握这一词汇的时代语境、地区语境以及个体语境是一件困难的事情。而对于贫困门槛的理解，也需要在剥夺指标与具体生活形态概念操作化时加以细化，但细化过程中的共性问题实难把握。

SST 指数。由于 Sen 指数不满足转移敏感性要求，当贫困人员的收入逐渐上升至贫困线时，H 和 G_p 会产生突变，这样使 Sen 指数不再连续。在 Sen 指数提出来之后，很多学者尝试对 Sen 指数进行修改，Thon（1979）和 Shorrocks（1995）是最著名的两位。由于他们调整后的指数与 Thon（1979）对 S 指数进行调整而构建的 T 指数的极限相等，因此被称为 SST 指数①：

$$P(y;z) = \frac{1}{N^2}\sum_{i=1}^{q}(2N-2i+1)\frac{z-y_i}{z}$$

其中，y 为总人口的收入向量，z 为贫困线，$P(Y;z)$ 表示贫困率 P 为收入与贫困线的函数，N 为总人口数，y_i 表示第 i 个样本的收入，q 为收入 Y_i 低于贫困线 z 的样本数，$2n-2i+1$ 作为权重函数，是经过调整的第 i 个样本的收入在总人口收入中的排序。

FGT 指数。FGT 指数是 Foster、Greer 和 Thorbecke 三位学者在 1984 年提出的对 Sen 指数进行改进的测度贫困的标准。$P\alpha = \frac{1}{n}\sum_{i=1}^{q}\left(\frac{z-y_i}{z}\right)$，$\alpha$ 为贫困厌恶系数，一般情况下，$\alpha>1$，数值越大，表明对贫困的厌恶程度越深。当 $\alpha=0$ 时，$P_0=H$；当 $\alpha=1$ 时，$P_1=HI$；当 $\alpha=2$ 时，$P_2=H\{I^2+(1-I)^2\cdot C^2\}$，其中 C 为所有贫困者收入分布的变异系数②。

（三）贫困化的概念界定

在本课题组看来，贫困化是和人口老龄化、工业化、信息化、城镇化等概念极为相似的概念，由于目前学术界并没有关于贫困化的准确界定，因此，本课题将在借鉴上述几个相似概念界定的基础上，给出贫困化的概念界定。

关于人口老龄化的内涵，总体上有两种观点：一种观点认为，人口老龄化是一种状态，即老年人口占总人口中的比重达到一定比例时的人口状态；另一种观点认为，人口老龄化是一个过程，即老年人口占总人口中的比重逐步增加的过程。第二种观点是比较流行的观点，正如一些学者指出的：人口老龄化是

① 刘轶芳、罗文博："1989—2009 年我国农村贫困演变及指标分解研究"，《农业技术经济》，2013 年第 10 期，第 4－15 页。

② 洪兴建："贫困指数理论研究述评"，《经济评论》，2005 年第 5 期，第 112－117 页。

指老年人口在总人口中比重不断上升的过程（杜鹏，2002[①]；冯立天、马瀛通，2002[②]）。

关于工业化的内涵，从产业结构的角度来看，工业化是一个过程，在这个过程中，工业（制造业）在国民收入和就业人口中的比例逐步提高（A. KBagchi，1992[③]；贺有利等，2009[④]）。钱纳里等认为工业化就是指制造业产值份额的增加过程，工业化水平用制造业在国民收入中的份额来衡量[⑤]。撒克（Thaker，S. Y.）认为，工业化是脱离农业的结构转变，即农业在国民收入和就业中的份额下降，制造业和服务业的份额上升。库兹涅茨将工业化定义为资源配置的主要领域由农业转向工业的过程，即“产品的来源和资源的去处从农业活动转向非农业生产活动”[⑥]。

从生产工具和生产组织的角度来看，吕贝尔特认为工业化就是以机器生产取代手工操作为起源的现代工业的发展过程。其在《工业化史》中指出“……只是在机器时代破晓以后，随着纺织的机械化，随着蒸汽机作为一项新的能源，随着从单件生产过渡到系列生产，过渡到大规模生产，人类社会才开始了巨大的变化，我们称之为工业化的这种变化”。[⑦] 帕提克认为工业化是经济中各行业企业的生产组织，其特征是专业化和劳动分工，运用技术、机械、电力来补充和代替人的劳动，它也是现代的、一体化的，以城市为基地制造业的建立。[⑧]

经济学家张培刚指出，工业化是一系列基要的生产函数连续发生变化的过程，不仅包括工业的机械化和现代化，还包括农业的机械化和现代化[⑨]。工业化是指一个国家由生产技术落后和生产力水平低下的农业国过渡到具有先进的生产技术和高度发达的社会生产力的先进工业国的过程（方甲，1996[⑩]；吴敏一，1991[⑪]；叶裕民，2002[⑫]）。吴天然（1997）认为，工业化是近代工业通过自力

① 杜鹏：“人口老龄化世纪的全球行动”，《人口与计划生育》，2002 年第 6 期，第 33 - 36 页。
② 冯立天、马瀛通：“21 世纪中国人口老龄化与养老能力辨析”，《中国人口科学》，2002 年第 2 期，第 8 - 12 页。
③ 《新帕尔格雷夫经济学大词典》（中译本，第二卷），经济科学出版社，1992 年，861 页。
④ 贺有利，王生林，赵晗彬：“城市化的动力——工业化和三产化”，甘肃理论学刊，2009 年第 3 期。
⑤ 钱纳里，鲁宾逊，塞尔奎因：“工业化和经济增长的比较研究”，上海三联书店，1989 年，第 20 页。
⑥ 巴门拜：“工业化与经济发展”英文版，1985 年，第 17 页。
⑦ 鲁道夫·吕贝尔特：《工业化史》中译本，上海译文出版社，1983 年，第 1 页。
⑧ C. K. Kirk Patri. The Lndustrialisatin of less Devel-oped Countries. Editors Manchester University Press 1983. 2.
⑨ 张培刚：《农业与工业化（上卷）》，华中科技大学出版社，2002 年版。
⑩ 方甲：《现代工业经济学》，中国人民大学出版社，1996 年版。
⑪ 吴敏一：《中国工业化理论和实践探索》，浙江人民出版社，1991 年版。
⑫ 叶裕民：《中国城市化之路——经济支持与制度创新》，北京商务印书馆，2002 年版。

的变革在经济中占据主导地位并使国民经济乃至整个社会都得到改造的过程①。

关于信息化的内涵，信息化的概念起源于20世纪60年代的日本，日本学者Tadao Umeisao在1963年提出，信息化是指通信现代化、计算机化和行为合理化的总称②。1997年中国首届全国信息化工作会议，将信息化定义为培育、发展以智能化工具为代表的新的生产力并使之造福于社会的历史过程③。《2006—2020国家信息化发展战略》指出，信息化是充分利用信息技术，开发利用信息资源，促进信息交流和知识共享，提高经济增长质量，推动经济社会发展转型的历史进程④。俞立平等（2009）指出，信息化是国民经济或社会结构框架的重心从物理性空间向信息或知识性空间转移的过程，它以高科技的信息技术为手段，对社会经济结构、产业结构等进行改造、改组或重新定向，通过提高产品与经济活动中信息与知识的含量，推动全社会达到更高级、更有组织、更高效率的经济发展水平⑤。

关于城镇化的概念，城镇化是一个缘起于西方的概念，国外早期的研究倾向于认为城镇化就是人口的集中化（Louis Wirth.，1938）⑥。沃纳·郝希（1990）认为，城镇化不仅仅是城镇规模与人口数量的扩张，还应该包括城镇人口生活方式和生活理念的持续扩散、传播⑦。城镇化更加强调经济基础发展之上的城镇化现象及其带来的社会文化变迁过程（山田浩之，1991）。Friedman（1976）从多个层次对城镇化进行解释，他指出城镇化是从人口转移、生产生活转变到城市文化扩散的整个过程⑧。

国内公认的关于城镇化的研究起始于吴友仁发表的《关于中国社会主义城市化问题》一文，他将城镇化定义为农业人口转变为非农业人口的过程⑨。现阶段我国城镇化的内涵就是乡村社会在朝向城镇社会发展的方向迈进，思想意识、

① 吴天然：《中国农村工业化论》，上海人民出版社，1997年版。
② 谢康、李礼、谭艾婷："信息化与工业化融合、技术效率与趋同"，《管理评论》，2009年第10期，第3－12页。
③ 郭庆然："农业信息化推进农业产业化的策略研究"，《农业经济》，2009年第4期，第70－72页。
④ 汪传雷、李从春："信息化与工业化融合研究"，《情报理论与实践》，2009年第11期，第32－37页。
⑤ 俞立平、潘云涛："武夷山工业化与信息化互动关系的实证研究"，《中国软科学》，2009年第1期，第34－40页。
⑥⑦ 辜胜阻：《当代中国人口流动与城镇化》，武汉大学出版社，1994年版，第38页。
⑧ ［美］阿瑟·奥沙利文著，周京奎译：《城市经济学》，北京：北京大学出版社，2008年版，第147－163页。
⑨ 吴友仁："关于我国社会主义城镇化问题"，《城市规划》，1979年第5期，第13－24页。

生产方式、生活方式与人口大规模转移具有同样地位（冯更新，2004）①。人是城镇化的核心，而就业、公共服务以及社会融入是衡量流动人口能否纳入城镇人口的重要指标（何宇鹏、张同升，2007）②。王桂新（2013）认为城镇化有狭义和广义之分，狭义的城镇化主要是人口的城镇化，指的是农村人口迁移到城镇并转变为城镇人口（迁移城镇化）；广义的城镇化除了人口城镇化之外，还应该包括土地城镇化、生活方式城镇化等概念③。

透过上述几个类似的概念的界定可以看出，过程性是人口老龄化、工业化、信息化和城镇化的共同特点。除此之外，状态性也是上述几个概念的一个基本特点。因此，课题组认为，贫困化的概念界定，从过程性和状态性两个方面来界定贫困化的概念是比较合理的。从状态性方面来看，贫困化是指贫困人口达到一定比例的人口结构状态；从过程性方面来看，贫困化是指贫困人口不仅达到了一定的比例，而且呈现出贫困人口越来越多、贫困深度原来越大的一种趋势性特征，它反映了贫困人口的发展趋势和贫困程度的动态演化趋势。

（四）贫困化的测量方法

就像贫困化概念的界定一样，贫困化的测量方法也是一个没有统一标准的问题，甚至是一个鲜有学者准确界定的问题。本书从人口老龄化、工业化、信息化、城镇化以及家庭核心化等概念的测量方法中寻找共同的规律，并据此对贫困化的测量问题提出新的思路。

人口老龄化的测量方法有两个：一是1956年联合国《人口老龄化及其社会经济后果》确定的标准，即当一个国家或地区65岁及以上老年人口占总人口中的比例达到7%，则意味着这个国家或地区进入人口老龄化社会。二是1982年维也纳老龄问题世界大会确定的标准，即当一个国家或地区60岁及以上老年人口占总人口中的比例达到10%，则意味着这个国家或地区进入人口老龄化社会。

评价一个国家或地区工业化水平的方法主要有④：①人均国内生产总值。以

① 冯更新："现阶段我国城镇化的内涵和中小城市区域城镇化的重点"，《郑州大学学报（哲学社会科学版）》，2004年第3期，第50－54页。

② 何宇鹏、张同生："人口流动和中国城镇化的空间分布"，《中国劳动经济学》，2007年第2期，第88－100页。

③ 王桂新："城市化基本理论与中国城市化的问题及对策"，《人口研究》，2013年第6期，第43－51页。

④ 林兆木："关于新型工业化道路问题"，《宏观经济研究》，2002年第12期，第3－8页。

1998 年汇率换算，工业化初期人均 GDP 为 1200—2400 美元，中期为 2400—4800 美元，高级阶段为 4800—9000 美元。②制造业增值额占总商品生产增值额的比重。非工业国 20% 以下，正在工业化的国家 20%—40%，半工业化国家 40%—60% 和工业国 60% 以上。③城市化水平。人均 GDP800—1000 美元以上（1964 年，美元）对应的城市化水平为 60.1%—65.8%。一般认为工业化国家的城市化水平应在 60% 以上。

国际上衡量一个国家是否完成工业化有三个指标：一是农业增加值占 GDP 的比重低于 15%；二是农业就业人口占全部总就业人口的 20% 以下；三是城镇化水平必须超过 60%。

信息化的测量方法主要有：信息产业在国内生产总值中所占的比重、信息部门就业人数的比例以及信息部门的收入占国民总收入的比重大小（F. Machlup，1962①；M. Porat，1977②）。日本学者小松清崎介（1965）提出信息化指数法③。靖继鹏、马哲明（2003）借鉴马克卢普的最终需求法、马克·波拉特的测度方法、日本学者小松清崎介的信息化指数法、信息利用潜力指数模型（IUP）以及厄斯的经济—信息活动相关分析法和综合信息产业力度法等，建立了信息化测度理论模型④。张勇刚（2006）提出了三维立体企业信息化测度理论与方法，通过构建企业信息化发展指数、企业信息化质量指数和企业信息化能力指数指标体系，建立了企业信息化综合指数模型⑤。

城镇化的测度方法有单一指标法和综合指标法两种。单一指标法通常采取人口城镇化率（城镇人口占比）或者是土地城市化（城镇土地里利用）两种方法。人口城镇化率最早由美国地理学家诺瑟姆（Ray M. Northam）提出。计算公式如下：

$$\text{人口城镇化率}=\frac{\text{城镇（常住）人口}}{\text{总人口}}\times 100\%$$

牛文元（2011）考虑的人口流动因素，提出了修正的人口城镇化率⑥：

$$\text{人口城镇化率}=\frac{\text{城镇户籍人口}+\alpha\times\text{流动人口}}{\text{总人口}}\times 100\%=\frac{\text{非农业人口}}{\text{总人口}}\times 100\%$$

① Machlup F. The Production and Distribution of Knowledge in the United States [M]. Princeton University press, New Jersy, 1962: 33.
② Porat M. U. The Information Economy [M]. Washington, DC, Government Printing Office, 1977: 47.
③ 小松崎清介等著，李京文等译：《信息化与经济发展》，社会科学文献出版社，1994 年版，第 39-41 页。
④ 靖继鹏、马哲明："信息经济测度方法分析与评价"，《情报科学》，2003 年第 8 期，第 785-791 页。
⑤ 张勇刚："企业信息化测度理论与方法研究"，《科研管理》，2006 年第 1 期，第 107-113 页。
⑥ 牛文元：《中国新型城镇化报告（2011）》，科学出版社，2012 年版，第 68 页。

其中，α 表示流动人口占常住人口的比例系数，其数值的确定由停留时间决定。

综合指标法也称复合指标法，是指用全方位、多角度的方法来测算多种因素共同作用下的城镇化发展水平。

国际上通用的城镇化发展指标体系是联合国人类居住署所建构的包含 6 个模块、49 个代表性指标构成的城镇指标体系，这 6 个模块分别为社会经济发展、基础设施、交通、环境管理、地方政府和住房；49 个指标包含入学率、犯罪率、平均寿命、上班交通时间、房价收入比等。美国斯坦福大学社会学教授因克尔斯构建了包含人均 GDP、农业增加值占 GDP 比重、非文盲人口比例以及第三产业 GDP 比重的城镇化指标体系。

秦润新（2000）构建了农村地区城镇化发展测算指标（25 个）及测算方法，根据其在促进农村地区城镇化中的作用及地位，分别赋予了其 1—15 的分值，测算公式为[①]：

$$X = \sum \frac{T}{S} \times f(\text{其中}, \frac{T}{S} \leqslant 100) \tag{2-3}$$

（2－3）式中，X 代表最终得分值，T 表示每项指标的实际数，S 表示每项指标的标准值，f 表示每项指标的权重。

马世晓等（2012）选择人口系统、经济系统、社会系统、科教文卫系统、环境生态系统等 6 个层面和城镇人口密度、城镇人口自然增长率、人均 GDP、人均工业产值、人均日用电量、人均床位数、人均公共绿地面积等 27 个指标，通过赋值和赋权，建立了城镇化发展水平的综合指数测算方法[②]；

$$P = \sum C_i X_{ik} \times W \tag{2-4}$$

（2－4）式中，P 为城镇化指数，X_{ik} 为第 i 个子系统中第 k 个指标的数值，C_i 为第 i 个子系统的权重，W 为系统权重，P 值越大代表城镇化水平越高。

除了上述几个概念之外，家庭核心化也是与贫困化也是较为类似的概念。何谓家庭核心化的实现？目前并没有形成统一的判定标准。有学者认为它应满足 3 个条件：一是核心家庭为所有家庭中最多的家庭类型，二是其在家庭总数中所占比例超过 50%，三是生活在核心家庭中的人口超过家庭总人口的 50%[③]。

① 秦润新：《农村城镇化理论与实践》，北京：中国经济出版社，2000 年版，第 47－56 页。

② 马世骁、徐萍、孙彦：《城镇化水平综合评价方法研究》，《沈阳建筑大学学报（自然科学版）》，2012 年第 3 期，272－276。

③ 王跃生："中国农村家庭的核心化分析"，《中国人口科学》，2007 年第 5 期，第 36－49 页。

通过上述几个类似概念的测量方法可以看出，目前，关于上述几个概念的测量并没有统一的规律，更准确地说是处在探索之中，而且测量上述几个概念的方法中，有单一指标和综合指标两种，但是综合指标居多。本书认为，在某一个人口群体中，衡量他们是否处于贫困化状态，应该是指在某一个人口群体中，贫困的人口在整个该年龄组人口群体中的比例达到一定水平，本书更倾向于把这一水平定为50%以上[①]。但是，很显然，农村老龄人口中贫困的老年人口是远远没有达到这一比例的，从总量上来说，农村老龄人口还没有达到贫困化这一状态。因此，本书所指的农村老龄人口贫困化，更多的是从过程性这一角度，来讨论农村老龄贫困人口贫困化问题。

二、老龄人口贫困化的界定与测量

什么是老龄人口贫困化，如何测量老龄人口贫困化，这是本课题研究的一个重要前提和基础。目前，学术界并没有关于老龄人口贫困化的界定标准和测量指标，因此，本书将在借鉴相关概念的界定与测量指标的基础上，给出老龄人口贫困化的新概念和测量方法。

（一）老龄人口贫困化的概念

老龄人口贫困化可以从群体和个体两个角度来分析，从个体的角度来看，老龄人口贫困化有两种可能：一是个体进入老年阶段之后，生活或收入始终处于贫困线以下，也即处于贫困状态，反映的是贫困概率；二是个体进入老年阶段之后，生活或收入不仅处于贫困线以下，而且呈现出贫困问题愈发严重的一种过程，反映的是贫困程度或贫困深度。从群体的角度来看，可以借鉴人口老龄化和工业化的概念界定方法，老龄人口贫困化也有两种含义：一种含义是指贫困的老龄人口占总的老龄人口达到一定的比例的一种状态，即为老龄人口贫困化；另一种含义是指贫困的老龄人口占总的老龄人口中的比重越来越大的一

① 贫困的老龄人口占总的老龄人口的比例达到50%及以上时，这样的老龄人口的结构性特点，被我们称之为老龄人口贫困化，很显然，这一标准的科学性和可行性需要进一步探讨，本书只是一个尝试。

种过程。前一种群体视角下的老龄人口贫困化概念，强调的是时点性，是在某一个静止时刻的老龄人口状态；后一种强调的是过程性，反映出老龄人口生活状态的变化趋势和动态。

（二）老龄人口贫困化的测量

根据上面几个类似概念的界定及其测量方法的比较可以看出，工业化、信息化、城镇化、人口老龄化以及贫困化等几个概念，都有“化”这个字，从已有学者的界定中可以得知，“化”被解释为一种过程。在具体的测量方法方面，人口老龄化与城镇化的测量方法较为简洁，因此本书借鉴人口老龄化与城镇化的测量方法来测量老龄人口贫困化。

通过对老龄人口贫困化的界定可以发现，老龄人口贫困化实际上涵盖三重含义：一是有多少老年人口处于贫困状态，即贫困发生率；二是老年人口的贫困程度如何，即贫困深度；三是老龄人口贫困的持续期有多长时间。因此，老龄人口贫困化的测量包括三个方面，一是老龄人口贫困发生率的测量；二是老龄人口贫困严重程度的测量；三是老龄人口贫困持续期的测量。

根据课题组的问卷调查，本书在测量老龄人口贫困发生率时采用两种方法：一种方法是通过主观指标来测量，这一指标通过农民对课题组设定的特定问题的回答来实现，另一种方法是客观指标，即老龄人口的实际收入水平低于当地贫困线的比例来实现。老龄人口贫困化的严重程度也通过两种方法来测量：一种方法是主观指标，也通过老龄人口对课题组设定的特定问题的回答来实现，另一种方法是客观指标，即依据老龄人口的实际收入水平与当地贫困线的差距来测量。老龄人口贫困的持续期的测量，通过老龄人口对课题组问卷调查中设定的特定问题的回答来实现。

三、农村老龄人口贫困化的现状

清晰地把握农村老龄人口贫困化的现状，有几个问题是必须要回答的：一是农村到底有多少老龄人口，以及农村老龄人口的增长趋势是什么？二是农村老龄人口中有多少是处于贫困状态，农村老龄贫困人口的发展动态是什么。清楚的回答这两个问题，能够让我们对农村贫困的老龄人口及其发展趋势有一个宏观的了解。

（一）农村老龄人口贫困发生率

贫困发生率是一个相对的概念，农村老年人口贫困发生率的高低，不仅取决于贫困人口的多寡和贫困程度的严重性，还取决于贫困线的高低。农村地区的贫困线既参照了中国历年的贫困线，又结合了当地的社会经济文化等发展的实际情况。表2－1是从1978—2014年的中国历年贫困线。

表2－1　　1978—2014年中国历年贫困线

年份	贫困线	年份	贫困线	年份	贫困线
1978	100	1994	440	2005	683
1984	200	1995	530	2006	693
1985	206	1997	640	2007	785
1986	213	1998	635	2008	1196
1987	227	1999	625	2009	1196
1988	236	2000	625	2010	1274
1989	259	2001	630	2011	2300
1990	300	2002	627	2012	2300
1991	304	2003	637	2013	2300
1992	317	2004	668	2014	2300

注：资料来自《中国农村住户调查年鉴》《中国统计摘要》和《中国农村贫困监测报告》的整理。

从表2－1和图2－3可以看出，从1978年到2014年的36年时间里，中国的贫困线一直处于动态的调整当中，这种动态调整呈现出逐渐上升的趋势，贫困线的不断调整是一个普遍的规律。它的调整一方面是由于经济发展水平的不断提高，另一方面也预示着贫困发生率也会因此不断变化。这从一个侧面反映出，贫困的相对性内涵。

表2－2和图2－4显示，从1978—2013年，尽管中国的贫困线的标准尽管逐年提高，但是中国的贫困发生率却处于不断的下降趋势当中。贫困发生率从

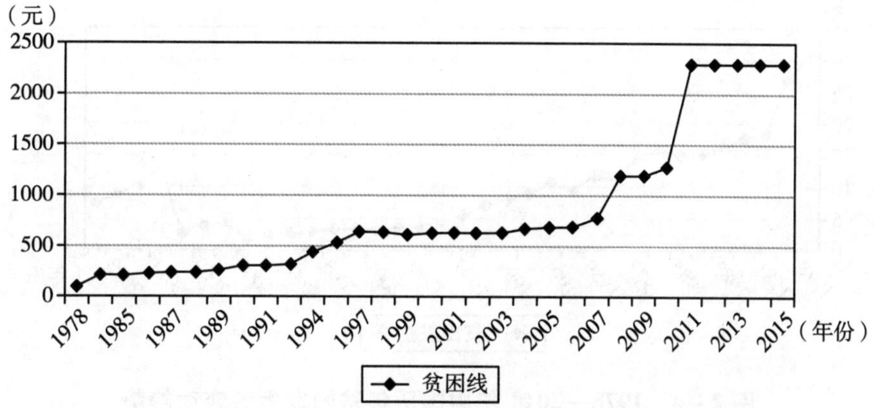

图 2－3　1978—2014 年中国历年贫困线变动趋势

1978 年的 31% 下降到 2010 年的 2.8%。这从一定程度上反映出，中国反贫困的效果是非常明显的。

表 2－2　　1978—2013 年中国历年贫困发生率

年份	贫困发生率（%）	年份	贫困发生率（%）	年份	贫困发生率（%）
1978	30.7	1990	9.4	2003	3.1
1980	26.8	1991	10.4	2004	2.8
1981	18.5	1992	8.8	2005	2.5
1982	17.5	1994	7.7	2006	2.3
1983	16.2	1995	7.1	2007	1.6
1984	15.1	1997	5.4	2008	4.2
1985	14.8	1998	4.6	2009	3.8
1986	15.5	1999	3.7	2010	2.8
1987	14.3	2000	3.5	2011	12.7
1988	11.1	2001	3.2	2012	10.2
1989	11.6	2002	3.0	2013	8.5

注：资料来自《中国统计年鉴 2014》。

2010 年以后，中国的贫困发生率有了较为明显的上升。这一变化特征，并不是由于中国的贫困人口的大量返贫造成的，而主要是由于中国的贫困线在 2011 年以后有了大幅度的提高，即从 2010 年的 1274 元，提高到 2300 元，贫困线标准几乎提高了一倍，所以导致了中国贫困发生率的明显提高。

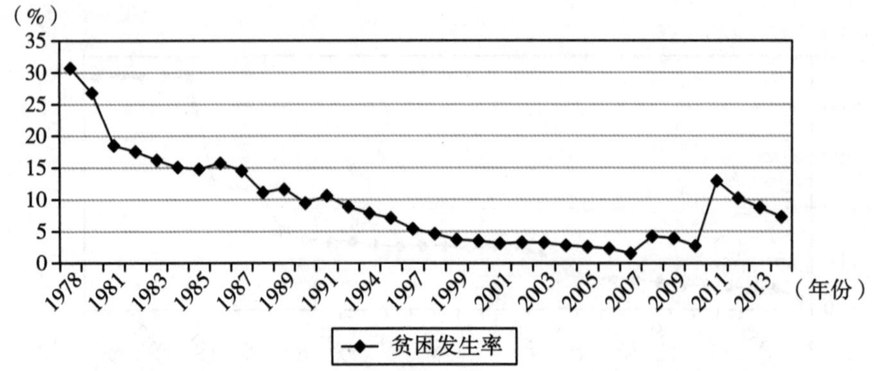

图 2-4 1978—2014 年中国历年贫困发生率变动趋势

与中国贫困线和贫困发生率的变化趋势相对应，西部地区农村的贫困线标准也呈现出不断增长的趋势，而西部地区农村贫困发生率也呈现出明显的下降趋势。大量的研究和实践证明，贫困线是与一个国家或地区的社会经济发展水平呈正相关关系的，农村贫困线的逐渐上升，一方面反映了当地的社会经济发展取得了明显的进步，另一方面也显示出当地政府对反贫困的重视程度和支持力度。

本书从主观感受、收入视角和相对视角，多维分析样本地区农村老龄人口的贫困发生率。

(1) 主观感受方面的农村老龄人口贫困发生率。本书用农村老龄人口自己对经济状况的主观感受来测量农村老龄人口的贫困发生率，在实地调查中，我们把要研究的问题操作化为这样一个指标，即“您觉得自己的经济状况怎么样?”答案设计为：够用有余、大致够用、有些困难和十分困难四个方面[①]（见表 2-3）。

表 2-3 农村老龄人口主观感受视角下的贫困发生率

经济状况	频数（个）	百分比（%）	有效百分比（%）	累计百分比（%）
够用有余	138	21.2	21.4	21.4
大致够用	346	53.2	53.6	74.9
有些困难	156	24.0	24.1	99.1
十分困难	6	0.9	0.9	100.0
合计	646	99.4	100.0	

资料来源：来自课题组的实地调查。下文没有标注来源的与此同。

① 这一测量方法，借鉴了北京大学乔晓春教授对贫困发生率的测量方法，把有些困难和十分困难的农村老龄人口列为贫困人口。

从表2－3的统计数据来看，农村老龄人口自认为自己的经济状况大致够用与够用有余的农民所占比例为74.9%，而认为有些困难的农民有24.1%，认为十分困难的农民有0.9%。这也即是说，从农村老龄人口的主观感受来看，农村老龄人口的贫困发生率为25%（包括有些困难和十分困难），这一统计数据，略高于官方公布的2013年农村贫困发生率（19.8%）5.2个百分点。这一统计数据说明：一方面本次调查的农村贫困发生率与官方公布的贫困发生率较为接近，另一方面也说明本次调查的数据可信度较高。因为，农村老龄人口贫困发生率一般都高于农村人口贫困发生率，本次的调查结果表明农村老龄人口贫困发生率高于农村人口贫困发生率5.2个百分点的统计结果，是较为合理和可信的。如果把回答经济状况十分困难的农村老龄人口视为绝对贫困人口的话，那么，农村地区仍有近1%的赤贫老龄人口或极端贫困老龄人口。

（2）收入视角下的农村老龄人口贫困发生率。收入视角下的贫困发生率，是指农村老龄人口家庭的平均收入水平低于贫困线的发生率，该发生率由农村老龄人口家庭的总收入扣除总支出后再除以家庭人口规模计算得来。在调研时，课题组设计了包括工资性收入、农业种植养殖收入和经营转移收入3个大类的9个小类的农村老龄人口家庭收入统计指标和包括生产经营支出、生活支出和社会服务及其他支出在内的12项小类指标的农村老龄人口家庭支出统计指标。而农村地区2012年的贫困线为2300元。经计算，农村老龄人口收入视角下的贫困发生率为33.5%。

从统计结果来看，收入视角下的农村老龄人口贫困发生率高于农村老龄人口主观视角下的贫困发生率。可能的解释是：个人收入或家庭收入对于每个人而言都是一个非常隐私的信息，很多农村老龄人口在回答该问题时，大多比较保守和谨慎，因此，我们推断，农村老龄人口对收入水平问题的回答，很可能是低于其实际收入水平的，导致农村老龄人口收入水平统计偏低，进而导致了收入视角下的贫困发生率较高的问题。

（3）相对视角下的农村老龄人口贫困发生率。中国历来受到“不患寡，而患不均”思想观念的影响，严重的贫富差距向来是社会不稳定的重要影响因素。而收入的均等化水平，对一个国家或地区的稳定非常重要，计划经济时期中国经济发展水平低下，农民的收入水平也很低，但却没有带来剧烈的社会动荡，从一定程度上说，这得益于过度的收入分配平均化。但这一社会稳定的实现，是以牺牲效率为前提的。相对视角下的农村老龄人口贫困发生率反映出两个方面的问题：一是农村老龄人口贫困的严重程度；二是农村老龄人口贫困的普遍性程度。这一指标对认识农村老龄人口贫困的严重性和普遍性以及反贫困的难度和路径都具有重要的意义。

为了考察农村老龄人口贫困的相对水平，课题组设计了这样一个指标来测量，即“与周围农户相比，您家目前的收入状况大概是什么水平?”相对视角下的农村老龄人口贫困化发生率见表2-4。

表2-4　　农村老龄人口相对视角下的贫困发生率

经济状况	频数（个）	百分比（%）	有效百分比（%）	累计百分比（%）
较高水平	4	0.6	0.7	0.7
中上水平	133	20.5	23.7	24.4
一般水平	334	51.4	59.5	84.0
中下水平	69	10.6	12.3	96.3
较低水平	21	3.2	3.7	100.0
合计	561	86.3	100.0	

从表2-4的统计结果来看，农村老龄人口相对视角下的贫困发生率并不高，与其他农户相比，认为自己的收入状况处在中下水平和较低水平的农村老龄人口只有16.0%，这一统计结果低于主观视角和收入视角下的贫困发生率。这从表面上看，好像是好事，其实不然，相对视角下的农村老龄人口贫困发生率比较低，并不是一件可喜的事情，这正反映出该地区老龄人口贫困问题的严重性和普遍性，即周围的邻居都处在贫困当中，也就无所谓谁比谁更贫困了。其实，这是一个非常严重的社会问题，容易形成一种贫困文化，进而让身处其中的农村老龄人口处于陷入贫困状态的恶性循环当中而又浑然不觉。相对视角下的农村老龄人口贫困发生率比较低，从一个侧面反映出，该地区当前的贫困问题较多的是集中连片的，需要有大视野，并采取“整村推进”的反贫困策略方能凑效。

（二）农村老龄人口贫困持续期

农村老龄人口贫困发生率是衡量贫困问题普遍性的一个重要指标，它是从

“贫困广度”上来分析贫困问题的。而农村老龄人口贫困的持续期，则是从“贫困深度”上来反映农村老龄人口贫困问题严重性的一个重要指标。贫困的持续期是指当一个人陷入贫困之后的生活状态后所持续的时间。

准确测量农村老龄人口贫困的持续期，需要对农村贫困老龄人口进行动态跟踪观察，最好是每月、每年都要进行跟踪调查，这显然是不太现实的，因为这样动态跟踪的成本极高。但是贫困的持续期又是一个非常重要的指标，为了反映这一问题，课题组设计了这样一个指标来反映，即“您目前的经济状况已经持续了多少年和多少个月”。

统计结果显示，农村老龄人口当前经济状况的持续期中，持续 8 个月的有 1 人，持续 13 个月的有 5 人，持续 14 个月的有 2 人，持续 15 个月的有 1 人，持续 17 个月的有 1 人，持续 18 个月的有 1 人，持续 27 个月的有 1 人，持续 29 个月的有 3 人，持续 30 个月的有 3 人，持续持续 38 个月的有 4 人，持续 39 个月的有 4 人，持续 40 个月的有 1 人，持续 41 个月的有 2 人，持续 42 个月的有 3 人，持续 45 个月的有 1 人，持续 50 个月的有 4 人，持续 53 个月的有 2 人。有 50% 以上的农村老龄人口持续期在 5 年以内。

农村老龄人口经济生活状态持续期持续 5 年以上的老龄人口也占有一定的比例，但持续 10 年以上的农村老龄人口占极少数。具体来看：

持续 62 个月的有 3 人，持续 63 个月的有 1 人，持续 66 个月的有 3 人，持续 68 个月的有 1 人，持续 74 个月的有 1 人，持续 77 个月的有 1 人，持续 78 个月的有 1 人，持续 81 个月的有 1 人，持续 82 个月的有 2 人，持续 90 个月的有 1 人，持续 92 个月的有 1 人，持续 97 个月的有 1 人，持续 124 个月的有 3 人，持续 125 个月的有 2 人，持续 126 个月的有 1 人，持续 127 个月的有 1 人，持续 128 个月的有 1 人，持续 131 个月的有 1 人，持续 149 个月的有 1 人，持续 152 个月的有 1 人，持续 159 个月的有 1 人，持续 163 个月的有 1 人，持续 164 个月的有 1 人，持续 170 个月的有 1 人，持续 175 个月的有 1 人，持续 187 个月的有 1 人，持续 190 个月的有 1 人，持续 240 个月的有 1 人，持续 284 个月的有 1 人。

农村老龄人口当前的生活状态的平均持续期为 6.1 年。那么，农村老龄人口贫困的持续期是多长呢，要加入农村老龄人口贫困发生率这一控制变量来分离出不贫困的农村老龄人口的数量，见表 2 – 5。

表 2-5　农村老龄人口贫困的持续期

贫困的持续期（年）		是否贫困		合计
		不贫困	贫困	
不到 1 年	频数	2	1	3
	行百分比（%）	66.7	33.3	100.0
	列百分比（%）	0.5	0.8	0.6
	合计百分比（%）	0.4	0.2	0.6
1 年	频数	14	14	28
	行百分比（%）	50.0	50.0	100.0
	列百分比（%）	3.8	11.4	5.7
	合计百分比（%）	2.9	2.9	5.7
2 年	频数	31	10	41
	行百分比（%）	75.6	24.4	100.0
	列百分比（%）	8.5	8.1	8.4
	合计百分比（%）	6.4	2.0	8.4
3 年	频数	60	21	81
	行百分比（%）	74.1	25.9	100.0
	列百分比（%）	16.4	17.1	16.6
	合计百分比（%）	12.3	4.3	16.6
4 年	频数	37	8	45
	行百分比（%）	82.2	17.8	100.0
	列百分比（%）	10.1	6.5	9.2
	合计百分比（%）	7.6	1.6	9.2
5 年	频数	66	18	84
	行百分比（%）	78.6	21.4	100.0
	列百分比（%）	18.1	14.6	17.2
	合计百分比（%）	13.5	3.7	17.2
6 年	频数	24	12	36
	行百分比（%）	66.7	33.3	100.0
	列百分比（%）	6.6	9.8	7.4
	合计百分比（%）	4.9	2.5	7.4

续表

贫困的持续期（年）		是否贫困		合计
		不贫困	贫困	
7年	频数	15	3	18
	行百分比（%）	83.3	16.7	100.0
	列百分比（%）	4.1	2.4	3.7
	合计百分比（%）	3.1	0.6	3.7
8年	频数	15	2	17
	行百分比（%）	88.2	11.8	100.0
	列百分比（%）	4.1	1.6	3.5
	合计百分比（%）	3.1	0.4	3.5
9年	频数	7	2	9
	行百分比（%）	77.8	22.2	100.0
	列百分比（%）	1.9	1.6	1.8
	合计百分比（%）	1.4	0.4	1.8
10年	频数	45	15	60
	行百分比（%）	75.0	25.0	100.0
	列百分比（%）	12.3	12.2	12.3
	合计百分比（%）	9.2	3.1	12.3
11年	频数	3	0	3
	行百分比（%）	100.0	0.0	100.0
	列百分比（%）	0.8	0.0	0.6
	合计百分比（%）	0.6	0.0	0.6
12年	频数	4	3	7
	行百分比（%）	57.1	42.9	100.0
	列百分比（%）	1.1	2.4	1.4
	合计百分比（%）	0.8	0.6	1.4
13年	频数	6	4	10
	行百分比（%）	60.0	40.0	100.0
	列百分比（%）	1.6	3.3	2.0
	合计百分比（%）	1.2	0.8	2.0

续表

贫困的持续期（年）		是否贫困		合计
		不贫困	贫困	
14 年	频数	3	2	5
	行百分比（%）	60.0	40.0	100.0
	列百分比（%）	0.8	1.6	1.0
	合计百分比（%）	0.6	0.4	1.0
15 年	频数	15	3	18
	行百分比（%）	83.3	16.7	100.0
	列百分比（%）	4.1	2.4	3.7
	合计百分比（%）	3.1	0.6	3.7
16 年	频数	1	0	1
	行百分比（%）	100.0	0.0	100.0
	列百分比（%）	0.3	0.0	0.2
	合计百分比（%）	0.2	0.0	0.2
17 年	频数	1	0	1
	行百分比（%）	100.0	0.0	100.0
	列百分比（%）	0.3	0.0	0.2
	合计百分比（%）	0.2	0.0	0.2
18 年	频数	1	1	2
	行百分比（%）	50.0	50.0	100.0
	列百分比（%）	0.3	0.8	0.4
	合计百分比（%）	0.2	0.2	0.4
20 年	频数	9	2	11
	行百分比（%）	81.8	18.2	100.0
	列百分比（%）	2.5	1.6	2.3
	合计百分比（%）	1.8	0.4	2.3
23 年	频数	0	1	1
	行百分比（%）	0.0	100.0	100.0
	列百分比（%）	0.0	0.8	0.2
	合计百分比（%）	0.0	0.2	0.2

续表

贫困的持续期（年）		是否贫困		合计
		不贫困	贫困	
25 年	频数	1	0	1
	行百分比（%）	100.0	0.0	100.0
	列百分比（%）	0.3	0.0	0.2
	合计百分比（%）	0.2	0.0	0.2
30 年	频数	5	1	6
	行百分比（%）	83.3	16.7	100.0
	列百分比（%）	1.4	0.8	1.2
	合计百分比（%）	1.0	0.2	1.2
合计	频数	365	123	488
	行百分比（%）	74.8	25.2	100.0
	列百分比（%）	100.0	100.0	100.0
	合计百分比（%）	74.8	25.2	100.0

注：资料来自课题组的调查。

从表 2－5 的统计结果来看，农村老龄人口的贫困持续期在 0—5 年时间的占 58.5%，贫困持续期在 6—10 年的农村老龄人口占 27.6%，这也即是说，农村老龄人口中，绝大部分老龄人口贫困的持续期不超过 10 年时间，贫困持续期在 10 年以上的农村老龄人口有 13.7%。农村老龄人口贫困的贫困持续期为 6.24 年。这一统计结果表明，农村老龄人口贫困持续期与生活状态的持续期基本上是非常接近的，这说明农村老龄人口的生活状态的持续期，可以近似的等价于农村老龄人口贫困的持续期，这也从一个侧面反映了农村老龄人口绝大部分处在贫困线的边缘，陷入贫困化的风险极高。

四、农村老龄人口贫困化的趋势

（一）农村老龄人口贫困发生率的变化趋势

现有的统计资料，并不支持分析西部地区农村老龄人口贫困发生率的动态发展趋势。而已有的数据是关于西部地区农村贫困发生率的动态变化情况。因此，本书从年龄结构变化趋势的角度，分析农村老龄人口贫困化的变化趋势。

老年人口随着年龄的增加，身体机能逐渐丧失，劳动能力下降，收入机会减少，而相反疾病增加，医疗支出增加，这一反一正，双重因素加剧了老年人口贫困发生的机率。理论与实证研究均显示，农村老龄人口的贫困发生率一般高于农村贫困发生率的平均水平。不仅如此，老龄人口作为一个群体，其贫困发生率是高于农村贫困发生率的平均水平的，老龄贫困人口作为个体也呈现出随着年龄的增加，老龄人口贫困发生率呈现出逐渐上升的趋势。在这里课题组用实地调查的数据，按照年龄分组的方式，考察农村老龄人口贫困发生率的变化趋势，见图 2 - 5。

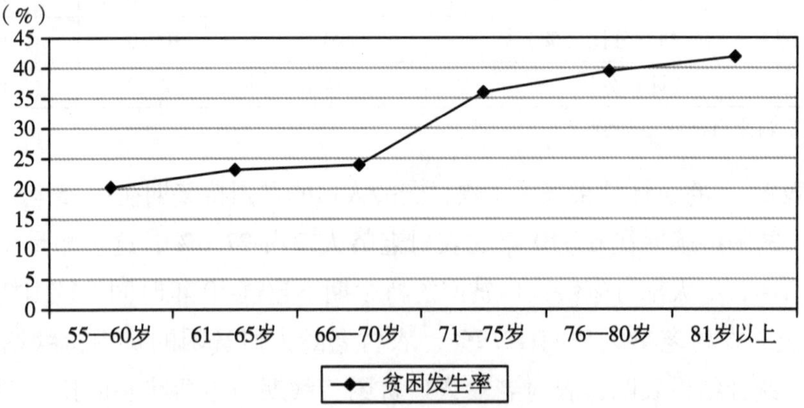

图 2 - 5　农村老龄人口贫困发生率的变化趋势

从图 2 - 5 显示的数据来看，55—60 岁年龄组的老龄人口贫困发生率为 20% 左右，而随着年龄的增加，贫困发生率呈现出明显的增加趋势，81 岁以及以上的老龄人口贫困发生率超过了 40%。而且卡方检验结果显示，贫困发生率与年龄具有显著的相关关系。这说明，随着老龄人口年龄的增加而贫困发生率的上升是具有普遍性的。81 岁及以上的老龄人口贫困发生率超过了 40%，这也即是说，81 岁以上的老年人口，3 个人中就有两个人处于贫困状态。55—60 岁年龄组、61—65 岁年龄组和 66—70 岁年龄组的老年人口贫困发生率比较接近，而且整体处于贫困状态的人所占比例不到 30%。这与实地调查中观察的现实较为吻合：即这一部分老年人群，一般身体状况还比较好，靠自食其力满足基本生活的能力还比较强，所以他们很少陷入贫困状态。

从图2－6的统计结果来看，农村老龄人口的年龄与其家庭的人均收入（家庭人均收入为扣掉生产生活成本支出之后的净收入）具有显著的相关关系，当农村老龄人口的年龄相对越低的时候，农村老龄人口的家庭收入越稳定，而且人均收入水平也越高。这与低领老龄人口参与生产劳动以及因病等的支出相对较少有关。

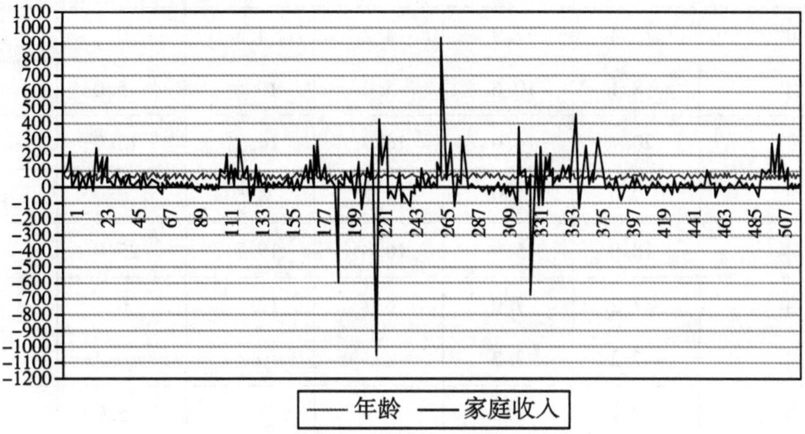

图2－6　农村老龄人口年龄与家庭人均收入的关系

中国的人口老龄化是一个短期内无法逆转的社会现实，西部地区的人口老龄化水平尽管目前还不及全国的平均水平高，但农村人口老龄化的速度是明显快于全国平均水平的。因此，随着农村人口老龄化向纵深发展，老龄人口高龄化问题必将日益突出，因此，关注西部地区农村高龄老年人的贫困问题就显得更加重要和迫切。

（二）农村老龄人口贫困持续期的变化趋势

贫困的持续期反映了贫困的深度和严重程度，一般来说，贫困的持续期越长，说明贫困的深度越深，贫困问题越严重，反贫困的难度也就越大。准确的考察农村老龄人口贫困的持续期，需要持续的跟踪观察或调查，作为一次调查得来的截面数据，很难准确的完成这一任务。但是可以通过一定的技术处理来近似的反映这一问题，课题组用农村老年人对自己陷入贫困状态所持续时间的回答来测量。同时，为了考察农村老龄人口贫困持续期的动态变化，课题组把农村老龄人口按照组距为5岁的标准，划分成六组。不同年龄组的老龄人口贫困的持续期是不同的。见表2－6和图2－7。

表2－6　　农村老龄人口贫困持续期的变化趋势　　单位：%

贫困持续期	分组年龄					
	55—60岁	61—65岁	66—70岁	71—75岁	76—80岁	81岁以上
不到1年	0	0.7	0.8	1.5	0	0
1年	5.4	7.9	4.2	4.5	0	0
2年	8.1	10.6	5.0	10.6	5.0	12.5
3年	20.7	14.6	16.0	16.7	15.0	12.5
4年	9.0	13.9	9.2	4.5	0	0
5年	18.0	15.9	16.8	19.7	25.0	0
6年	7.2	7.9	6.7	12.1	0	0
7年	7.2	3.3	2.5	0	0	25.0
8年	2.7	2.6	5.9	1.5	5.0	12.5
9年	2.7	2.0	1.7	1.5	0	0
10年	5.4	8.6	19.3	15.2	30.0	12.5
11年	0	0.7	1.7	0	0	0
12年	1.8	2.6	0.8	0	0	0
13年	1.8	1.3	1.7	6.1	0	0
14年	0.9	0.7	1.7	0	5.0	0
15年	4.5	2.6	3.4	4.5	5.0	0
16年	0.9	0	0	0	0	0
17年	0	0	0	0	5.0	0
18年	0	0.7	0	0	0	0
20年	2.7	2.0	0.8	1.5	5.0	12.5
23年	0	0	0.8	0	0	0
25年	0.9	0	0	0	0	0
30年以上	0	1.4	0.8	0	0	12.5
合计	100.0	100.0	100.0	100.0	100.0	100.0

注：资料来自课题组的实地调查。

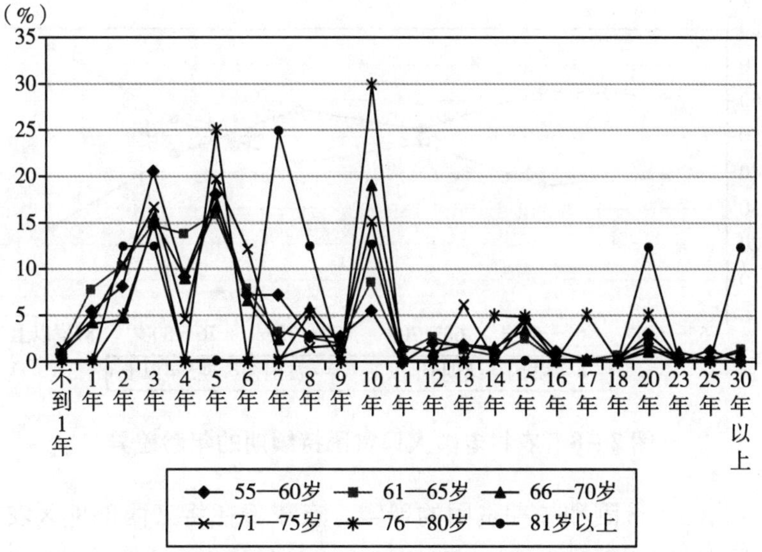

图 2－7　农村老龄人口贫困持续期的动态变化趋势

从农村老龄人口贫困持续期的年龄差异来看（见表 2－7 和图 2－8），分组年龄越大的农村老龄人口贫困的持续期越长，也即是说分组年龄越大的老龄人口，一旦陷入贫困状态，就很难依靠个人的力量从贫困的状态中走出来。55—60 岁年龄组的农村老龄人口，有超过 60% 的老龄人口贫困持续期在 5 年以下，而年龄在 80 岁以上的老龄人口，贫困持续期在 5 年以下的只有 25%。相反，55—60 岁年龄组的老龄人口贫困持续期在 5 年以上的只有 38.7%，而 81 岁以上的老龄人口有 75% 的贫困持续期超过 5 年。这也即是说，分组年龄越大，农村老龄人口越容易陷入深度的贫困当中，反贫困的难度就越大，也越应该成为被重点关注的对象。

表 2－7　　不同年龄阶段的老龄人口贫困持续期的差异

贫困持续期	分组年龄					
	55—60 岁	61—65 岁	66—70 岁	71—75 岁	76—80 岁	81 岁以上
5 年以下（%）	61.2	63.6	52.0	57.5	45.0	25.0
5 年以上（%）	38.7	36.4	48.0	42.5	55.0	75.0

注：资料来自课题组的实地调研。

随着中国人口老龄化的快速发展，人口高龄化将是一个必然的趋势，而年

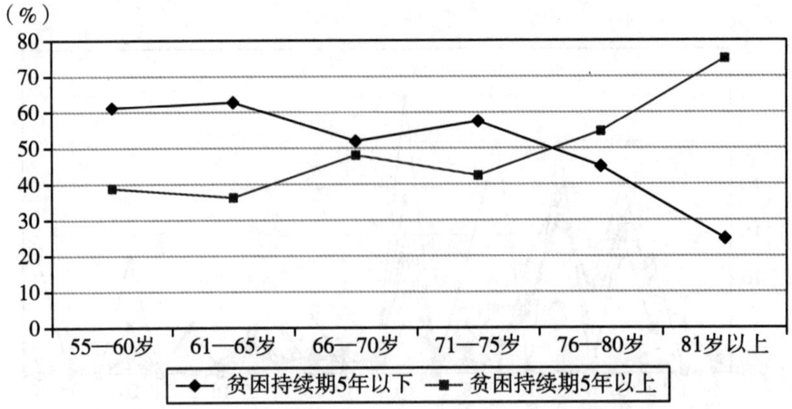

图2－8　农村老龄人口贫困持续期的年龄差异

龄越大越容易陷入贫困和长期贫困的现实，意味着在将来西部地区农村高龄老龄人口的贫困问题将更加突出。自治区政府有关部门应该高度重视这一问题。

第三章　农村老龄人口贫困化的特征

不同的地区，农村老龄人口生活的环境差异极大，对农村老龄人口的贫困化有重要的影响。本章将利用实地调研数据对上述推断加以分析和验证。

一、农村老龄人口贫困化的地区特征

（一）农村老龄人口贫困发生率的区域差异

不同的区域发展环境，孕育了不同地区的人文特征以及社会经济发展水平。而社会经济发展水平的高低，对农村老龄人口贫困问题有着重要的影响。尽管社会经济发达的地区也会有一定的贫困人口，但相对来说，经济越发达的地区，贫困人口就越少，贫困问题也就越不严重。从已有的统计数据来看，该调查地区南部地区的社会经济发展水平，要明显滞后于北部地区的社会经济发展水平，这对不同地区的贫困问题有着重要的影响。

统计数据也证明了上述推断，首先，从农村老龄人口的收入视角来看农村老龄人口的贫困发生率，见表3-1。而且，从卡方检验的结果来看，这种农村老龄人口贫困发生率的南北差异是显著存在的。

当然，由于收入问题是一个非常敏感而又私密的话题，把确切的收入情况告诉一个陌生的调查员，好像是自己的隐私被窥探一样。因此，在调查时，一部分农村老年人并不愿意如实的回答自己的收入状况，甚至很多农村老年人低报自己的收入水平，这可能在一定程度提升农村老龄人口收入视角下的贫困发生率，这也是为什么很多地区农村老龄人口贫困发生率畸高的可能原因。

表 3－1　　　　农村老龄人口贫困发生率的区域差异

区域		收入视角下的贫困发生率		合计
		不贫困	贫困	
南部地区	频数	91	160	251
	行百分比（%）	36.3	63.7	100.0
	列百分比（%）	38.2	90.4	60.5
	总百分比（%）	21.9	38.6	60.5
北部地区	频数	147	17	164
	行百分比（%）	89.6	10.4	100.0
	列百分比（%）	61.8	9.6	39.5
	总百分比（%）	35.4	4.1	39.5
合计	频数	238	177	415
	行百分比（%）	57.3	42.7	100.0
	列百分比（%）	100.0	100.0	100.0
	总百分比（%）	57.3	42.7	100.0

注：Pearson Chi-Square = 115.547，Asymp. Sig.（2 - sided）= 0.000

从农村老龄人口主观感受视角下的贫困发生率来看，为了统计方便，课题组把农村老龄人口回答“够用有余”和“大致够用”的农村老龄人口划归到非贫困的老龄人口中，而把回答“有些困难”和“十分困难”的农村老龄人口划归到贫困的老龄人口中。农村老龄人口贫困发生率的统计结果见表 3－2。

表 3－2　　　　农村老龄人口贫困发生率的区域差异

区域		主观感受视角下的贫困发生率		合计
		不贫困	贫困	
南部地区	频数	269	129	398
	行百分比（%）	67.6	32.4	100.0
	列百分比（%）	55.6	79.6	61.6
北部地区	频数	215	33	248
	行百分比（%）	86.7	13.3	100.0
	列百分比（%）	44.4	20.4	38.4
合计	频数	484	162	646
	行百分比（%）	74.9	25.1	100.0
	列百分比（%）	100.0	100.0	100.0

注：Pearson Chi-Square = 29.684，Asymp. Sig.（2 - sided）= 0.000

从表3－2的统计结果来看，从农村老龄人口主观感受的视角，农村老龄人口的贫困发生率存在明显的区域差异，而且卡方检验结果显示，农村老龄人口贫困发生率的区域差异在总体中是客观存在的。在南部地区，农村老龄人口的贫困发生率为32.4%，而在北部地区，农村老龄人口贫困的发生率只有13.3%。南部地区的贫困发生率明显高于北部地区的贫困发生率，南部地区农村老龄人口的贫困发生率是北部地区农村老龄人口贫困发生率的近2.5倍。这一统计结果是与当前该地区贫困人口在南部地区与北部地区的分布具有相似的特点，也与前文收入视角下的农村老龄人口贫困发生率的地区差异是一致的。

（二）农村老龄人口贫困持续期的区域差异

从农村老龄人口贫困持续期的整体区域差异来看，南部地区的农村老龄人口贫困持续期在5年以下的老龄人口中，南部地区老龄人口的贫困持续期普遍长于北部地区的农村老龄人口的贫困持续期。但是，在农村老龄人口的贫困持续期超过5年以上时，北部地区农村老龄人口的贫困持续期又普遍的长于南部地区的农村老龄人口的贫困持续期。这说明，南部地区的农村老龄人口的贫困是普遍的贫困和集中连片的贫困，而且大多是持续时间在5年以下的短期贫困，而北部地区的农村老龄人口贫困大多是持续时间较长的贫困问题，极端贫困或特殊贫困人口分布较多，这正是社会经济较为发达地区存在贫困“死角”的证明。

农村老龄人口贫困持续期的区域差异见表3－3。

表3－3　　农村老龄人口贫困持续期的区域差异

			贫困的持续期			合计
			0—5年	6—10年	11年以上	
不贫困	南部地区	频数	104	34	18	156
		行百分比（%）	66.7	21.8	11.5	100.0
		列百分比（%）	49.5	32.1	35.3	42.5
		合计	28.3	9.3	4.9	42.5
	北部地区	频数	106	72	33	211
		行百分比（%）	50.2	34.1	15.6	100.0
		列百分比（%）	50.5	67.9	64.7	57.5
		合计	28.9	19.6	9.0	57.5

续表

			贫困的持续期			合计
			0—5 年	6—10 年	11 年以上	
不贫困	合计	频数	210	106	51	367
		行百分比（%）	57.2	28.9	13.9	100.0
		列百分比（%）	100.0	100.0	100.0	100.0
		合计	57.2	28.9	13.9	100.0
贫困	南部地区	频数	63	19	8	90
		行百分比（%）	70.0	21.1	8.9	100.0
		列百分比（%）	87.5	55.9	47.1	73.2
		合计	51.2	15.4	6.5	73.2
	北部地区	频数	9	15	9	33
		行百分比（%）	27.3	45.5	27.3	100.0
		列百分比（%）	12.5	44.1	52.9	26.8
		合计	7.3	12.2	7.3	26.8
	合计	频数	72	34	17	123
		行百分比（%）	58.5	27.6	13.8	100.0
		列百分比（%）	100.0	100.0	100.0	100.0
		合计	58.5	27.6	13.8	100.0

鉴于上述分析，课题组认为，针对农村老龄人口贫困的反贫困措施，应该区不同地区贫困问题的特殊性和差异性，针对南部地区农村老龄人口的贫困问题，应该采取“整村推进，集中反贫”的方式来解决他们的贫困问题；而对于北部地区的农村老龄人口贫困问题，应该采取“规划到户，责任到人”的“精准扶贫”措施加以解决。

二、农村老龄人口贫困化的性别特征

自 20 世纪 70 年代美国学者在研究美国贫困问题时提出“贫困女性化”的概念以来，尤其是后来瓦伦丁 · M. 莫格哈登（Valentine M. Moghadam）发表

“贫困女性化”（the Feminization of Poverty）① 以后，贫困的女性化问题逐渐成为人们关注的重要问题之一。1995 年第四次世界妇女大会在北京召开，确定“妇女与贫困”为 12 个重大关切领域之一，进入 21 世纪，众多的研究者将研究热情投向妇女贫困问题上来②。

国内的研究者，在对中国的女性贫困问题进行分析后发现，中国的女性贫困发生率比男性的贫困发生率更高（许艳丽、董维玲，2008③；李小云等，2005④；李芝兰，2007⑤；刘春湘、陈克云，2008⑥）。他们认为，女性贫困发生率较高的一个重要原因是，女性的家庭角色起着重要的作用，在中国女性大多从事家务劳动，特别是在结婚生孩子以后，从事“不付酬经济中女性活动居多，因此，女性比男性更容易陷入贫困”（刘春湘、陈克云，2008）⑦，新贫困有一张女性的面孔。土地分配、招工等制度的性别歧视及文化贫困，导致农村妇女就业和收入贫困、社会分工中的性别隔离导致女性的经济贫困；社会习俗、传统思想观念对女性“性别”角色的文化塑造，造成了女性的文化贫困⑧。

那么，这样的发现，是否存在地区差异和年龄差异呢，是不是在不同的国家和地区以及不同的年龄阶段，都是女性群体的贫困发生率都要高于男性群体的贫困发生率呢？在不同的地区和不同的年龄阶段下，女性群体的贫困持续期是否也比男性群体的贫困持续期更长呢？这显然是一个值得进一步验证和研究的问题。

（一）农村老龄人口贫困发生率的性别差异

与前文的分析一样，在本节依然从农村老龄人口主观视角、收入视角和相

① ［美］瓦伦丁·M. 莫格哈登，马元曦：《贫困女性化——有关概念和趋势的笔记》，社会性别与发展译文集［C］，北京：生活·读书·新知三联出版社，2000 年版，第 31－62 页。

② 张雪梅、李晶、李小云：“妇女贫困：从农村到城乡，从收入贫困到多维贫困——2000 年以来中国‘妇女贫困’研究评述与展望”，《妇女研究论丛》，2011 年第 5 期，第 99－105 页。

③ 许艳丽、董维玲：“单亲母亲家庭经济现状研究”，《人口学刊》，2008 年第 2 期，第 20－25 页。

④ 李小云、张雪梅、唐美霞：“当前中国农村的贫困问题”，《中国农业大学学报（自然科学版）》，2005 年第 4 期，第 67－74 页。

⑤ 李芝兰：“我国农村贫困问题中的女性视角——农村妇女更贫困吗?”，《开发研究》，2007 年第 6 期，第 68－71页。

⑥⑦ 刘春湘、陈克云：“非营利组织在妇女反贫困中的积极作用”，《湖南师范大学社会科学学报》，2008 年第 2 期，第 101－104 页。

⑧ 张雪梅、李晶、李小云：“妇女贫困：从农村到城乡，从收入贫困到多维贫困——2000 年以来中国‘妇女贫困’研究评述与展望”，《妇女研究论丛》，2011 年第 5 期，第 99－105 页。

对视角三个角度，来分析农村老龄人口贫困发生率的性别差异，以期更加准确的验证农村老龄人口贫困发生率的性别差异的特点。

首先，从收入视角来看农村老龄人口贫困发生率的性别差异。见表3－4。

表3－4　收入视角下农村老龄人口贫困发生率的性别差异

性别		收入视角下的贫困发生率		合计
		不贫困	贫困	
女性老龄人口	频数	100	66	166
	行百分比（%）	60.2	39.8	100.0
	列百分比（%）	42.4	37.3	40.2
	总百分比（%）	24.2	16.0	40.2
男性老龄人口	频数	136	111	247
	行百分比（%）	55.1	44.9	100.0
	列百分比（%）	57.6	62.7	59.8
	总百分比（%）	32.9	26.9	59.8
合计	频数	236	177	413
	行百分比（%）	57.1	42.9	100.0
	列百分比（%）	100.0	100.0	100.0
	总百分比（%）	57.1	42.9	100.0

注：Pearson Chi-Square＝1.088，Asymp. Sig.（2－sided）＝0.297

从表3－4的统计结果来看，从收入的视角来看农村老龄人口贫困发生率的性别差异，可以发现，农村老龄人口贫困发生率的性别差异是存在的，其中，女性老龄人口的贫困发生率为39.8%，而男性老龄人口的贫困发生率为44.9%。在收入视角下，农村老龄人口的贫困发生率为42.9%，其中女性老龄人口占37.3%，而男性老龄人口占62.7%。也即是说，男性老龄人口的贫困发生率更高。这一统计结果，与上述的分析结果并不相同。从卡方检验的结果来看，统计结果并没有通过显著性检验，说明这一统计结果并不是普遍存在的现象，而是由于抽样误差或随机因素所导致的结果。也即是说，农村老龄人口贫困发生率的性别差异到底是什么，仍有待于进一步验证。

其次，从主观感受视角来看农村老龄人口贫困发生率的性别差异。见表3－5。

表3－5　主观感受视角下农村老龄人口贫困发生率的性别差异

性别		主观感受视角下的贫困发生率		合计
		不贫困	贫困	
女性老龄人口	频数	194	78	272
	行百分比（%）	71.3	28.7	100.0
	列百分比（%）	40.2	48.4	42.3
	总百分比（%）	30.2	12.1	42.3
男性老龄人口	频数	288	83	371
	行百分比（%）	77.6	22.4	100.0
	列百分比（%）	59.8	51.6	57.7
	总百分比（%）	44.8	12.9	57.7
合计	频数	482	161	643
	行百分比（%）	75.0	25.0	100.0
	列百分比（%）	100.0	100.0	100.0
	总百分比（%）	75.0	25.0	100.0

注：Pearson Chi-Square＝3.323，Asymp. Sig.（2－sided）＝0.068

从表3－5的统计结果来看，从主观感受的视角分析，农村女性老龄人口的贫困发生率为28.7%，而男性老龄人口的贫困发生率为22.4%。女性老龄人口的贫困发生率高于男性老龄人口的贫困发生率，这一统计结果与上述的一般结论相符。但是，在农村老龄人口贫困发生率的总体结构中，男性老龄人口占据农村老龄人口贫困发生率的51.6%，而女性老龄人口只占48.4%。这说明，在农村老龄人口贫困发生率的总体结构中，男性更多，而女性更少。这一结果与前文的分析结论也是不同的，能否从这样一个角度来解释这一问题：即老龄人口是经过了中年时期的辛勤劳作而进入老年时期的，由于中国男女性别角色的差异，而导致男性老龄人口与女性老龄人口在劳动强度上的差异，进而导致男性老龄人口的身体状况更差，收入能力更低，而医疗保健支出更高，最终导致男性老龄人口比女性老龄人口更容易发生贫困的问题。

但是，值得说明的是，从卡方检验的结果来看，农村老龄人口主观贫困发生率的性别差异的显著性水平的置信空间只有90%，如果按照95%的置信区间，从主观感受视角来看农村老龄人口贫困发生率的性别差异是不存在的。

最后，从相对的视角来看农村老龄人口贫困发生率的性别差异，见表3－6。

表 3 -6　　相对视角下农村老龄人口贫困发生率的性别差异

性　别		与周围农户相比，您目前的收入状况处于什么水平？					合计
		高水平	中上水平	一般水平	中下水平	低水平	
女性老龄人口	频数	0	54	131	34	12	231
	行百分比（%）	0.0	23.4	56.7	14.7	5.2	100.0
	列百分比（%）	0.0	41.2	39.2	49.3	57.1	41.3
	总百分比（%）	0.0	9.7	23.4	6.1	2.1	41.3
男性老龄人口	频数	4	77	203	35	9	328
	行百分比（%）	1.2	23.5	61.9	10.7	2.7	100.0
	列百分比（%）	100.0	58.8	60.8	50.7	42.9	58.7
	总百分比（%）	0.7	13.8	36.3	6.3	1.6	58.7
合计	频数	4	131	334	69	21	559
	行百分比（%）	0.7	23.4	59.7	12.3	3.8	100.0
	列百分比（%）	100.0	100.0	100.0	100.0	100.0	100.0
	总百分比（%）	0.7	23.4	59.7	12.3	3.8	100.0

注：Pearson Chi-Square = 7.393，Asymp. Sig.（2 - sided）= 0.117

从表 3 -6 统计的结果来看，从相对的视角分析，农村老龄人口贫困发生率的性别差异是存在的，其中女性老龄人口的贫困发生率（收入在中下水平和低水平为贫困）为 19.9%，而男性老龄人口的贫困发生率为 13.4%。并且，在相对的视角下，农村女性老龄人口的贫困发生率也高于男性老龄人口的贫困发生率。但是，从卡方检验的结果来看，统计结果没有通过显著性检验，说明这一统计结果也不是客观存在的问题，而是由于调查样本的偏差或随机因素造成的。因此，从相对视角来审视农村老龄人口贫困发生率的性别差异，仍有待于进一步跟踪调查。

综上所述，农村老龄人口贫困发生率的性别差异是不存在的，这也即是说，农村老龄人口的贫困发生率，在男性老龄人口与女性老龄人口之间并不存在显著性差异，即男性老龄人口和女性老龄人口面临同样的贫困发生率问题。

（二）农村老龄人口贫困持续期的性别差异

前文分析指出，农村老龄人口贫困发生率的性别差异是不存在的，那么，农村老龄人口贫困的持续期的性别差异是否存在呢，如果农村老龄人口贫困的持续期存在性别差异的话，那么存在什么样的性别差异呢？这有待于数据验证，见表3－7。

表3－7　　　　农村老龄人口贫困持续期的性别差异

			贫困的持续期			合计
			0—5年	6—10年	11年以上	
不贫困	女	频数	89	46	18	153
		行百分比（%）	58.2	30.1	11.8	100.0
		列百分比（%）	42.4	43.4	36.7	41.9
		合计	24.4	12.6	4.9	41.9
	男	频数	121	60	31	212
		行百分比（%）	57.1	28.3	14.6	100.0
		列百分比（%）	57.6	56.6	63.3	58.1
		合计	33.2	16.4	8.5	58.1
	合计	频数	210	106	49	365
		行百分比（%）	57.5	29.0	13.4	100.0
		列百分比（%）	100.0	100.0	100.0	100.0
		合计	57.5	29.0	13.4	100.0
贫困	女	频数	39	11	11	61
		行百分比（%）	63.9	18.0	18.0	100.0
		列百分比（%）	54.2	33.3	64.7	50.0
		合计	32.0	9.0	9.0	50.0
	男	频数	33	22	6	61
		行百分比（%）	54.1	36.1	9.8	100.0
		列百分比（%）	45.8	66.7	35.3	50.0
		合计	27.0	18.0	4.9	50.0
	合计	频数	72	33	17	122
		行百分比（%）	59.0	27.0	13.9	100.0
		列百分比（%）	100.0	100.0	100.0	100.0
		合计	59.0	27.0	13.9	100.0

注：Pearson Chi-Square＝17.333，Asymp. Sig.（2－sided）＝0.721

从表3－7的统计结果来看，农村老龄人口的贫困持续期的性别差异尽管存在，但是这种性别差异并没有表现出明显的规律性和趋势性。如在贫困持续期5年以下的老龄人口中，贫困持续期不到1年的是农村女性老龄人口所占比例更多，而贫困持续期为1年、2年、4年和5年的农村老龄人口中，则是农村男性老龄人口占据主要角色。同样的道理，贫困持续期在10年以上的农村老龄人口中，也没有表现出明显的规律性和趋势性。同时，卡方检验结果显示，这种差异并没有通过显著性检验。也即是说这种差异并不是由于总体中的差异造成的，而是由于抽样误差或随机因素造成的。

不管是农村的男性老龄人口还是女性老龄人口，贫困持续期在5年以下的都占绝对多数。而女性老龄人口贫困持续期在5年以下的所占比例相对更多一些，占到了60%，而男性这一比例为56.4%。贫困持续期在6—10年这个期限上，农村女性老龄人口所占比例要比男性老龄人口所占的比例少一些。在10年以上这个贫困持续期方面，农村男性老龄人口和女性老龄人口几乎没有差异。上述统计结果说明，农村老龄人口贫困持续期存在一定的性别差异，但是从卡方检验的结果可以看出，这种差异只存在于样本中，而在总体中并不存在，也即是说农村老龄人口贫困的持续期不存在显著的性别差异。

综合上述分析，可以得出结论：即农村老龄人口的贫困化不存在显著的性别差异。

三、农村老龄人口贫困化的年龄特征

国际上一般认为，当一个国家或地区，60岁以上的老龄人口在总人口中的比重达到10%，或者65岁以上的老龄人口在总人口中的比重达到7%，我们就说这个国家或地区进入了人口老龄化社会。从这个定义中我们能很明显的看出，60岁和65岁都是老龄人口界定的起始年龄。同样，80岁的老龄人口，也是老人，只是被称之为高龄老龄人口。这就显示出老龄人口是一个定义非常宽泛的问题。因此，有必要对老龄人口的结构特征进行界定。

（一）老的社会建构性与老龄人口的结构性分解

从不同视角下的“老人”的界定来看，“老人”概念的出现是一种社会需要。“老人”是一个非常宽泛的概念，可以从年龄视角、历史视角、职业视角和社会视角几个方面加以理解。不同的视角有不同的分类标准和含义①。

（1）年龄视角下的“老人”。年龄视角下的老人有生理年龄下的老人和退休年龄下的老人。从生理年龄下的老人来看，当一个人的年龄达到 35 岁的时候，身体各个方面的机能就开始走下坡路，也意味着生理年龄上 35 岁已经是老人；从退休年龄的视角来看，什么是老人是一个没有准确答案的问题，因为退休年龄在国内外存在明显的差异，在美国退休年龄是男女一样的，都是 67 岁退休，澳大利亚的退休年龄男女都是 65 岁。而在中国，退休年龄不仅有性别差异，如男职工退休年龄为 60 岁，女职工退休年龄为 50 岁，女干部退休年龄为 55 岁，有突出贡献的人的退休年龄可以达到 70 岁，甚至更高。中国人的退休年龄还有城乡之别，在城市职工有退休年龄一说，而在农村地区，农民都是干到身体干不动为止，也就没有退休年龄一说。因此，从从年龄的视角来界定老人，实际上是一个很难界定的概念。

（2）历史视角下的“老人”。从历史的视角下来界定老人，也是一件非常困难的事情。在 2000 多年前，由于医疗水平比较差，人们的生活条件也比较艰苦，在加上各种自然、社会风险的存在，人的平均寿命并不长，大概只有 20 岁左右，因此，在 2000 多年前，20 岁的人就应该是老人了。到了 18 世纪，人的平均预期寿命增加到了 30 岁，那么，30 岁的人在 18 世纪就应该理解为这个时期的老人。如北宋文学家苏轼《江城子——密州出猎》，写到：“老夫聊发少年狂，左牵黄，右擎苍。”此时，苏轼 35 岁，已经称自己为老夫则可见一斑。到了 19 世纪的时候，人们的平均预期寿命又增加到了 40 岁，21 世纪初期的时候，人们的平均预期寿命增加到了 70 岁。因此，从历史视角下是无法准确界定老人的。

（3）职业视角下的“老人”。不同的职业对于年龄的要求是不同的，有的职业年龄尽管还比较小，但已经是老人了，例如体育行业，吃青春饭的行业等；但有的职业，则是年龄越大，创造力越强，这样的职业，年龄越大意味着经验越丰富，年龄越大也就意味着越“年轻”（指创造力）。波斯纳借助心理学的固态智力（Crystallized Intelligence）和固态智力（Fluid Intelligence）理论，阐述了年龄对职业分工的影响。他指出：由于固态智力的形成需要时间，对于那些从事强调固态智力的职业，如医生、律师和法官的人员年龄偏高，但这并不意味

① 赵曼、吕国营：《城乡养老保障模式比较研究》，中国劳动社会保障出版社，2010 年版。

着效率低下。孔子，十五有志于学，三十而立，四十不惑，五十而知天命，六十耳顺，七十从心所欲，不逾矩。这也说明，年龄对于职业发展的重要价值。

（4）社会视角下的“老人”。社会是一个大舞台，每个身处其中的人都扮演着自己的角色，而且在不同的组织中，随着环境的改变，人们所扮演的角色也在不断的转变着。一个70岁的老人，在自己90岁甚至100岁的老父亲面前，依然不能自称为老人，而只能是一个孩子；而在自己十几岁、二十几岁甚至五十几岁的孩子面前，则自己已经是老人了。因此，社会角色的互换，常常让一个老人的角色也发生了转变。这也为从社会的视角来界定老人成为困难。

透过上述分析，可以看出：“老人”是一个没有标准的概念，老人的本质是“无”。也就是说，“老人”的出现，不是“老人”这一概念有其本质的规定性，“老人”是社会建构出来的一个概念，老的出现是社会的需要。

因此，从年龄的视角来分析农村老龄人口的贫困化问题，需要对老龄人口进行结构性分解。在学术界，一般把老龄人口的结构性特征，划分为低龄老龄人口、中龄老龄人口和高龄老龄人口。如崔红威（2011）将老龄人口的结构性特征，划分为三个阶段：即60—69岁的老龄人口为低龄老龄人口，70—79岁的老龄人口为中龄老龄人口，80岁及以上的老龄人口为高龄老龄人口①。这一划分标准得到了一部分学者的认可，例如姜向群（1994）把老龄人口也划分为低龄老龄人口（60—69岁）、中龄老龄人口（70—79岁）和高龄老龄人口（80岁以上）②。课题组借鉴上述两位权威专家的划分方法，把老龄人口分解为上述三个阶段，农村老龄人口的结构特征见表3-8。

表3-8　　农村老龄人口群体的结构性分解

年龄分组	频数	百分比（%）	有效百分比（%）	累计百分比（%）
低龄老龄人口（60—69岁）	476	73.2	74.4	74.4
中龄老龄人口（70—79岁）	146	22.5	22.8	97.2
高龄老龄人口（80岁及以上）	18	2.8	2.8	100.0
合计	640	98.5	100.0	

注：数据来自课题组的调查。

① 崔红威：“低龄老年人口特征及其人力资源开发潜力研究”，《河北大学学报（哲学社会科学版）》，2011年第4期，第76-81页。

② 姜向群：“中国老年人口高龄化发展前景及其影响”，《人口学刊》，1994年第6期，第18-26页。

（二）农村老龄人口贫困发生率的年龄差异

年龄越大，老龄人口的身体机能越差，这将从两个方面影响农村老龄人口贫困的发生率：即一方面年龄越大，参加生产劳动的机会会越来越少，参加生产劳动的时间也将减少，参加劳动的强度也必将降低，同时，由于在农村地区，老龄人口的主要生产劳动是农业生产劳动。因此，年龄越大，老龄人口的收入将越少；另一方面，年龄越大，身体机能越差，老龄人口罹患疾病风险的概率在增加，老龄人口的医疗支出将越多。因此，从理论上分析来看，年龄越大的老龄人口陷入贫困的概率是越高的。

首先，从收入的视角来看农村老龄人口贫困发生率的年龄差异。见表3－9。

表3－9　收入视角下农村老龄人口贫困发生率的年龄差异

年龄分解		收入视角下的贫困发生率		合计
		不贫困	贫困	
低龄老龄人口	频数	181	139	320
	行百分比（%）	56.6	43.4	100.0
	列百分比（%）	76.4	78.5	77.3
	总百分比（%）	43.7	33.6	77.3
中龄老龄人口	频数	48	33	81
	行百分比（%）	59.3	40.7	100.0
	列百分比（%）	20.3	18.6	19.6
	总百分比（%）	11.6	8.0	19.6
高龄老龄人口	频数	8	5	13
	行百分比（%）	61.5	38.5	100.0
	列百分比（%）	3.4	2.8	3.1
	总百分比（%）	1.9	1.2	3.1
合计	频数	237	177	414
	行百分比（%）	57.2	42.8	100.0
	列百分比（%）	100.0	100.0	100.0
	总百分比（%）	57.2	42.8	100.0

注：Pearson Chi-Square＝0.293，Asymp. Sig.（2－sided）＝0.864

从表3-9的统计结果来看，不同年龄阶段的农村老龄人口的贫困发生率存在一定的差异，但是差异并不大。低龄老龄人口的贫困发生率为43.4%，中龄老龄人口的贫困发生率为40.7%，高龄老龄人口的贫困发生率为38.5%。但是，从卡方检验的结果来看，统计结果并未通过显著性检验，说明这种差异在总体中并不存在。也即是说，从收入视角来看，农村老龄人口贫困发生率并不存在显著的年龄差异，但这一统计结果，有可能是因为收入的隐私性造成的，也可能是农村老龄人口的收入水平普遍较低造成的。到底是什么原因造成了这一统计结果，仍有待于进一步验证。

从主观感受视角来看农村老龄人口贫困发生率的年龄差异。见表3-10和图3-1。

表3-10　主观感受视角下农村老龄人口贫困发生率的年龄差异

年龄分解		主观感受视角下的贫困发生率		合计
		不贫困	贫困	
低龄老龄人口	频数	374	102	476
	行百分比（%）	78.6	21.4	100.0
	列百分比（%）	78.1	63.8	74.5
	总百分比（%）	58.5	16.0	74.5
中龄老龄人口	频数	97	48	145
	行百分比（%）	66.9	33.1	100.0
	列百分比（%）	20.3	30.0	22.7
	总百分比（%）	15.2	7.5	22.7
高龄老龄人口	频数	8	10	18
	行百分比（%）	44.4	55.6	100.0
	列百分比（%）	1.7	6.3	2.8
	总百分比（%）	1.3	1.6	2.8
合计	频数	479	160	639
	行百分比（%）	75.0	25.0	100.0
	列百分比（%）	100.0	100.0	100.0
	总百分比（%）	75.0	25.0	100.0

注：Pearson Chi-Square = 17.261，Asymp. Sig. （2-sided）= 0.000

表3-10和图3-1的统计结果显示，从主观感受的视角来看，农村老龄人

口贫困发生率的年龄差异是明显存在的，在低龄老龄人口群体中，贫困发生率为21.4%，在中龄老龄人口群体中贫困发生率为33.1%，在高龄老龄人口群体中贫困发生率为55.6%，即随着分组年龄的增加，农村老龄人口贫困发生率呈现出明显的上升趋势。从卡方检验的结果来看，上述统计结果在1%的显著水平下通过了检验。这说明，从老龄人口主观感受的视角来看，农村老龄人口贫困发生率的年龄差异是显著存在的。

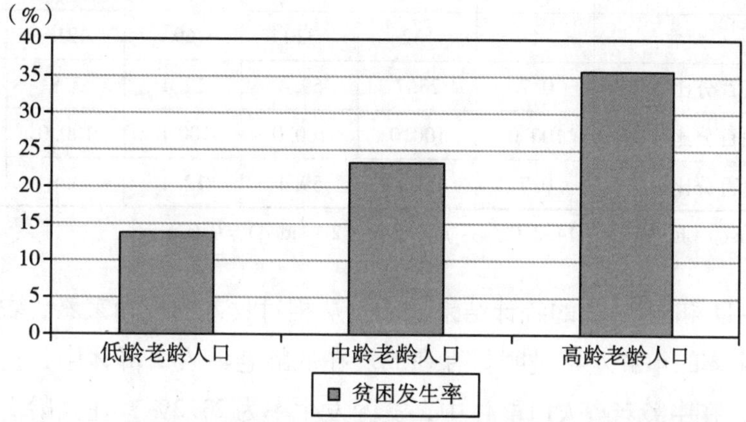

图3－1　主观感受视角下农村老龄人口贫困发生率的年龄差异

从相对的视角来看农村老龄人口贫困发生率的年龄差异，见表3－11和图3－2。

表3－11　相对视角下农村老龄人口贫困发生率的年龄差异

性　别		与周围农户相比，您目前的收入状况处于什么水平？					合计
		高水平	中上水平	一般水平	中下水平	低水平	
低龄老龄人口	频数	3	106	259	44	14	426
	行百分比（%）	0.7	24.9	60.8	10.3	3.3	100.0
	列百分比（%）	75.0	80.3	78.5	63.8	66.7	76.6
	总百分比（%）	0.5	19.1	46.6	7.9	2.5	76.6
中龄老龄人口	频数	1	24	64	20	7	116
	行百分比（%）	0.9	20.7	55.2	17.2	6.0	100.0
	列百分比（%）	25.0	18.2	19.4	29.0	33.3	20.9
	总百分比（%）	0.2	4.3	11.5	3.6	1.3	20.9

续表

性 别		与周围农户相比，您目前的收入状况处于什么水平？					合计
		高水平	中上水平	一般水平	中下水平	低水平	
高龄老龄人口	频数	0	2	7	5	0	14
	行百分比（%）	0.0	14.3	50.0	35.7	0.0	100.0
	列百分比（%）	0.0	1.5	2.1	7.2	0.0	2.5
	总百分比（%）	0.0	0.4	1.3	0.9	0.0	2.5
合计	频数	4	132	330	69	21	556
	行百分比（%）	0.7	23.7	59.4	12.4	3.8	100.0
	列百分比（%）	100.0	100.0	100.0	100.0	100.0	100.0
	总百分比（%）	0.7	23.7	59.4	12.4	3.8	100.0

注：Pearson Chi-Square = 14.210，Asymp. Sig.（2 - sided）= 0.076

表 3 - 11 和图 3 - 2 的统计结果显示，从相对收入的视角来看，农村老龄人口贫困发生率的年龄差异是明显存在的。在低龄老龄人口群体中，贫困发生率为 13.6%，在中龄老龄人口群体中，贫困发生率为 23.2%，在高龄老龄人口群体中，贫困发生率为 35.7%。从卡方检验的结果来看，上述统计结果在 10% 的置信水平上通过了显著性检验。也即在相对收入视角下，农村老龄人口贫困发生率的年龄差异在总体中是存在的。

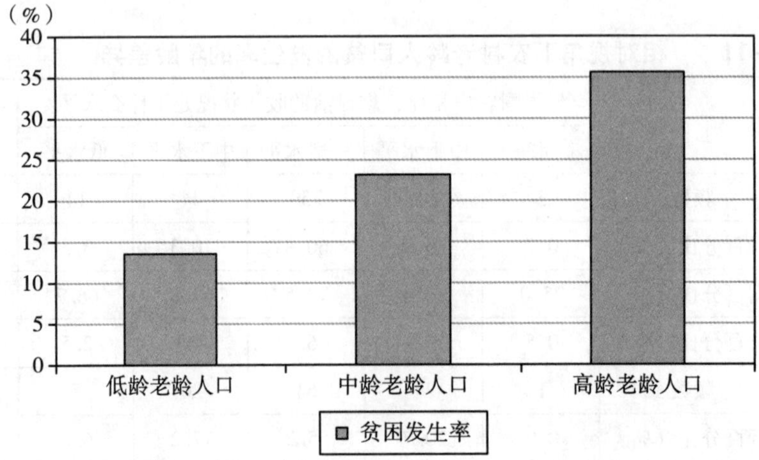

图 3 - 2　相对视角下农村老龄人口贫困发生率的年龄差异

综合上述分析，可以得出结论，即农村老龄人口贫困发生率的年龄差异是显著存在的，而且随着分组年龄的增加，农村老龄人口贫困发生率呈现出明显的增加趋势。这与一些学者的研究结论是一致的。

（三）农村老龄人口贫困持续期的年龄差异

老龄人口一旦陷入贫困状态，在没有外力（包括家庭、社会和国家社会保障制度）支持的情况下，是很难从困境中走出来的，无论陷入贫困状态的是高龄老龄人口还是低龄老龄人口都是如此。因此，以此推理，尽管老龄人口贫困发生率存在年龄上的差异，但是，老龄人口贫困的持续期在年龄上的差异可能并不存在或者并不是特别明显。现实情况是不是这样，有待于调查数据的进一步验证，见表 3－12。

表 3－12　　农村老龄人口贫困持续期的年龄差异

			贫困的持续期			合计
			0—5 年	6—10 年	11 年以上	
不贫困	低龄老龄人口	频数	163	75	39	277
		行百分比（%）	58.8	27.1	14.1	100.0
		列百分比（%）	79.1	70.8	78.0	76.5
		合计（%）	45.0	20.7	10.8	76.5
	中龄老龄人口	频数	42	27	10	79
		行百分比（%）	53.2	34.2	12.7	100.0
		列百分比（%）	20.4	25.5	20.0	21.8
		合计（%）	11.6	7.5	2.8	21.8
	高龄老龄人口	频数	1	4	1	6
		行百分比（%）	16.7	66.7	16.7	100.0
		列百分比（%）	0.5	3.8	2.0	1.7
		合计（%）	0.3	1.1	0.3	1.7
	合计	频数	206	106	50	362
		行百分比（%）	56.9	29.3	13.8	100.0
		列百分比（%）	100.0	100.0	100.0	100.0
		合计（%）	56.9	29.3	13.8	100.0

续表

			贫困的持续期			合计
			0—5 年	6—10 年	11 年以上	
不贫困	低龄老龄人口	频数	50	16	11	77
		行百分比（%）	64.9	20.8	14.3	100.0
		列百分比（%）	69.4	48.5	68.8	63.6
		合计（%）	41.3	13.2	9.1	63.6
	中龄老龄人口	频数	19	15	4	38
		行百分比（%）	50.0	39.5	10.5	100.0
		列百分比（%）	26.4	45.5	25.0	31.4
		合计（%）	15.7	12.4	3.3	31.4
	高龄老龄人口	频数	3	2	1	6
		行百分比（%）	50.0	33.3	16.7	100.0
		列百分比（%）	4.2	6.1	6.3	5.0
		合计（%）	2.5	1.7	0.8	5.0
	合计	频数	72	33	16	121
		行百分比（%）	59.5	27.3	13.2	100.0
		列百分比（%）	100.0	100.0	100.0	100.0
		合计（%）	59.5	27.3	13.2	100.0

注：Pearson Chi-Square = 6.181，Asymp. Sig.（2 - sided）= 0.086

表3－12的统计结果显示，农村老龄人口的贫困持续期存在一定的差异，但是这种差异并没有表现出明显的规律性和趋势性。而且从卡方检验的结果来看，农村老龄人口贫困持续期的年龄差异并不是特别明显，因为显著性水平只有10%。这说明，农村老龄人口贫困持续期的年龄差异在年龄方面具有比较明显的相似性，也即是不管是低龄老龄人口，还是高龄老龄人口，一旦陷入贫困状态，他们都有固化这种生活状态、甚至贫困程度进一步加深的趋势。从这一点上来说，在人口老龄化快速发展的背景下，我们需要采取积极的人口老龄化策略，预防农村老龄人口陷入贫困生活状态，这样的政策措施在应对农村老龄人口贫困化问题上，可能更具有有效性、可行性和前瞻性。

通过上述分析验证，本书得出结论：即农村老龄人口贫困的持续期不存在显著的年龄差异，这也即是说，农村的高龄老龄人口和低龄老龄人口一旦陷入贫困的生活状态，他们面临的反贫困的难度是极为类似的。因此，地方政府有关部分在应对农村老龄人口贫困的持续期问题时，不必过多强调不同分组年龄的老龄人口实行不同的政策对策。

第四章 农村老龄人口贫困化的成因

在19世纪末期，俄国著名作家列夫·托尔斯泰，在他的作品《安娜·卡列尼娜》中曾经指出，“幸福的家庭都是相似的，不幸的家庭各有各的不幸”。对于辛苦了一辈子的农村老龄人口，老年贫困对于他们来说就是最大的不幸。贫困问题是一个非常复杂的问题，很多原因或者风险都可能导致贫困的发生，但不同的人群对于相同的风险却有不同的承受能力，这就带来了贫困原因的千差万别。老龄人口有一个共同的特征，即他们都是弱势群体和脆弱性人群，身体机能下降，收入减少，疾病风险发生的概率较高等。但由于老龄人口所生活的社会经济环境不同，他们陷入贫困的原因又会有所差异，对贫困风险的抵抗能力也有差异。但总体来看，老龄人口贫困的原因，可以从个人自身的原因、家庭方面的原因、社会政策与社会制度方面的原因以及社会风险方面的原因等几个方面来加以分析。

一、农村老龄人口贫困化的个人原因

贫困是由于个人的原因造成的，如贫困者的懒惰、不劳而获、游手好闲等，这是早期贫困问题研究者最直接的答案。他们认为贫困并不是由于社会或制度造成的，而是由于个人的“好吃懒做”造成的。因此，解决贫困问题，最有效的措施不是政府直接给穷人钱财，而是如何让穷人参加生产劳动。1601年英国伊丽莎白女王颁布的《旧济贫法》中，曾明确提出穷人接受救济，必须在固定的场所内参加生产劳动，不然不仅得不到政府的救济，还要遭受严厉的惩罚，如鞭打等。这样的制度不仅践踏了穷人的人格，还侵犯了穷人的人权，《旧济贫法》也因此受到学者的诸多诟病。

事实上，穷人的贫困并不是由于他们的努力程度不够造成的，这正如最早提出“穷人经济学”命题的著名经济学家舒尔茨所言：“穷人对于改变他们的命运和他们孩子的命运的关心程度并不亚于富人”[①]。但很显然，这种针对贫困成因的观点是基于贫困人口的主观意愿出发的。其实，从经济学的经典假定——理性经济人假定来看，贫困人口主观上并不存在长期生活在贫困中的意愿，贫困人口会尽可能的利用自己的资源优势，最大限度地去摆脱贫困的困扰。因为，贫困不仅意味着匮乏，还意味着各个方面的限制、约束和痛苦，作为一个理性的经济人，他们是不会自寻烦恼的。

从个人的角度来反观贫困问题，尽管绝大多数情况下并不是由于贫困人口的主观因素造成的，但一些客观存在的个人因素，却是贫困人口所无法回避的问题。这些因素主要包括个人的疾病原因、健康原因、教育原因和思想观念方面的原因等。中国是一个人口众多的发展中国家，社会经济发展水平、医疗卫生条件、教育文化等各个方面的发展都较为滞后，当前的农村老龄人口是新中国发展历史的奉献者和见证者，也是中国各个方面发展不足的承受者，农村老龄人口的疾病风险、健康状况差、文化水平低以及思想观念陈旧等是造成他们贫穷落后的重要原因。

（一）农村老龄人口贫困化的个人疾病原因

人的身体就像一台精密的机器，机器有时候会出毛病，人的身体也会出毛病，而这个毛病就是疾病。“因病致贫，因病返贫”在中国的农村地区是一个比较常见的问题，即便是现在也是一个较为严重的问题。调查数据显示，农村中“因病致贫，因病返贫”的农民占贫困户的30%—40%，有些省份甚至高达60%以上[②]。根据世界卫生组织提供的数据表明，在低收入国家每年大约有2%—7%的人口“因病致贫”[③]。疾病发生的概率，在不同年龄阶段、不同身体素质的人身上是不同的，同时，在不同的资源禀赋条件下，疾病对于农村老龄人口个人所产生的破坏力也是不同的。疾病发生的概率在人的一生当中，并不是一个确定的数字，而是随着人们年龄的增大，人们的健康存量在递减而疾病

① 卢周来：“农民贫困的根本原因”，《文化博览》，2006年第7期，第29页。
② 杨殿兴、苏小川：“发挥中医药优势走我国医疗卫生保障的特色之路”，《中国中医药报》，2005年11月4日。
③ 杨玉萍：“健康的收入效应——基于分位数回归的研究”，《财经科学》，2014年第4期，第108-118页。

发生率在递增，特别是人到中年以后，年龄与疾病的发生概率是成正比的。年龄越大，健康状况会越来越差，罹患疾病的概率将日益增加，而且容易患大病。阎竣和陈玉萍（2010）发现农村老年人群比非老年人群的自报患病率高30个百分点①。

老龄人口患病（慢性疾病）的概率见表4-1和表4-2。

表4-1　　65岁老龄人口的慢性病患病率

年份	合计（%）	城市小计（%）	农村小计（%）
1993	54.0	78.9	39.8
1998	51.8	79.3	35.5
2003	53.9	77.7	39.2
2008	64.5	85.2	52.4

资料来源：《中国卫生统计年鉴2013》。

从表4-1和4-2来看，农村老龄人口罹患慢性病的的比例是比较高的，在2008年，农村65岁以上老龄人口罹患慢性病的比例为52.3%，而60岁以上老龄人口罹患慢性病的比例为28.9%。而且从时间序列的角度来看，从1993—2008年，农村老龄人口罹患慢性病的比例是逐渐增加的。从60岁以上老龄人口罹患慢性病的比例来看，从2003—2008年，罹患慢性病的比例增加了7.1%，平均每年增加近1.5%。

表4-2　　60岁以上老年人口慢性病患病率

年份	城乡合计（%）	城市合计（%）	农村合计（%）
2003	38.2	49.2	31.8
2008	43.8	53.2	38.9

资料来源：《2008年中国卫生服务调查研究报告》。

从老龄人口罹患慢性病的种类来看（见表4-3）。农村老龄人口罹患高血压、类似风湿性关节炎、脑血管、慢性阻塞性肺病、肠炎和椎间盘突出的比例较高，罹患这些慢性病的比例都超过了20‰，其中，罹患高血压的比例达到14.2%。农村老龄人口罹患类似风湿性关节炎的概率明显高于城市老龄人口罹

① 阎竣、陈玉萍："农村老年人多占用医疗资源了吗？农村医疗费用年龄分布的政策含义"，《管理世界》，2010，第5期，第91-95页。

患类风湿性关节炎的比例，多是由于农村老龄人口常年从事繁重的重体力活，年轻时干活不惜力，导致过度劳累所致。

表 4-3　　2008 年老年人口慢性病患病率和疾病顺位

顺位	城乡			城市			农村		
	疾病名称	患病率（‰）	构成（%）	疾病名称	患病率（‰）	构成（%）	疾病名称	患病率（‰）	构成（%）
1	高血压	197.2	36.7	高血压	302.7	38.3	高血压	141.6	28.7
2	脑血管病	38.5	7.2	糖尿病	80.6	10.2	类风湿性关节炎	36.7	7.5
3	糖尿病	36.8	6.9	缺血性心脏病	53.9	6.8	脑血管	33.6	6.8
4	慢性阻塞性肺病	34.2	6.4	脑血管病	47.7	6.0	慢性阻塞性肺病	37.8	7.7
5	类风湿性关节炎	30.7	5.7	慢性阻塞性肺病	27.5	3.5	胃肠炎	21.8	4.4
6	缺血性心脏病	30.5	9.4	类风湿性关节炎	19.2	2.4	椎间盘疾病	20.3	4.1
7	胃肠炎	19.5	3.6	椎间盘疾病	17.7	2.2	缺血性心脏病	18.1	3.7
8	椎间盘疾病	19.4	3.6	胃肠炎	15.0	1.9	糖尿病	13.7	2.8
9	胆结石症和胆囊炎	10.9	2.0	白内障	12.2	1.5	胆结石症和胆囊炎	11.2	2.3
10	白内障	8.6	1.6	前列腺增生	11.6	1.5	肺源性心脏病	8.3	1.7

资料来源：《2008 年中国卫生服务调查研究报告》。

那么，相对于生活在社会经济发展比较落后地区的农村老龄人口而言，农村老龄人口的疾病发生率是什么样的呢？农村贫困的老龄人口与不贫困的农村老龄人口是否在疾病的发病率上有差异呢？农村贫困的老龄人口是不是面临着更大更多的疾病风险呢？这些都是值得深入研究的问题。课题组利用实地调查数据，对上述问题加以详细分析。

课题组的调查数据显示，农村老龄人口罹患慢性病的比例达到了61.7%，超过一半的农村老龄人口都患有一种或几种慢性病，见表4－4。

表4－4　　　　农村老龄人口罹患慢性病的比例

是否患慢性病	频数	百分比（%）	有效百分比（%）	累计百分比（%）
否	249	38.3	38.3	38.3
是	340	52.3	61.7	100
合计	589	90.6	100	

注：资料来自课题组的实地调查。

从农村老龄人口罹患慢性病的数量与种类来看，见表4－5和表4－6。从表4－5的统计结果来看，农村老龄人口中，患有一种慢性病的老龄人口达到了41.8%，患有两种慢性病的农村老龄人口有34.8%，患三种以上慢性病的农村老龄人口有19%。这也即是说，有接近60%的农村老龄人口患有两种以上的慢性病。

表4－5　　　　农村老龄人口罹患慢性病的数量

患病数量	频数	百分比（%）	有效百分比（%）	累计百分比（%）
1种	132	20.3	43.7	43.7
2种	110	16.9	36.4	80.1
3种	52	8.0	17.2	97.4
4种	5	0.8	1.7	99.0
5种	2	0.3	0.7	99.7
6种以上	1	0.2	0.3	100.0
合计	302	46.5	100.0	

从农村老龄人口罹患慢性病的种类来看，见表4－6，高血压是农村老龄人口发病率最多的一种疾病，有46.9%农村老龄人口患有高血压疾病，患有腰肌劳损疾病（椎间盘突出病）的农村老龄人口达到了19.6%。课题组的调查数据与2008年中国卫生服务调查研究报告中的数据具有可比性。这也再一次显示出，课题组调查数据具有较好的代表性，所反映的农村老龄人口罹患慢性病比例的数据是较为可信的。

表 4－6　　　　农村老龄人口患慢性病的种类

慢性病种类	频数	百分比（%）
高血压	216	46.9
腰肌劳损	85	19.6
骨质增生	72	16.8
冠心病	66	15.5
糖尿病	64	14.8
气管炎	27	6.4
其他疾病	27	6.6

注：资料来自课题组实地调查。

从农村老龄人口患慢性病的情况与他们的贫困发生率的关系来看，表 4－7 的统计结果表明，农村老龄人口患有慢性病的发病率越高，老龄人口贫困的发生率也越高。但是，从卡方检验的结果来看，这种正向关系并没有通过显著性检验。也即农村老龄人口的慢性病发病率对他们的贫困发生率没有显著影响。这一统计结果的合理解释是：很多慢性病对于农村老年人来说并不会严重影响他们参加农业生产劳动，特别是现在随着农村机械化程度的提高，农业生产劳动变得更加容易，即便不是这样，由于农村青壮年劳动力大量外出，农村老龄人口即使在身患慢性疾病的情况下，也不得不参加农业生产劳动。所以农村老龄人口的患慢性病的比例并没有影响他们的贫困发生率。那么，农村老龄人口患慢性病的种类和数量是否影响他们的贫困发生率呢？

表 4－7　　农村老龄人口慢性病发病率与其贫困发生率的关系

慢性病发病率	贫困发生率（%）		合计
	不贫困	贫困	
没有患慢性病	78.3	21.7	100.0
	12.4	10.6	12.0
患有慢性病	75.1	24.9	100.0
	87.6	89.4	88.0
合计	75.5	24.5	100.0
	100.0	100.0	100.0

注：Pearson Chi-Square = 0.212，Asymp. Sig.（2 - sided）= 0.645

表4－8的统计结果显示，农村老龄人口患慢性病的数量与他们的贫困发生率有着显著的正向关系。患有一种慢性病的农村老龄人口的贫困发生率为17.4%，而患有4种慢性病的农村老龄人口的贫困发生率已经增加到60%。农村老龄人口罹患慢性病的数量越多，表明他们的身体越差，身体机能丧失越严重，参与农业生产劳动特别是重体力劳动的机会就会越少，他们陷入贫困的可能性就越大。这是比较符合现实情况的。

表4－8　　农村老龄人口患慢性病数量与贫困发生率的关系

患慢性病数量	贫困发生率（%）		合计
	不贫困	贫困	
1种慢性病	109	23	132
	82.6	17.4	100.0
	49.5	28.8	44.0
	36.3	7.7	44.0
2种慢性病	82	27	109
	75.2	24.8	100.0
	37.3	33.8	36.3
	27.3	9.0	36.3
3种慢性病	25	26	51
	49.0	51.0	100.0
	11.4	32.5	17.0
	8.3	8.7	17.0
4种慢性病	2	3	5
	40.0	60.0	100.0
	0.9	3.8	1.7
	0.7	1.0	1.7
5种以上慢性病	1	1	2
	50.0	50.0	100.0
	0.5	1.3	0.7
	0.3	0.3	0.7
合计	1	0	1
	100.0	0.0	100.0
	0.5	0.0	0.3
	0.3	0.0	0.3

注：Pearson Chi-Square＝26.547，Asymp. Sig. （2－sided）＝0.000

疾病对农村老龄人口贫困化的一个重要影响路径是，疾病增加了农村老龄人口的医疗保健费用支出。孟昕和克里斯汀·杨（2006）的研究发现，平均来看我国60岁及以上的城镇居民的自费医疗支出比40岁居民高出50%—100%，80岁以上居民的自费医疗支出比40岁居民高出100%—170%①。当然，60岁的老年人口的自费医疗费支出比40岁的居民的医疗费支出高，有可能是由于医疗保险制度在起作用。但是，对于同样生活在城市中的居民来说，并没有证据表明60岁的城市居民参加医疗保险的比例比40岁的城市居民参加医疗保险的比例低和享受的医疗保障水平低。因此，这其中的重要影响是疾病增加了年龄较大的城市居民的医疗支出。

大量的实证研究表明，老龄化与医疗支出呈显著的正相关关系。在中国台湾，最近的10年来，因老年人口增加而导致的新增医疗费用占整体新增费用的44%；2008年，中国台湾60岁以上老年人口占台湾总人口的14%，却花费了台湾40%的医疗总资源②。Jnsson and Eckerlund（2003）的研究发现老龄化（65岁及以上人口的比重）对医疗支出呈现出正的显著性影响③。如Hitiris and Posnett（1992）发现老龄化（65岁及以上人口所占的比重）的医疗支出弹性系数为0.55，这也即是说，人口老龄化程度每增加1个单位，将带来医疗费用支出增加0.55个单位④。类似的研究还有，Gerdtham et al.（1992）研究发现，老龄化（65岁以上人口占15—64岁人口中的比重）的医疗支出弹性系数为0.2等⑤。

目前，中国农村老年人口的患病率在75—79岁年龄组最高。疾病不仅大大增加了农村老龄人口的医疗保健支出，使他们更容易陷入贫困，还使得农村老龄人口享受幸福安祥的晚年生活变得难上加难。很多农村老龄人口由于忍受不了长期的病痛折磨、忍受不了长期的贫困的艰难而选择自杀以求解脱。根据卫生部2004年的抽样调查结果显示，2003年农村75—80岁的老年人自杀率高达

---

① 孟昕和克里斯汀·杨："老龄化与中国城市居民医疗支出"，《中国劳动经济学》，2006第1期，第3-20页。

② 阎竣、陈玉萍："农村老年人多占用医疗资源了吗？农村医疗费用年龄分布的政策含义"，《管理世界》，2010年第5期，第91-95页。

③ Jnsson, B. and I. Eckerlund, 2003, "Why Do Different Countries Spend Different Amounts on Health Care? Macroeco-nomic Analysis of Differences in Health Care Expenditure," Chapter 6 in A Disease-based Comparison of Health Sys-tems. What is best at what cost? OECD, Paris.

④ Hitiris, T. and J. Posnett, 1992, "The Determinants and Effects of Health Expenditure in Developed Countries," Journal of Health Economics, 11, 173-181.

⑤ Gerdtham, U.-G., J. Sgaard, B. Jnsson and F. Anderson, 1992, "A Pooled Crossed Section Analysis of the Health Expenditure of the OECD Countries," in P. Zweifel and H. Frech, Health Economics Worldwide, Dordrecht: Kluwer Academic Publishers.

101/10万人，80岁以上的老年人的自杀率更高达132/10万人，分别比农村居民平均自杀率17/10万人高5.9倍和7.8倍，也比同龄的城镇老年人高63%和67%①。

通过上述分析，课题组得出结论，即农村老龄人口患病率较高，是他们陷入贫困的重要原因。疾病对农村老龄人口贫困化的影响机制是通过增加他们的医疗保健支出而导致的贫困。

（二）农村老龄人口贫困化的个人健康原因

农村老龄人口的健康状况差是他们容易陷入生活贫困的重要原因。农村老龄人口健康状况对其贫困化的影响路径是减少了农村老龄人口的收入。农村老龄人口的健康状况，与农村老龄人口的生产劳动能力、劳动参与机会和参与时间有显著的正向关系。年龄越大，农村老龄人口身体健康状况越差，罹患疾病的概率就越大（见表4-9），表4-9的统计结果表明，无论是2008年的调查数据，还是2003年的调查数据都显示，随着农村老龄人口分组年龄的不断增加，农村老龄人口罹患慢性病的比例是呈现出逐渐增加的趋势。这会降低他们的收入水平，使他们更容易陷入入不敷出的贫困状态。

表4-9　　老年人口年龄别慢性病患病率（%）

年龄组	城乡合计		城市合计		农村合计	
	2008年	2003年	2008年	2003年	2008年	2003年
60—69岁	39.5	35.0	46.8	44.5	36.2	29.9
70—79岁	48.8	43.0	58.8	55.4	42.4	34.9
80岁及以上	49.4	39.6	60.9	52.2	42.5	32.4

资料来源：《2008年第四次国家卫生服务调查分析报告》。

国内外大量关于健康对收入影响的研究已经充分证明，健康对收入有显著的促进作用（Schultz and Tansel，1997②；Ivaschenko，2003③；张车伟，2003④；

① 朱庆芳："从指标体系看老龄人口贫困化"，《中国党政干部论坛》，2005年第8期，第25-28页。

② Schultz, T. Paul. Productive benefits of health: evidence from low-income countries [J]. IZA Discussion Papers 1482, Institute for the Study of Labor (IZA), 2005.

③ Ivaschenko, Oleksiy. Adult Health and Earnings in the Ukrainian LaborMarket, in Ivaschenko (eds), Essays on Poverity, Income Inequality and Health in Transition Economics, Economic Study 122, Department of Economics, Goteborg University PhD dissertation, 2003.

④ 张车伟："营养、健康与效率——来自中国贫困农村的证据"，《经济研究》，2003年第1期，第3-12页。

魏众，2004[1]；刘国恩等，2004[2]）。相反，健康风险冲击对居民的收入有显著的阻碍作用。高梦滔等（2005）的研究发现，大病冲击对随后12年里农户的人均纯收入均有显著的负面影响[3]。表4－10的统计结果显示，不同收入组的农村老龄人口中他们罹患慢性病的比例是不同的，2003年的调查结果显示，随着农村老龄人口收入水平的提高，他们罹患慢性病的比例是呈增加趋势的，这符合农村老龄人口的职业发展特点，即依靠重体力劳动获得更高的收入，就要比他人更加勤劳和辛苦，进而导致慢性病患病率增加。

表4－10　不同收入组老年人口慢性病患病率（%）

收入组	城乡合计		城市合计		农村合计	
	2008年	2003年	2008年	2003年	2008年	2003年
最低收入	41.6	34.1	50.6	41.0	39.3	30.7
较低收入	42.1	35.9	52.4	47.8	37.6	29.9
中等收入	44.1	37.1	53.1	50.4	38.4	30.8
较高收入	45.3	41.0	53.1	50.4	39.3	33.8
最高收入	47.1	45.4	55.8	56.9	40.0	35.8

资料来源：《2008年第四次国家卫生服务调查分析报告》。

其实，前文的分析已经表明，农村老龄人口的慢性病的种类对他们的贫困发生率并没有显著的影响。而关键的问题是，随着农村老龄人口年龄的增加，罹患慢性病的数量是逐渐增加的，而农村老龄人口患有慢性病的数量与他们的贫困发生率有显著的正向关系。这是课题组分析农村老龄人口患慢性病比例与农村老龄人口贫困发生率高低关系的一个重要原因。

反映农村老龄人口健康状况的指标，不仅有农村老龄人口患慢性病的情况，还有农村老龄人口的健康自评和他们的身体活动能力等指标。课题组遴选了农村老龄人口的健康状况自评和身体的活动能力两个指标，来进一步反映农村老龄人口的健康状况及其对他们的贫困发生率的影响。统计结果见表4－11和表4－12。

① 魏众："健康对非农就业及其工资决定的影响"，《经济研究》，2004年第2期，第64－74页。

② 刘国恩、Dow WH、傅正泓、John Akin："中国的健康人力资本与收入增长"，《经济学（季刊）》，2004年第1期，第101－118页。

③ 高梦滔、姚洋："健康风险冲击对农户收入的影响"，《经济研究》，2005年第12期，第15－25页。

表 4 – 11　　　　农村老龄人口的健康状况自评

健康自评	频数	百分比（%）	有效百分比（%）	累计百分比（%）
健康	209	32. 2	32. 7	32. 7
一般	291	44. 8	45. 5	78. 1
较差	132	20. 3	20. 6	98. 8
残疾	8	1. 2	1. 3	100
Total	640	98. 5	100	

注：资料来自课题组的调查。

从表 4 – 11 的统计结果来看，农村老龄人口的健康自评普遍较好，农村老龄人口自认为身体健康状况一般以上的老龄人口所占比例达到了 78. 1%，而认为身体健康状况差的比例为 21. 9%。尽管农村老龄人口认为身体健康状况一般以上的比例达到 78. 1%，但是与其他调查数据所显示的农村人口的健康自评状况相比仍然显得偏低。

表 4 – 12　　　　农村老龄人口的身体活动能力

身体活动能力	频数	百分比（%）	有效百分比（%）	累计百分比（%）
能正常活动	288	44. 3	44. 7	44. 7
不能干很重农活，但能做轻活	186	28. 6	28. 8	73. 5
不能做任何农活，但能做一些轻的家务活	105	16. 2	16. 3	89. 8
不能做家务，但生活能自理	60	9. 2	9. 3	99. 1
生活不能自理	6	0. 9	0. 9	100
Total	645	99. 2	100	

注：资料来自课题组的调查。

从表 4 – 12 的统计数据来看，农村老龄人口普遍不能干重体力活。能够正常活动的农村老龄人口只有 44. 3%，而不能干重体力活的老龄人口所占比例达到了 55. 7%。同时，还有超过 10% 的农村老龄人口连日常的家务活都不能完成，需要其他家庭成员或亲戚朋友的帮助才能完成。从这一统计结果来看，农村老龄人口的健康状况是很不乐观的。特别是随着人口老龄化的快速发展，农村老龄人口的健康状况必将进一步恶化，这是一个值得我们高度关注和重视的问题。

从健康自评与贫困发生率的关系来看，见表 4 – 13 和表 4 – 14。

表4-13　农村老龄人口的健康自评与贫困发生率的关系

健康自评		贫困发生率		合计
		不贫困	贫困	
健康	频数	178	30	208
	行百分比（%）	85.6	14.4	100.0
	列百分比（%）	37.3	18.6	32.6
	总百分比（%）	27.9	4.7	32.6
一般	频数	226	64	290
	行百分比（%）	77.9	22.1	100.0
	列百分比（%）	47.4	39.8	45.5
	总百分比（%）	35.4	10.0	45.5
较差	频数	70	62	132
	行百分比（%）	53.0	47.0	100.0
	列百分比（%）	14.7	38.5	20.7
	总百分比（%）	11.0	9.7	20.7
残疾	频数	3	5	8
	行百分比（%）	37.5	62.5	100.0
	列百分比（%）	0.6	3.1	1.3
	总百分比（%）	0.5	0.8	1.3
合计	频数	477	161	638
	行百分比（%）	74.8	25.2	100.0
	列百分比（%）	100.0	100.0	100.0
	总百分比（%）	74.8	25.2	100.0

注：Pearson Chi-Square = 53.367，Asymp. Sig.（2 - sided）= 0.000

表4-13的统计结果显示，农村老龄人口的健康自评状况与农村老龄人口的贫困发生率有着显著的相关关系，而且随着农村老龄人口健康自评水平的下降，农村老龄人口的贫困发生率呈现出明显的上升趋势，见图4-1。

同样，从表4-14的统计结果来看，农村老龄人口的活动能力与农村老龄人口的贫困发生率也呈现出显著的相关关系。在回答身体能够正常活动的农村老龄人口中，贫困的老龄人口所占比例为18.1%，而不贫困的老龄人口所占比例达到了81.9%。相反，在回答生活不能自理的农村老龄人口中，贫困的老龄人口所占比例达到了83.3%，而不贫困的老龄人口所占比例只有16.7%。

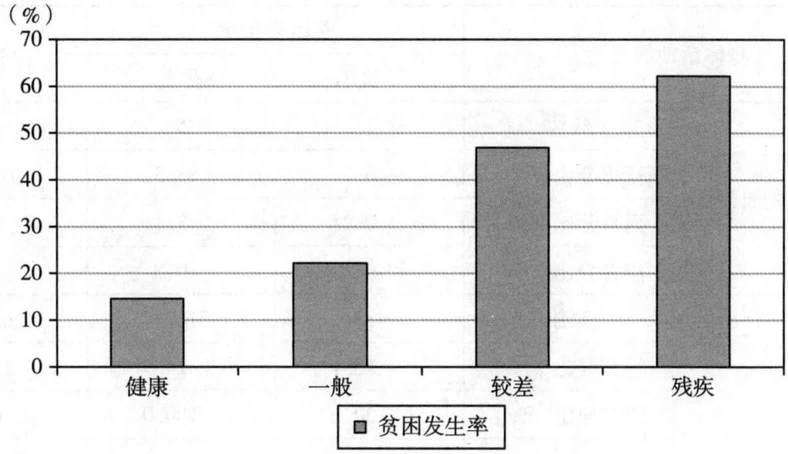

图 4-1　农村老龄人口健康自评与贫困发生率的关系

表 4-14　农村老龄人口身体活动能力与贫困发生率的关系

身体活动能力		贫困发生率		合计
		不贫困	贫困	
能正常活动	频数	235	52	287
	行百分比（%）	81.9	18.1	100.0
	列百分比（%）	48.7	32.5	44.6
	总百分比（%）	36.5	8.1	44.6
不能干很重农活，但能做轻活	频数	132	53	185
	行百分比（%）	71.4	28.6	100.0
	列百分比（%）	27.3	33.1	28.8
	总百分比（%）	20.5	8.2	28.8
不能做任何农活，但能做一些轻的家务活	频数	77	28	105
	行百分比（%）	73.3	26.7	100.0
	列百分比（%）	15.9	17.5	16.3
	总百分比（%）	12.0	4.4	16.3
不能做家务，但生活能自理	频数	38	22	60
	行百分比（%）	63.3	36.7	100.0
	列百分比（%）	7.9	13.8	9.3
	总百分比（%）	5.9	3.4	9.3

续表

身体活动能力		贫困发生率		合计
		不贫困	贫困	
生活不能自理	频数	1	5	6
	行百分比（%）	16.7	83.3	100.0
	列百分比（%）	0.2	3.1	0.9
	总百分比（%）	0.2	0.8	0.9
合计	频数	483	160	643
	行百分比（%）	75.1	24.9	100.0
	列百分比（%）	100.0	100.0	100.0
	总百分比（%）	75.1	24.9	100.0

注：Pearson Chi-Square = 24.032，Asymp. Sig.（2 - sided）= 0.000

农村老龄人口的活动能力与贫困发生率的相关关系见图4－2。从图4－2显示的趋势来看，随着农村老龄人口活动能力的下降，他们的贫困发生率呈现出快速的增加趋势，而且从卡方检验的结果来看，农村老龄人口的身体活动能力与贫困发生率的变动趋势在1%的显著性水平上通过了显著性检验。这说明，这种趋势在总体中是存在的。即随着农村老龄人口活动能力的下降，他们的贫困发生率将会逐渐增加。

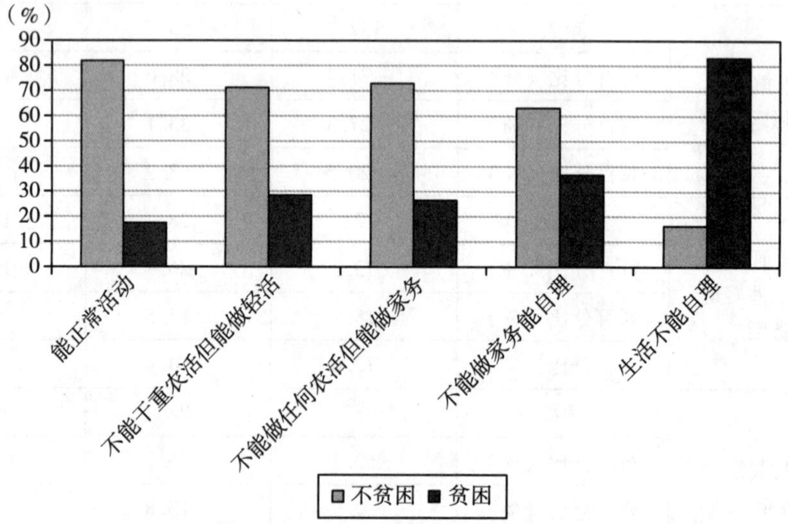

图4－2　农村老龄人口的活动能力与贫困发生率的关系

通过上述分析，本书得出结论，农村老龄人口的健康状况差，是农村老龄人口贫困化发展的重要原因之一。农村老龄人口健康状况差对农村老龄人口贫困化的影响是通过降低他们的劳动参与和收入水平造成的。

（三）农村老龄人口贫困化的个人教育原因

接受教育包括高等教育、职业教育以及干中学等，这些都是促进个人人力资本积累的重要途径。人力资本理论的提出始于20世纪60年代，美国经济学家舒尔茨和贝克尔是该理论的创始人。他们认为，经济增长除了受到物质资本的影响外，还受到人力资本的贡献，甚至人力资本对经济增长的贡献程度，要远远大于物质资本的贡献程度。他们所指的人力资本，包括对生产者进行教育、职业培训等支出及其在接受教育时的机会成本等的总和，表现为蕴含于人身上的各种生产知识、劳动与管理技能以及健康素质的存量总和。从这个角度上而言，一个人的受教育程度与他们的收入水平应该是一种正相关关系。因此，教育水平的提高是反贫困的一个重要措施。

教育发展落后，不仅是我国经济发展滞后的重要决定因素，文盲率高、受教育程度低、接受教育和培训机会被剥夺的人文贫困（金梅，2006①；蒋美华，2007②；叶普万、贾慧咏，2010③），是导致个体贫困发生率较高的重要原因。穆光宗（1990）教授认为，在既定的体制约束和资源约束条件下，人口增长压力和人口低素质屏障使贫困地区越来越依靠有限的贫瘠的土地，导致了农耕系统承受力的弱化和生态环境的恶化，从数量和质量两个侧面构成了长期贫困和深度贫困的约束条件④。

教育对贫困发生率的影响主要通过人力资本存量的形式来实现。理论与实证研究结果均显示，教育与贫困发生率具有显著的负相关性。在中国，中西部地区教育发展明显滞后，贫困的发生率中西部地区明显比东部地区高，中西部地区的贫困人口占据中国贫困人口的80%以上。统计资料显示，文盲半文盲农

---

① 金梅：《农村女性文化贫困的社会学分析》，华中师范大学硕士学位论文，2006年6月。

② 蒋美华："农村已婚女性贫困状况及脱贫对策——以河南农村已婚女性为例"，《中州学刊》，2007年第1期，第122－126页。

③ 叶普万、贾慧咏："中国农村妇女贫困的现状、原因及解决对策"，《理论学刊》，2010年第9期，第61－64页。

④ 穆光宗："'贫困'的人口学思考——来自六盘山区的报告"，《开发研究》，1990年第4期，第56－59页。

民的贫困发生率、贫困程度、强度指数分别是小学文化程度的1.5倍、1.6倍和1.6倍，是初中文化程度的3倍、3.1倍和3倍，是高中文化程度的3.9倍、3.4倍和3.4倍①。

农村老龄人口贫困化的一个重要原因是他们接受教育少，文化程度低。农村转移出来的劳动力，一般都是文化程度较高、有一定知识和敢闯敢干精神的青壮年，留守在农村的劳动力文化程度更低，客观现实是老龄人口往往成为农村的留守人口。因此，从农村转移出的劳动力的文化程度可以推测，农村老龄人口的文化程度更低。

课题组的调查数据显示，农村老龄人口的文化程度确实普遍不高，见表4-15。

表4-15　　农村老龄人口的文化程度

文化程度	频数	百分比（%）	有效百分比（%）	累计百分比（%）
没上过学	214	32.9	33.2	33.2
小学	281	43.2	43.6	76.9
初中	113	17.4	17.5	94.4
高中、中专、中技	29	4.5	4.5	98.9
大专以上	7	1.1	1.1	100
Total	644	99.1	100	

从表4-15的统计结果来看，农村老龄人口中有接近1/3的老龄人口是文盲，有超过75%的老龄人口文化程度在小学以下。高中、中专等以上文化程度的农村老龄人口只有5.6%。蒂拉克（Tilak，2007）指出，教育投资可以减少文盲、半文盲家庭的收入贫困，在受过教育的家庭，几乎不存在贫困现象，教育和收入贫困负相关，受过一定教育和未受过一定教育的家庭相比，贫困发生率显著下降②。农村老龄人口的受教育程度较低，这可能是他们容易陷入贫困的重要原因之一。

从农村老龄人口的文化程度与贫困发生率的关系来看（主观感受的视角），见表4-16。

① 申晓梅："论教育与贫困的负相关性"，《社会科学研究》，2002年第4期，第102-105页。

② Tilak，J. Post-elementary education，poverty and development in India [J]. International Journal of Educational Development，2007，27 (4)：435-445.

表4－16　　农村老龄人口的文化程度与贫困发生率的关系

文化程度		主观感受视角下的贫困发生率		合计
		不贫困	贫困	
没上过学	频数	128	85	213
	行百分比（%）	60.1	39.9	100.0
	列百分比（%）	26.6	52.8	33.2
	总百分比（%）	19.9	13.2	33.2
小学	频数	223	57	280
	行百分比（%）	79.6	20.4	100.0
	列百分比（%）	46.4	35.4	43.6
	总百分比（%）	34.7	8.9	43.6
初中	频数	99	14	113
	行百分比（%）	87.6	12.4	100.0
	列百分比（%）	20.6	8.7	17.6
	总百分比（%）	15.4	2.2	17.6
高中、中专	频数	27	2	29
	行百分比（%）	93.1	6.9	100.0
	列百分比（%）	5.6	1.2	4.5
	总百分比（%）	4.2	0.3	4.5
大专及以上	频数	4	3	7
	行百分比（%）	57.1	42.9	100.0
	列百分比（%）	0.8	1.9	1.1
	总百分比（%）	0.6	0.5	1.1
合计	频数	481	161	642
	行百分比（%）	74.9	25.1	100.0
	列百分比（%）	100.0	100.0	100.0
	总百分比（%）	74.9	25.1	100.0

注：Pearson Chi-Square＝24.032，Asymp. Sig.（2－sided）＝0.000

从表4－16和图4－3统计的结果来看，农村老龄人口的文化程度与他们的贫困发生率呈现出显著的相关关系。而且这种相关关系并不是线性的，而是呈现出U形的相关关系。即没有上过学的农村老龄人口的贫困发生率较高，而高中、中专文化程度的农村老龄人口的贫困发生率却相对较低，具有大专及以上文化程度的农村老龄人口的贫困发生率，却有了明显的升高。

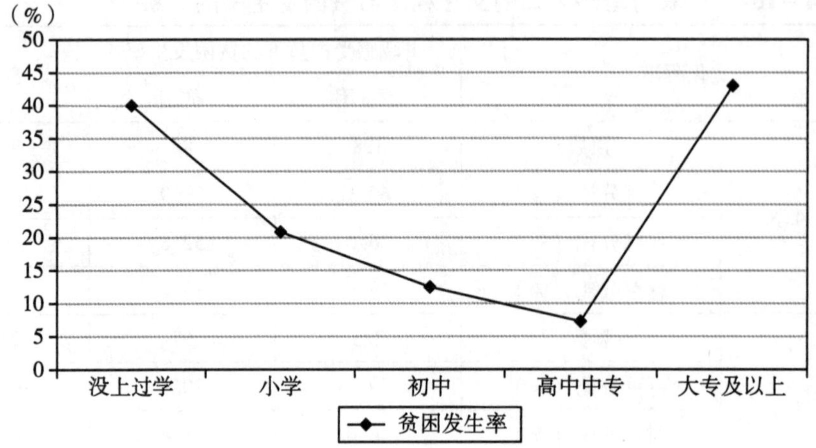

图4-3　农村老龄人口的文化程度与贫困发生率的关系

从农村老龄人口的文化程度与他们的贫困发生率的关系来看（收入的视角），见表4-17。

表4-17　　农村老龄人口的文化程度与贫困发生率的关系

文化程度		收入视角下的贫困发生率		合计
		不贫困	贫困	
没上过学	频数	62	69	131
	行百分比（%）	47.3	52.7	100.0
	列百分比（%）	26.3	39.0	31.7
	总百分比（%）	15.0	16.7	31.7
小学	频数	98	85	183
	行百分比（%）	53.6	46.4	100.0
	列百分比（%）	41.5	48.0	44.3
	总百分比（%）	23.7	20.6	44.3
初中	频数	60	13	73
	行百分比（%）	82.2	17.8	100.0
	列百分比（%）	25.4	7.3	17.7
	总百分比（%）	14.5	3.1	17.7
高中、中专	频数	14	7	21
	行百分比（%）	66.7	33.3	100.0
	列百分比（%）	5.9	4.0	5.1
	总百分比（%）	3.4	1.7	5.1

续表

文化程度		收入视角下的贫困发生率		合计
		不贫困	贫困	
大专及以上	频数	2	3	5
	行百分比（%）	40.0	60.0	100.0
	列百分比（%）	0.8	1.7	1.2
	总百分比（%）	0.5	0.7	1.2
合计	频数	236	177	413
	行百分比（%）	57.1	42.9	100.0
	列百分比（%）	100.0	100.0	100.0
	总百分比（%）	57.1	42.9	100.0

注：Pearson Chi-Square = 26.197，Asymp. Sig. （2 - sided）= 0.000

从表4-17和图4-4的统计结果来看，收入贫困视角下，农村老龄人口的文化程度也与他们的贫困发生率呈现出显著的相关关系。而且这种相关系也不是线性的，而是呈现出一定的U形关系。只是U形的底部区域有所变动。从卡方检验的结果来看，这种显著的相关关系在总体中是普遍存在的。

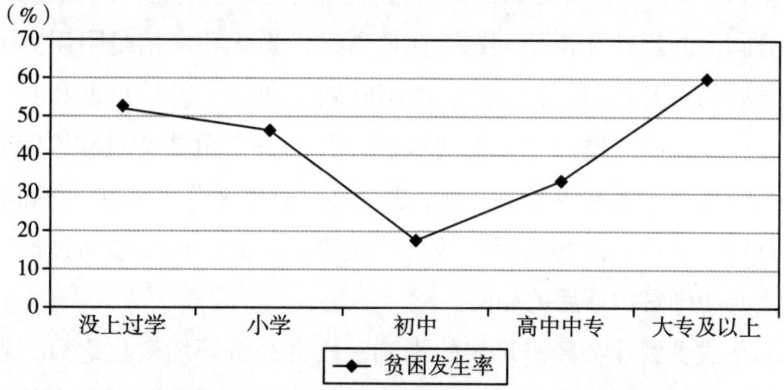

图4-4　农村老龄人的文化程度与贫困发生率的关系

通过上述收入视角和主观感受视角所分析的农村老龄人口的文化程度与贫困发生率关系的结果，可以得出结论，即农村老龄人口的文化程度与他们的贫困发生率呈现出显著的相关关系，文盲、小学和大专以上文化程度的农村老龄人口的贫困发生率较高，而高中、初中文化水平的农村老龄人口的贫困发生率则相对较低，农村老龄人口的文化程度与他们的贫困发生率呈现出一定的U形相关关系。

（四）农村老龄人口贫困化的个人观念原因

观念是客观现实在人们意识上的反映。观念对行为有重要影响，甚至在一定程度上，观念决定着行为。无论从宏观层面，还是从微观层面皆是如此。从宏观层面来说，观念反映了一个国家的治国思想和理政方针，长期的计划经济思想，一度让中国陷入发展的绝境，改革开放可以说是让中国经济从崩溃边缘走向高速发展的一个重要思想法宝，也是中国经济持续20余年高速增长的观念原因，这印证了凯恩斯的观点，即“观念可以改变历史的轨迹”①；从微观的层面来说，观念影响着个人的职业选择、行为方式、进取心、努力的程度以及潜力的发挥等。积极向上的思想观念，往往能够让人在逆境中寻找摆脱困境的机会；而保守落后的观念，往往使人在很多事情上畏首畏尾，犹豫不前。因此，观念贫困，才是贫困的关键原因，甚至是最根本的原因。

正所谓“治穷先治愚，扶贫先扶志”。20世纪40年代初期，福利国家之父贝弗里奇爵士，提交英国国会的研究报告《社会保险与相关服务》（以下简称“贝弗里奇报告”），一个重要的目标是希望英国政府建立完善的社会保障制度，来消除部分国民的愚昧和懒惰问题。在他看来，愚昧和懒惰是阻碍英国社会进步、经济发展的重要障碍。在中国，民国时期中国的平民教育家和乡村建设专家晏阳初先生，在河北进行“乡村建设运动”的一个重要背景和原因就是，他认为中国当时所存在的问题是贫、愚、弱、私“四大病”。其中，愚昧的一个重要表现就是观念落后、思想落后、教育缺失等。因此，他希望通过推广平民教育来摆脱当时中国贫穷落后的局面。

观念的形成受到社会经济环境的影响，社会经济环境变化之后，观念往往也会发生相应的变化，这是观念的动态性特点决定的。但是，观念的变化，往往具有滞后性。这主要是观念的“路径依赖”（即“观念”作为一种文化模式的稳定性）特征决定的。观念的“路径依赖”特征的现实依据就是中国农民的“安土重迁”，农民喜欢安于现状，很不喜欢“改变”，特别是作为中国的一个社会经济发展比较落后的地区，农民由于教育、宗教文化、生活环境等方面的影响，思想保守、观念陈旧等问题相对比较突出。这一点，笔者在调查中以及与

① 《人口研究》编辑部：“回眸与思考：《公开信》发表30年”，《人口研究》，2010年第4期，第28－40页。

当地社会科学院的专家讨论相关问题时印证了这一推论，即部分农民在致富观念上，“等、靠、要”的依赖思想以及“破罐子破摔”的不求上进的思想依然比较严重，很多贫困的农民认为，没有吃的会有政府的救济，缺少积极致富的观念。这是他们贫困的一个非常重要的原因和表现。

相对于农民整体而言，农村老龄人口无论是从年轻时候的成长环境，还是所受到的教育等都是明显较差的，因此，农村老龄人口的观念更加落后、思想更加守旧、行为更加保守，这是导致他们贫困发生率更高和贫困深度更深的重要原因。不少贫困户对市场的认识比较肤浅，在生活上大多追求够吃够用，很少考虑积累再生产。另外，贫困户大多对未来预期不佳，没有榜样示范，没有美好憧憬，他们对投资教育信心不足，被动接受穷困命运者居多，贫困人口的自我发展和积累能力差，最终导致他们长期陷入贫困状态。

农村老龄人口观念落后的另一个重要表现就是“养儿防老”观念依然比较普遍，实际上，“养儿防老”观念的盛行，是依赖思想较重的一个重要表现。课题组的调查数据显示（见表4－18），农村老龄人口中，有75%的老年人“养儿防老”观念比较重，这与笔者2009年在全国10个省份的调查结果比较接近，2009年的调查结果显示，50岁以上的农民有77%以上的农民仍然有比较重的“养儿防老”观念①。

表4－18　　农村老龄人口的“养儿防老”观念

	频数	百分比（%）	有效百分比（%）	累计百分比（%）
同意	441	67.8	75.0	75.0
不同意	73	11.2	12.4	87.4
不知道	74	11.4	12.6	100.0
合计	588	90.5	100	

从不同年龄组的农村老龄人口的“养儿防老”观念的差异来看，见表4－19。不同年龄组的农村老龄人口都普遍有着比较重的“养儿防老”观念，尽管有一定的差异，但这种差异并没有通过显著性检验（Asymp. Sig. ＝0.296）。这说明，在农村老龄人口中，普遍存在着“养儿防老”的传统观念。尽管农村老龄人口“养儿防老”观念依然浓厚的原因有多个方面，既有客观方面的原因，

① 于长永：“农民‘养儿防老’观念的代际差异及转变趋向”，《人口学刊》，2013年第6期，第40－50页。

比如说制度建设滞后、宗教习俗影响等，但在养老问题上独立能力差、过多的依赖子女和政府救助的思想也是其中的重要原因。其实，如果仅仅在某一方面具有依赖性思想也就罢了，关键的问题是，依赖思想具有蔓延性和衍生性，依赖思想容易让他们形成一种惰性，并产生很强的“路径依赖”特征，制约他们的生产和工作积极性，引发贫困问题的发生。

表 4－19　农村老龄人口“养儿防老”观念的年龄差异

分组年龄		您同意“养儿可以防老”吗？			合计
		同意	不同意	不知道	
55—60 岁	频数	101	16	16	133
	行百分比（%）	75.9	12.0	12.0	100.0
	列百分比（%）	23.3	23.2	22.9	23.3
	总百分比（%）	17.7	2.8	2.8	23.3
61—65 岁	频数	155	26	15	196
	行百分比（%）	79.1	13.3	7.7	100.0
	列百分比（%）	35.8	37.7	21.4	34.3
	总百分比（%）	27.1	4.5	2.6	34.3
66—70 岁	频数	90	16	22	128
	行百分比（%）	70.3	12.5	17.2	100.0
	列百分比（%）	20.8	23.2	31.4	22.4
	总百分比（%）	15.7	2.8	3.8	22.4
71—75 岁	频数	61	8	9	78
	行百分比（%）	78.2	10.3	11.5	100.0
	列百分比（%）	14.1	11.6	12.9	13.6
	总百分比（%）	10.7	1.4	1.6	13.6
76—80 岁	频数	18	3	5	26
	行百分比（%）	69.2	11.5	19.2	100.0
	列百分比（%）	4.2	4.3	7.1	4.5
	总百分比（%）	3.1	0.5	0.9	4.5
81 以上	频数	8	0	3	11
	行百分比（%）	72.7	0.0	27.3	100.0
	列百分比（%）	1.8	0.0	4.3	1.9
	总百分比（%）	1.4	0.0	0.5	1.9

续表

分组年龄		您同意“养儿可以防老”吗？			合计
		同意	不同意	不知道	
合计	频数	433	69	70	572
	行百分比（%）	75.7	12.1	12.2	100.0
	列百分比（%）	100.0	100.0	100.0	100.0
	总百分比（%）	75.7	12.1	12.2	100.0

注：Pearson Chi-Square =11.844，Asymp. Sig. =0.296

从养老观念与农村老龄人口贫困发生率的关系来看，见表4－20，持有“养儿防老”观念的农村老龄人口，贫困发生率更高。而且这种相关关系通过了显著性检验。这说明养老观念对农村老龄人口贫困发生率的影响是客观存在的。

表4－20　农村老龄人口养老观念与贫困发生率的关系

您同意“养儿可以防老”吗？		您觉得您自己的经济状况怎么样？				合计
		够用有余	大致够用	有些困难	十分困难	
同意	频数	108	226	104	3	441
	行百分比（%）	24.5	51.2	23.6	0.7	100
	列百分比（%）	84.4	74.3	70.3	50.0	75.3
	合计（%）	18.4	38.6	17.7	0.5	75.3
不同意	频数	14	40	18	0	72
	行百分比（%）	19.4	55.6	25.0	0.0	100
	列百分比（%）	10.9	13.2	12.2	0.0	12.3
	合计（%）	2.4	6.8	3.1	0.0	12.3
不知道	频数	6	38	26	3	73
	行百分比（%）	8.2	52.1	35.6	4.1	100
	列百分比（%）	4.7	12.5	17.6	50.0	12.5
	合计（%）	1.0	6.5	4.4	0.5	12.5
合计	频数	128	304	148	6	586
	行百分比（%）	21.8	51.9	25.3	1.0	100
	列百分比（%）	100.0	100.0	100.0	100.0	100
	合计（%）	21.8	51.9	25.3	1.0	100

注：Pearson Chi-Square =19.657，Asymp. Sig. =0.003

养老问题是民生问题的一个重要方面，“养儿防老”的传统观念只是农村老龄人口观念落后的一个典型缩影。除此之外，农村老龄人口还存在着市场交易观念落后、生产自给自足思想严重以及生育观念转变滞后等问题。“这种社会的、文化的或心理的因素长期积淀后就形成落后的心态和一成不变的思维方式、价值取向，进而形成顽固的文化习俗和意识形态，即贫困文化。”① 贫困文化的固化，最终导致农村老龄人口更容易陷入贫困和长期贫困。因此，从这个角度来说，观念扶贫抑或文化扶贫是解决农村老龄人口贫困问题的关键举措。

二、农村老龄人口贫困化的家庭原因

中国素来受到“家国同构”思想的影响，家庭不仅是最小的生产“单位”，也是国家治理的一个重要支点。特别是在中国的农村地区，家庭不仅承担着生产与生活的双重功能，也承担着本应由国家负重要责任的养老功能，特别是在中国的计划经济时期更是如此。以养老问题为例，由于长期的中国社会保障制度的二元结构的存在，导致广大农村地区社会养老和商业养老保险发展严重滞后，农民养老主要依靠家庭来实现，其中，计划经济时期农民的养老问题是依托于集体经济而又通过家庭这一载体来实现。从 2009 年中国开始施行新型农村社会养老保险制度，尽管农民从此拥有了社会化的养老手段，但由于保障水平比较低（基础养老金只有 55 元左右），实际上依然是家庭养老发挥着重要的作用。

其实，家庭的作用并不仅限于养老保障方面，家庭实际上在农村地区承担着农村人口的生活安全保障网的作用，在中国的农村地区，农民是以家庭为单位来应付各种风险的，通过家庭成员的互相帮助和互相照顾以摆脱贫困便是其中的重要内容。但是，随着经济转轨和社会转型的快速发展，中国农村的家庭养老模式正受到来自各个方面的冲击和挑战，家庭养老模式正面临着可持续性的问题。家庭养老模式面临的困境，有的是宏观政策与制度方面的原因，有的是微观家庭和个人方面的原因；有的是客观环境的原因，有的是由于主观故意

① 李迎生、乜琪：“社会政策与反贫困：国际经验与中国实践”，《教学与研究》，2009 年第 6 期，第 16－21 页。

造成的。在这些原因的共同作用下，家庭养老的生活保障、生存保障功能在下降，农村老龄人口在正式制度保障缺失的情况下，更容易陷入贫困当中。

（一）农村老龄人口贫困化的家庭子女多寡原因

在传统的农业经济时代，劳动力是最为重要的人力资源，多一口人，就意味着一个农民家庭多了一个劳动力，多了一份收入，多了一份保障，也多了一份希望。在当时，由于人们的生活水平极低，多一口人的成本几乎可以忽略不计，正所谓“多一口人，多一双筷子”。随着市场经济的发展，教育的市场化改革，日常生活的商品化发展，以及由于长期的计划生育政策而导致的劳动力短缺，使得现在各个方面的劳动力成本大幅度攀升。子女的养育成本和教育成本都呈现出几何级数的增长趋势。无论是个案调查，还是大样本的调查，都验证了这一判断的合理性。根据上海社科院专家徐安琪的分析，目前0—16岁孩子的直接经济总成本达到25万元左右，如果计算上高等院校的费用，养育一个孩子的直接成本已经高达48万元人民币①。以同样的计算方法，广州市民把孩子养到16岁，需要花费58.5万元到73.1万元②。

也许某一个典型地方的调查并不具有代表性，但是一个不容忽视的事实是农村家庭育儿的成本正在快速提高。中国青年报社调中心和新浪网育儿频道联合实施的一项调查（有3986人参与）显示，有83.7%的年轻父母认为育儿成本正在飞速提高③。育儿成本的持续增加，给农村孩子的上学带来很大困难。在中国的农村地区，很多家庭希望孩子能够通过接受高等教育来改变贫穷的面貌。因此，为了供养孩子读书，一些家庭整年外出打工挣钱。但是，父母的远离，孩子们不得不交给老年人看护，而老年人一般都是“疼爱有加，过度溺爱”，这又造成很多农村孩子的学习成绩差，厌学、逃学现象较为普遍。当农村的孩子和其父母在教育成本高昂和升学无望的双重压力下，往往选择让孩子过早的辍学。这样，农村的孩子就在这样一个教育日益发展的时代，远离教育带给农村孩子的福利和机会。

农村孩子接受教育少，文化程度低，往往抓不住身边的各种机遇。农村陷

---

① “养育一个孩子成本高达48万”，《北京青年报》，2005年5月31日。
② “养个孩子要多少钱 不同收入账单迥异16年花60万?”，《广州日报》，2014年4月21日。
③ “83.7%年轻父母认为育儿成本正飞速提高”，《中国青年报》，2008年4月7日。

入了一种因为贫穷多生孩子，而又因为育儿成本高，使孩子无法接受良好的教育，无法接受良好的教育，又使得他们更容易陷入贫困。于是形成了这样一种“贫穷—多生孩子—缺乏良好的教育—贫穷”的世代恶性循环和贫困代际传递机制。农村老龄人口子女的多寡和其拥有的子女数有关，但是，由于分家分户的原因，子女数多并不意味着家庭规模就越大。相反，如果家庭规模大，则可以推测这个家庭的子女数是更多的。从农村老龄人口的家庭规模来看，见表4－21。

表4－21　农村老龄人口的家庭规模

家庭规模	频数	百分比（%）	有效百分比（%）	累计百分比（%）
1口人	31	4.8	4.9	4.9
2口人	150	23.1	23.7	28.5
3口人	95	14.6	15	43.5
4口人	109	16.8	17.2	60.7
5口人	100	15.4	15.8	76.5
6口人	95	14.6	15	91.5
7口人	43	6.6	6.8	98.3
8口人	8	1.2	1.3	99.5
9口人	2	0.3	0.3	99.8
10口人以上	1	0.2	0.2	100
合计	634	97.5	100	

表4－20的数据看起来，农村老龄人口的家庭规模是不大的，一般都是小家庭结构，有超过60%的农村老龄人口生活在4口人以下的家庭结构中。而平均有4个以上孩子的家庭是非常少的，所占比例不到10%。

图4－5显示的结果表明，家庭规模呈现出逐渐缩小的趋势。新建家庭人口规模从第四次人口普查时的4.49人，已经减少到第六次人口普查时的3.16人。2010年第六次人口普查数据显示，当地的家庭规模的平均值为3.1人。其中，农村为3.55人，镇2.75人，城市2.56人。尽管从2016年开始，国家全面放开“二孩”政策，但是由于人口发展规律的惯性作用，家庭人口规模在短期内不会带来大的改变，很难再出现“婴儿潮”。

从农村家庭规模的民族差异来看，从表4－22的统计结果表明，农村老龄人

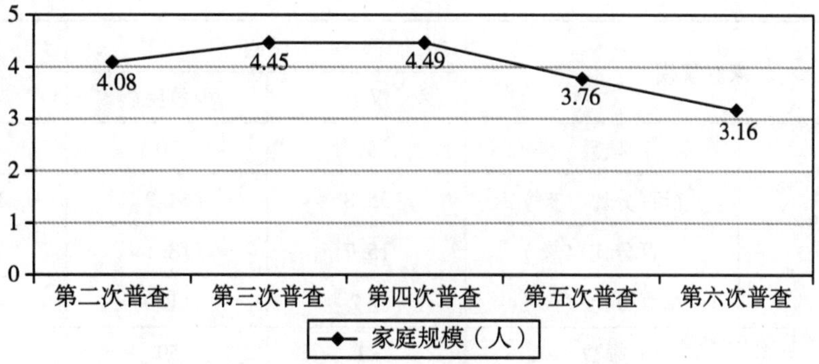

图 4－5　家庭人口规模的变化趋势

口的家庭规模具有明显的民族差异的。越是家庭规模较大的家庭，越是少数民族居多的家庭。在家庭规模为 1 口人的家庭中，少数民族家庭只有 29%，而汉族家庭有 71%，在家庭规模为两口人的家庭中，少数民族家庭占 33.3%，而汉族家庭占 66.7%。在家庭规模为 6 口人以上的家庭中，少数民族家庭占到了 90% 以上，而汉族家庭只有 10% 左右。而且从卡方检验的结果来看，农村老龄人口家庭规模的民族差异是客观存在的。

表 4－22　　农村老龄人口家庭规模的民族差异

家庭规模		民族		合计
		汉族	少数民族	
1 口人	频数	22	9	31
	行百分比（%）	71.0	29.0	100.0
	列百分比（%）	8.9	2.3	4.9
	总百分比（%）	3.5	1.4	4.9
2 口人	频数	100	50	150
	行百分比（%）	66.7	33.3	100.0
	列百分比（%）	40.3	13.0	23.7
	总百分比（%）	15.8	7.9	23.7
3 口人	频数	33	62	95
	行百分比（%）	34.7	65.3	100.0
	列百分比（%）	13.3	16.1	15.0
	总百分比（%）	5.2	9.8	15.0

续表

家庭规模		民族		合计
		汉族	少数民族	
4口人	频数	39	70	109
	行百分比（%）	35.8	64.2	100.0
	列百分比（%）	15.7	18.1	17.2
	总百分比（%）	6.2	11.0	17.2
5口人	频数	41	59	100
	行百分比（%）	41.0	59.0	100.0
	列百分比（%）	16.5	15.3	15.8
	总百分比（%）	6.5	9.3	15.8
6口人	频数	9	86	95
	行百分比（%）	9.5	90.5	100.0
	列百分比（%）	3.6	22.3	15.0
	总百分比（%）	1.4	13.6	15.0
7口人	频数	3	40	43
	行百分比（%）	7.0	93.0	100.0
	列百分比（%）	1.2	10.4	6.8
	总百分比（%）	0.5	6.3	6.8
8口人	频数	1	7	8
	行百分比（%）	12.5	87.5	100.0
	列百分比（%）	0.4	1.8	1.3
	总百分比（%）	0.2	1.1	1.3
9口人	频数	0	2	2
	行百分比（%）	0.0	100.0	100.0
	列百分比（%）	0.0	0.5	0.3
	总百分比（%）	0.0	0.3	0.3
10口人以上	频数	0	1	1
	行百分比（%）	0.0	100.0	100.0
	列百分比（%）	0.0	0.3	0.2
	总百分比（%）	0.0	0.2	0.2

续表

家庭规模		民族		合计
		汉族	少数民族	
合计	频数	248	386	634
	行百分比（%）	39.1	60.9	100.0
	列百分比（%）	100.0	100.0	100.0
	总百分比（%）	39.1	60.9	100.0

注：Pearson Chi-Square =120.444，Asymp. Sig. =0.000

家庭规模所呈现出的显著的区域差异，进一步说明了农村老龄人口家庭规模的民族差异是客观存在的。从表4－23的统计结果来看，家庭规模在6口人以上的家庭中，分布在南部地区的农村老龄人口占到了80%以上，而生活在北部地区的农村老龄人口，其家庭规模一般在4口人以下。而且，从卡方检验的结果来看，农村老龄人口家庭规模的区域差异也是客观存在的。

表4－23　　农村老龄人口家庭规模的区域差异

家庭规模		区域		合计
		南部地区	北部地区	
1口人	频数	16	15	31
	行百分比（%）	51.6	48.4	100.0
	列百分比（%）	4.1	6.0	4.9
	总百分比（%）	2.5	2.4	4.9
2口人	频数	67	83	150
	行百分比（%）	44.7	55.3	100.0
	列百分比（%）	17.4	33.5	23.7
	总百分比（%）	10.6	13.1	23.7
3口人	频数	64	31	95
	行百分比（%）	67.4	32.6	100.0
	列百分比（%）	16.6	12.5	15.0
	总百分比（%）	10.1	4.9	15.0
4口人	频数	66	43	109
	行百分比（%）	60.6	39.4	100.0
	列百分比（%）	17.1	17.3	17.2
	总百分比（%）	10.4	6.8	17.2

续表

家庭规模		区域		合计
		南部地区	北部地区	
5 口人	频数	51	49	100
	行百分比（%）	51.0	49.0	100.0
	列百分比（%）	13.2	19.8	15.8
	总百分比（%）	8.0	7.7	15.8
6 口人	频数	78	17	95
	行百分比（%）	82.1	17.9	100.0
	列百分比（%）	20.2	6.9	15.0
	总百分比（%）	12.3	2.7	15.0
7 口人	频数	34	9	43
	行百分比（%）	79.1	20.9	100.0
	列百分比（%）	8.8	3.6	6.8
	总百分比（%）	5.4	1.4	6.8
8 口人	频数	7	1	8
	行百分比（%）	87.5	12.5	100.0
	列百分比（%）	1.8	0.4	1.3
	总百分比（%）	1.1	0.2	1.3
9 口人	频数	2	0	2
	行百分比（%）	100.0	0.0	100.0
	列百分比（%）	0.5	0.0	0.3
	总百分比（%）	0.3	0.0	0.3
10 口人以上	频数	1	0	1
	行百分比（%）	100.0	0.0	100.0
	列百分比（%）	0.3	0.0	0.2
	总百分比（%）	0.2	0.0	0.2
合计	频数	386	248	634
	行百分比（%）	60.9	39.1	100.0
	列百分比（%）	100.0	100.0	100.0
	总百分比（%）	60.9	39.1	100.0

注：Pearson Chi-Square = 120.444，Asymp. Sig. = 0.000

从表4－24的交互分析结果来看，家庭规模与农村老龄人口贫困发生率存在显著的相关关系。随着家庭规模的扩大，农村老龄人口贫困发生率是呈现出明显的下降趋势的。从图 4 – 6 能够更为清晰的看出这一趋势。

表 4 – 24　　农村老龄人口的家庭规模与贫困发生率的关系

家庭规模		您觉得自己的经济状况如何？				合计
		够用有余	大致够用	有些困难	十分困难	
1 口人	频数	4	16	11	0	31
	行百分比（%）	12.9	51.6	35.5	0.0	100.0
	列百分比（%）	2.9	4.7	7.2	0.0	4.9
	总百分比（%）	0.6	2.5	1.7	0.0	4.9
2 口人	频数	44	74	31	1	150
	行百分比（%）	29.3	49.3	20.7	0.7	100.0
	列百分比（%）	32.1	21.9	20.4	16.7	23.7
	总百分比（%）	7.0	11.7	4.9	0.2	23.7
3 口人	频数	22	45	27	1	95
	行百分比（%）	23.2	47.4	28.4	1.1	100.0
	列百分比（%）	16.1	13.3	17.8	16.7	15.0
	总百分比（%）	3.5	7.1	4.3	0.2	15.0
4 口人	频数	21	47	40	1	109
	行百分比（%）	19.3	43.1	36.7	0.9	100.0
	列百分比（%）	15.3	13.9	26.3	16.7	17.2
	总百分比（%）	3.3	7.4	6.3	0.2	17.2
5 口人	频数	29	48	20	2	99
	行百分比（%）	29.3	48.5	20.2	2.0	100.0
	列百分比（%）	21.2	14.2	13.2	33.3	15.6
	总百分比（%）	4.6	7.6	3.2	0.3	15.6
6 口人	频数	10	69	15	1	95
	行百分比（%）	10.5	72.6	15.8	1.1	100.0
	列百分比（%）	7.3	20.4	9.9	16.7	15.0
	总百分比（%）	1.6	10.9	2.4	0.2	15.0
7 口人	频数	6	31	6	0	43
	行百分比（%）	14.0	72.1	14.0	0.0	100.0
	列百分比（%）	4.4	9.2	3.9	0.0	6.8
	总百分比（%）	0.9	4.9	0.9	0.0	6.8

续表

家庭规模		您觉得自己的经济状况如何？				合计
		够用有余	大致够用	有些困难	十分困难	
8 口人	频数	1	6	1	0	8
	行百分比（%）	12.5	75.0	12.5	0.0	100.0
	列百分比（%）	0.7	1.8	0.7	0.0	1.3
	总百分比（%）	0.2	0.9	0.2	0.0	1.3
9 口人	频数	0	2	0	0	2
	行百分比（%）	0.0	100.0	0.0	0.0	100.0
	列百分比（%）	0.0	0.6	0.0	0.0	0.3
	总百分比（%）	0.0	0.3	0.0	0.0	0.3
10 口人⁺	频数	0	0	1	0	1
	行百分比（%）	0.0	0.0	100.0	0.0	100.0
	列百分比（%）	0.0	0.0	0.7	0.0	0.2
	总百分比（%）	0.0	0.0	0.2	0.0	0.2
合计	频数	137	338	152	6	633
	行百分比（%）	21.6	53.4	24.0	0.9	100.0
	列百分比（%）	100.0	100.0	100.0	100.0	100.0
	总百分比（%）	21.6	53.4	24.0	0.9	100.0

注：Pearson Chi-Square =52.027，Asymp. Sig. =0.003

基于上述分析，我们发现，长期实行的计划生育政策以及社会经济的快速发展，人们的生育观念已经有了比较大的改变。因此，家庭规模的逐渐缩小，弱化了农村老龄人口的养老保障功能，容易使他们在风险社会和人口老龄化快速发展的冲击下陷入长期的贫困生活之中。

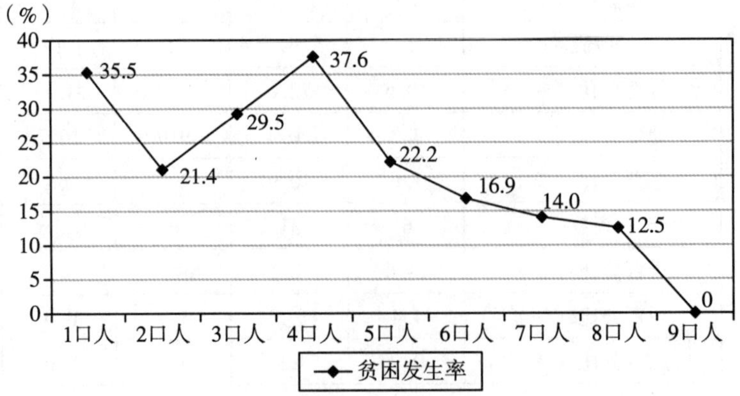

图 4－6　家庭规模与农村老龄人口贫困发生率的关系

(二) 农村老龄人口贫困化的家庭代际关系原因

家庭代际关系的好坏对农村老龄人口贫困有着重要影响。代际关系也是养老资源，甚至是一种起着决定性作用的养老资源。农村老龄人口养老问题（基本生活）的解决，不仅需要养老资源包括经济资源和人力资源等方面，还需要保证农村老龄人口对这些基本养老资源的可及性。从实践来看，农村老龄人口的子女数的多寡，只意味着这个农村老龄人口的潜在养老资源的多寡，子女数多，并不意味着农村老龄人口的基本生活就能通过子女的支持获得很好的解决，因为这受制于潜在养老资源向实际养老资源转化能力的影响，在多子女家庭，赡养老人实际上是子女的公地，公地的悲剧启示我们，子女数越多，并不一定赡养效果越好，现实中日渐增多的赡养纠纷以及媒体报道出来的经典案例便是有力的证明。

赡养纠纷1：老人张桂兰（化名），女，69岁，退休干部。张桂兰中年丧夫后，一直没有再婚，与儿子陈宇相依为命。陈宇成家后与张桂兰分开生活，很少回家探望母亲。张桂兰向法官“控诉”她在外经商的儿子陈宇（化名）不孝，“我儿子整天忙生意，一年到头很少回家，就连我生病住院他也只是打个电话问候一下，这样的儿子真是靠不住。”说儿子虽然每月都让员工按时给她送钱送物，但是她长期见不到儿子，感觉特别孤独，把儿子告上法庭的目的就是想让他“常回家看看”。经过法官调解，母子俩最后达成协议：儿子每月至少到母亲住处看望一次；端午节、重阳节、中秋节、国庆节、元旦等节日期间内回家看望母亲；除夕夜陪母亲度过，正月初一至十五期间，至少看望一次母亲。

赡养纠纷2：60岁的王老汉是某社区居民，膝下有二女二子，两个女儿均已出嫁。大儿子也分开住。由于当时王老汉把大部分的财产分给了小儿子，因此一直以来跟小儿子一块住，之后王老汉和儿媳妇常因生活琐事发生口角，甚至还动过手。于是王老汉不愿再跟随小儿子生活，并准备重新分割家庭财产，双方的矛盾一度激化。当地很快对双方进行了调解，在全面掌握事实的基础上，就纠纷的根源寻求解决的途径和方法，同时结合《老年权益保护法》等相关法律知识和中华民族的传统美德对儿子、儿媳妇进行批评和教育，告诫他们每个子女都应当尽到赡养老人的义务，保持家庭和谐社会稳定，否则将受到法律的制裁。最终双方签订了赡养协议。

赡养纠纷3：79岁的老母亲，膝下有6个女儿和两个儿子。自从丈夫因病去世以后，老人一直独自生活，在2010年患上了脑梗、高血压导致她无法继续独立生活。自从患病后，每年高额的医药费让老人感到苦恼，而其中有些费用是报不了的，为了晚年的生活及治疗，在老人的提议下也组织了多次家庭会议，不过都没有达成统一的意见，最后无奈才将自己的子女诉上法庭。法院受理案件后考虑到当事人年纪已大，出行不便，就与当地村委会和双方当事人沟通，将法庭设在了村委会。经过法官和村干部3个多小时的耐心劝说和调解，其他几个子女都悔心改意，愿意轮流赡养自己的老人，让老母亲度过一个安心的晚年。

上述赡养纠纷案例已经充分的说明，农村老龄人口“老有所养”的实现，不仅需要潜在的养老资源，还需要潜在养老资源能够顺利的向现实的养老资源转化。而在转化的过程中，代际关系是制约能否转化、转化渠道以及转化效果的重要制约因素。但是，由于农民受教育程度普遍比较低，法律意识也比较淡薄，再加上日常生活中的磕磕绊绊。代际之间不和谐，存在老年歧视倾向①。一些农村老年人的子女找出各种理由拒绝承担赡养义务。最终导致农村老龄人口无人赡养，老年人口生活在贫困当中。

表4－25显示的是农村老龄人口的代际关系。

表4－25　农村老龄人口和子女的关系

代际关系	频数	百分比（%）	有效百分比（%）	累计百分比（%）
非常好	429	66	66.7	66.7
比较好	192	29.5	29.9	96.6
一般	21	3.2	3.3	99.8
不太好	1	0.2	0.2	100
Total	643	98.9	100	

从表4－24的统计结果来看，农村老龄人口家庭的代际关系并不差。从老年人和他们的子女的关系来看，有96.6%以上的农村老龄人口认为，他们和子女的代际关系是好的。而认为代际关系不太好的比例，只有0.2%。这是一种比较好的现象。但是，如果再深入分析的话，可以发现，农村老龄人口的代际关系

① 朱庆芳：“从指标体系看老龄人口贫困化”，《中国党政干部论坛》，2005年第8期，第25－28页。

随着老龄人口年龄的增加，是呈现出一定的恶化趋势的。见表4－26。

表4－26　　　　　　农村老龄人口代际关系的年龄差异

分组年龄		您和子女的关系怎么样？				合计
		非常好	比较好	一般	不太好	
55—60岁	频数	106	42	1	0	149
	行百分比（%）	71.1	28.2	0.7	0.0	100.0
	列百分比（%）	25.5	22.6	4.8	0.0	23.9
	总百分比（%）	17.0	6.7	0.2	0.0	23.9
61—65岁	频数	147	64	2	0	213
	行百分比（%）	69.0	30.0	0.9	0.0	100.0
	列百分比（%）	35.4	34.4	9.5	0.0	34.2
	总百分比（%）	23.6	10.3	0.3	0.0	34.2
66—70岁	频数	88	40	12	0	140
	行百分比（%）	62.9	28.6	8.6	0.0	100.0
	列百分比（%）	21.2	21.5	57.1	0.0	22.5
	总百分比（%）	14.1	6.4	1.9	0.0	22.5
71—75岁	频数	53	21	6	1	81
	行百分比（%）	65.4	25.9	7.4	1.2	100.0
	列百分比（%）	12.8	11.3	28.6	100.0	13.0
	总百分比（%）	8.5	3.4	1.0	0.2	13.0
76—80岁	频数	16	12	0	0	28
	行百分比（%）	57.1	42.9	0.0	0.0	100.0
	列百分比（%）	3.9	6.5	0.0	0.0	4.5
	总百分比（%）	2.6	1.9	0.0	0.0	4.5
81以上岁	频数	5	7	0	0	12
	行百分比（%）	41.7	58.3	0.0	0.0	100.0
	列百分比（%）	1.2	3.8	0.0	0.0	1.9
	总百分比（%）	0.8	1.1	0.0	0.0	1.9
合计	频数	415	186	21	1	623
	行百分比（%）	66.6	29.9	3.4	0.2	100.0
	列百分比（%）	100.0	100.0	100.0	100.0	100.0
	总百分比（%）	66.6	29.9	3.4	0.2	100.0

注：Pearson Chi-Square＝120.444，Asymp. Sig. ＝0.000

表4－25的统计结果可以看出，尽管随着农村老龄人口年龄的增加，回答代际关系不好的比例，并没有表现出明显的增加趋势。但是，从表4－26的统计结果也可明显的看出，随着年龄的增加，农村老龄人口认为代际关系非常好的比例是呈现出明显的下降趋势的。而且从卡方检验的结果来看，农村老龄人口代际关系的年龄差异在1%的显著性水平上通过了检验。说明这种差异是客观存在的。

实证研究结果表明：家庭代际关系与农村老龄人口贫困发生率具有显著的相关关系，见表4－27和图4－7。随着家庭代际关系的恶化，农村老龄人口的贫困发生率是呈现出明显的增加趋势的。这说明，即便是农村老龄人口有子女，甚至有更多的子女，但是，如果家庭代际关系不好的话，那么这些潜在的养老资源是无法转变为现实的养老资源的。因此，如何出台针对性的政策措施，确保子女有动力去支持农村老龄人口，是缓解他们老年时期贫困问题的重要一环。

表4－27　家庭代际关系与农村老龄人口贫困发生率的关系

家庭代际关系		您觉得自己的经济状况如何？				合计
		够用有余	大致够用	有些困难	十分困难	
非常好	频数	84	249	92	3	428
	行百分比（%）	19.6	58.2	21.5	0.7	100.0
	列百分比（%）	60.9	72.4	60.1	50.0	66.8
	总百分比（%）	13.1	38.8	14.4	0.5	66.8
比较好	频数	52	88	48	3	191
	行百分比（%）	27.2	46.1	25.1	1.6	100.0
	列百分比（%）	37.7	25.6	31.4	50.0	29.8
	总百分比（%）	8.1	13.7	7.5	0.5	29.8
一般	频数	2	7	12	0	21
	行百分比（%）	9.5	33.3	57.1	0.0	100.0
	列百分比（%）	1.4	2.0	7.8	0.0	3.3
	总百分比（%）	0.3	1.1	1.9	0.0	3.3
不太好	频数	0	0	1	0	1
	行百分比（%）	0.0	0.0	100.0	0.0	100.0
	列百分比（%）	0.0	0.0	0.7	0.0	0.2
	总百分比（%）	0.0	0.0	0.2	0.0	0.2

续表

家庭代际关系		您觉得自己的经济状况如何？				合计
		够用有余	大致够用	有些困难	十分困难	
合计	频数	138	344	153	6	641
	行百分比（%）	21.5	53.7	23.9	0.9	100.0
	列百分比（%）	100.0	100.0	100.0	100.0	100.0
	总百分比（%）	21.5	53.7	23.9	0.9	100.0

注：Pearson Chi-Square = 25.636，Asymp. Sig. = 0.002

对于多子女的农村老龄人口而言，老年人口对于他们的子女就是一块“公地”，公地的悲剧启示我们，需要通过家庭美德教育、弘扬优秀传统文化来促进家庭养老的有效实现，让子女数量在解决农村老龄人口贫困化问题上发挥积极作用。

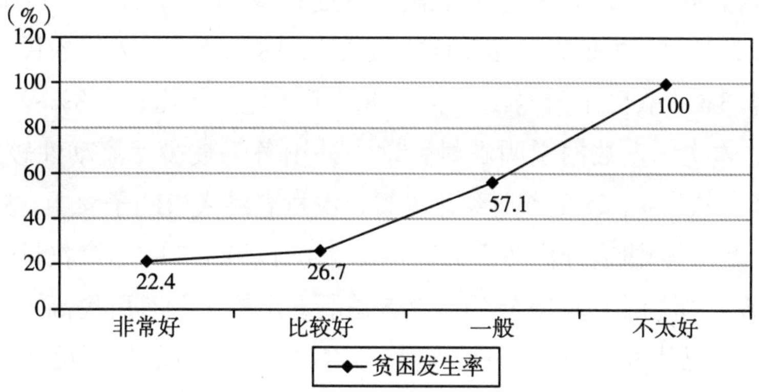

图 4－7　家庭代际关系与农村老龄人口贫困发生率的关系

当前的调查数据显示，农村老龄人口的代际关系较好，这固然是一种可喜的事情。但代际关系好，可能并不是因为代际之间的交往多造成的，而往往是由于分户而居、外出务工而导致的代际疏远造成的。代际之间交往距离的拉大，在一定程度上为老龄人口的生活和养老问题带来不便。老年人的需要呈现出多元化发展趋势，既需要经济上的支持，也需要精神上的安慰。特别是随着人们生活水平的提高，非物质需求可能更为强烈，而代际疏远可能并不利于农村老龄人口基本生活的满足和老有所养的实现，也影响着农村老龄人口生活质量的提高和贫困问题减少的进程。

（二）农村老龄人口贫困化的家庭收入结构原因

家庭收入结构，包括了家庭收入的总规模，即规模结构，也包括了家庭收入的来源结构。总体来说，决定农村老龄人口贫困与否以及贫困深度的是他们的家庭收入的规模结构，而不是家庭收入的来源结构。但是，家庭收入的来源结构，既反映了农村老龄人口家庭收入的内部差异，也能在一定程度上反映农村老龄人口家庭收入的可持续性问题。

在经济转轨和社会转型的背景下，农村大批青壮年劳动力外出务工已经成为一种非常普遍的现象，农民工外出务工的收入成为农民收入的主要来源，外出务工不仅让大批的农民家庭摆脱贫困，更为重要的是也带动了当地的发展。据国家统计局公布的数据显示，2014 年全年农村居民人均纯收入为 9892 元，扣除价格因素实际增长 9.2%。全年农民工总量 27395 万人，比上年增加 501 万人，增长 1.9%，其中，本地农民工 10574 万人，增长 2.8%，外出农民工 16821 万人，增长 1.3%。农民工月均收入水平 2864 元，比上年增长 9.8%①。

但是，本次调查数据说明农村劳动力外出务工较少，流动性较差的问题。见表 4-28。从表 4-28 的统计结果来看，农村老龄人口的子女中，外出务工的比例占 35.7%，而没有外出务工的比例却达到了 64.3%。尽管农村老龄人口的子女外出务工的比例比 2010 年的调查数据所显示的比例有所提高，但是没有外出务工的子女仍然占据绝大部分。这与第六次人口普查数据所反映的情况基本类似。

表 4-28　　农村老龄人口子女外出务工情况

子女是否外出务工	频数	百分比（%）	有效百分比（%）	累计百分比（%）
否	410	63.1	64.3	64.3
是	228	35.1	35.7	100
合计	638	98.2	100	

从表 4-29 的统计结果来看，农村老龄人口的贫困发生率与其子女是否外出务工有着显著的相关关系，那些子女常年外出务工的农村老龄人口的贫困发生

① "2014 年农民工总量 2.7 亿人增 501 万 月均收入 2864 元"，http://money.163.com/15/0120/10/AGD8MUSP00253B0H.html

率明显较低，所占比例为20.5%，相反，那些子女很少或没有外出务工的农村老龄人口的贫困发生率则明显偏高，所占比例为79.5%。从卡方检验的结果来看，农村老龄人口的贫困发生率与其子女是否外出务工之间的相关关系是显著存在的。这也即是说，子女外出务工，降低了农村老龄人口的贫困发生率。农村的劳动力流动性差，外出务工少，导致收入来源结构单一，收入水平低下，导致贫困问题的发生。这一统计结果的政策启示是，地方政府可以通过促进农村劳动力的有效、有序转移，以达到缓解甚至消除农村老龄人口的贫困问题的目标。

表4－29　农村老龄人口子女外出务工与贫困发生率的关系

收入视角下的贫困发生率		子女是否外出务工		合计
		否	是	
不贫困	频数	116	121	237
	行百分比（%）	48.9	51.1	100.0
	列百分比（%）	45.3	77.1	57.4
	总百分比（%）	28.1	29.3	57.4
贫困	频数	140	36	176
	行百分比（%）	79.5	20.5	100.0
	列百分比（%）	54.7	22.9	42.6
	总百分比（%）	33.9	8.7	42.6
合计	频数	256	157	413
	行百分比（%）	62.0	38.0	100.0
	列百分比（%）	100.0	100.0	100.0
	总百分比（%）	62.0	38.0	100.0

注：Pearson Chi-Square ＝40.135，Asymp. Sig. ＝0.000

三、农村老龄人口贫困化的政策与制度原因

贫困是一个世界性难题，但不同的国家面临的贫困问题及其原因却差异很大，因此，反贫困的措施也千差万别。纵观世界各国反贫困的实践不难发现，

通过社会政策与社会制度来解决贫困问题是其中的一种重要策略，只是不同的国家社会政策实施中有所侧重而已。在美国，由于文化传统上崇尚自由主义和个人英雄主义，在对贫困成因的认识上，他们认为“贫困是自己的问题，国家不应该过多干预”。因此，美国政府提供的社会福利制度，主要是针对弱势群体的，如老年人、残疾人、孤儿等，对于其他贫困群体，更多的是通过就业扶持政策来缓解他们的贫困。在欧洲，特别是北欧诸国，他们认为国家是反贫困的主要责任主体，社会福利政策实行“普惠制”原则，政府通过“从摇篮到坟墓”的社会福利制度来解决各种贫困问题。在发展中国家，如非洲、中美洲、巴西、南亚以及中国的中西部地区，贫困问题仍然以绝对贫困为主，通过发展经济以解决他们的“温饱问题”就成为当务之急，因此，这些国家和地区更多的是通过经济发展政策，如农业发展激励政策，来实现贫困问题的缓解和贫困人口的减少。

作为一个社会主义国家，中国历来重视贫困问题，出台了一系列的政策和措施，并建立了相应的制度来应对贫困问题。从中华人民共和国成立之初的打土豪分田地、把地主的土地分给贫农，到起始于人民公社时期的“五保供养制度”，再到20世纪70年代末和80年代初的农村集体经济体制改革即实行“家庭联产承包责任制”、20世纪90年代初的“八七扶贫攻坚计划”、2010年的“中国农村扶贫开发纲要（2011—2020年）”、2015年国家开始实施的“精准扶贫”政策以及习近平出席2015减贫与发展高层论坛时，提出的“携手消除贫困，促进共同发展”的思想等，均表明：中国政府一直在通过社会政策与制度建设来向贫困宣战，在目前全面建成小康社会的压力下，各个地方正在如火如荼开展的“精准扶贫”实践，被认为是成就“民心工程”的最大善政①。中华人民共和国成立以来的反贫困发展历程，取得了明显的成绩。1978年，中国农村贫困人口有2.5亿人，贫困发生率达到了33.1%，但到2003年，中国农村的贫困人口已经下降到了2900万人，贫困发生率也降到了2.3%②。

但是，从总体上来看，中国的反贫困政策与制度，存在明显的不足，这些不足表现在③：一是以解决温饱为主，对相对贫困问题的重视不足；二是反贫困

① 林治波：“精准扶贫，成就最大善政”，《人民日报》，2015年12月8日。

② 王碧玉、庞柏林：“我国农村贫困发生率变化趋势与贫困缺口率量化研究”，《商业研究》，2006年第3期，第150－153页。

③ 李迎生、乜琪：“社会政策与反贫困：国际经验与中国实践”，《教学与研究》，2009年第6期，第16－21页。

主体仍然比较单一，社会力量参与有限；三是反贫困政策存在封闭性，动态性、开放性不足；四是以扶助为主，对反贫困对象的自助关注不足；五是以行政式扶贫为主，缺乏专业化的反贫困工作方法。本书样本地区地处中国西北边陲，社会经济发展相对比较落后，贫困问题多发易发。需要国家出台相应的政策与制度来解决这一问题，但由于社会经济发展滞后，财政支付能力有限等各种原因，导致社会政策和制度建设滞后，一些社会政策和制度在执行中也存在偏差，虽然反贫困的政策与制度建设持续了几十年，但贫困问题依然比较突出。

（一）农村老龄人口贫困化的政策原因

改革开放以后，农村地区的反贫困政策也从过去的救济式扶贫，转向开发式扶贫。从 1978—2015 年，反贫困政策大致经历了如下几个时间段。

（1）1978—1985 年，这一时期通过以农村经济体制改革为主要举措的反贫困政策，大幅度提高了农村劳动生产效率，导致贫困人口也有了大幅度减少。农村人口的贫困发生率也从 1978 年的 58%，下降到 1986 年的 31%。8 年左右的时间，农村人口的贫困发生率下降了几乎 50%。

（2）1986—1993 年，由中央财政和地方财政投入财政资金，通过“以工代赈”的方式，针对计生困难户，以主要提供衣服和食物的方式，来缓解计生困难户的贫困问题。

（3）1994—2000 年，根据党中央国务院提出的利用 7 年时间解决中国 8000 万人口的贫困问题即“‘八七’扶贫攻坚计划”的要求，达到了短时间内集中脱贫的效果。

（4）2001—2005 年，在国家《中国农村扶贫开发纲要（2001—2010 年）》的政策指导下，结合地方实际情况，确定扶贫开发重点县、重点乡镇和自然村作为这一时期扶贫开发工作的重点。

（5）2006—2010 年，在国家《中国农村扶贫开发纲要（2001—2010 年）》的指导下，结合新世纪前五年的工作经验和扶贫开发工作中存在的问题，地方政府又提出了产业扶贫的思路。按照“五通”① “五有”② “五能”③ 的标准，集

① 包括：通水、通电、通路、通电话、通广播电视。
② 包括：有学上、有医疗保障、有科技文化室、有集体经济收入、有强有力的村级领导班子。
③ 包括：能用上安全饮用水、能用上电、能有一项以上有稳定收入来源的生产项目、能有经济适用房居住、能及时得到培训和获得信息。

中财力和物力，分期分批地开展“整村推进”的扶贫开发工作。计划分四个阶段，即2004—2005年、2006—2007年、2008—2009年和2010年四个阶段，分别完成1108个村、1587个村、911个村的扶贫开发工作，2010年以巩固扶贫开发工作成效为重点，防止已经脱贫的村和农户再次返贫。力争通过整村推进的实施，使3606个重点村的水、电、路、广播电视、通信、村容村貌、就学条件、医疗保障和社会安全能够基本达到建设小康社会的初步目标。

（6）2011—2015年，2011年11月29日，中央扶贫开发工作会议召开，会议决定将中国的扶贫标准由2010年的1274元提高至2300元，并出台了《中国农村扶贫开发纲要（2011—2020年）》，将中国的扶贫开发模式由上一个10年度的“整村推进”改为集中连片开发，中国农村扶贫开发工作进入了一个新的阶段。

除了上述扶贫开发工作之外，国家还在教育行业、旅游行业等通过对口支援的方式，开展针对贫困农村地区的帮扶工作。

但是，西部地区当前的贫困问题，已经超越了过去的收入贫困的范围，发展为能力贫困、机会贫困、文化贫困、资产贫困等综合原因造成的贫困问题。但现有的反贫困政策依然过多的注重温饱型反贫困，注重从增加收入的角度来反贫困，而忽视了人力资本投资、促进教育公平、消除社会歧视与社会排斥以及资产积累等方面的反贫困作用。仍然过多的注重整体性的贫困问题，而忽视贫困问题的地区差异、年龄差异、性别差异和民族差异等问题，所制定的反贫困政策也就缺乏针对性，其发挥的作用也就非常有限。社会性别平等观念未纳入反贫困政策和实践主流中，制约了农村妇女走出贫困的步伐①。

（二）农村老龄人口贫困化的制度原因

贫困的定义多种多样，但从经济的角度来看，贫困是由于“收不抵支”造成的生存困境。在支出一定的情况下，通过社会保障制度建设，以增加老年人的收入能够有效降低他们的贫困发生率，相反，在收入一定的情况下，通过预防性和补救性社会保障制度建设，以减少他们的支出同样也能起到降低贫困发生率的作用。已有的经验研究证明，代际转移支付制度有明显的不同收入人群

---

① 赵群：“将社会性别平等观念纳入农村反贫困政策与实践的主流”，《妇女研究论丛》，2005年第69期，第11-15页。

间的再分配功能，对缓解老年贫穷起了重要的作用①。在国家的反贫困战略中，除了宏观领域的经济和财税政策、政治领域的治理—善治以外，最重要的就是要建立起一个具有预防贫困作用的社会保障制度②。事实上，中国农村之所以还存在大量的绝对贫困人口，在很大程度上就是因为长期以来农村社会保障制度严重缺失所致③。

社会保障制度是一个综合性的生活安全保障系统，也是解决贫困问题的重要手段。尽管由于制度环境不同以及发展的历史脉络不同，不同的国家，社会保障制度所指的内容是有差异的。但是，作为一种社会的“安全网”和“减震器”，社会保障的主要功能就是应对人的一生当中所可能出现的生、老、病、死、伤、残以及教育等各种风险的制度。社会保障制度是一种通过经济手段来解决社会问题的风险转嫁手段。作为一种制度，资金是社会保障制度的生命，因此，无论是发达国家还是发展中国家，社会保障制度的建立，一般是与一个国家或地区的社会经济发展水平密切相关的。发达国家由于政府强大的财政实力，一般建立起比较完善的社会保障制度，而发展中国则一般建立起覆盖面比较窄或保障水平比较低的社会保障制度。

中国现代意义上的社会保障制度建设起步较晚，而且城乡差异非常明显，在广大的农村地区长期没有社会保障制度，家庭保障成为农村老年人应对生、老、病、死、伤、残等风险的重要支撑。作为中国一个社会经济发展比较落后的地区，农村社会保障制度发展更为滞后。这种滞后，不仅仅表现在社会养老保险制度建设的滞后，还表现在社会救助制度、社会福利制度和医疗保险制度建设的滞后等诸多方面，是一种整体性建设滞后。

实证研究表明，农村社会保障制度对农村老龄人口具有显著的减贫效应。如范辰辰、陈东（2014）利用2011年中国健康与养老追踪调查（CHARLS）的全国调查数据，采用多元回归、离散选择模型以及工具变量法等多种计量模型实证检验新农保的政策效果，研究结果表明：新农保在全国范围内显著降低了农村居民贫困发生的概率，提高了农村居民的收入水平，增强了农民的经济保障能力，其中农村老年人口受政策影响更为明显④。

再如刘小珉（2015）基于“西部民族地区经济社会发展问卷调查”

① 李珍：“社会养老保险私有化反思”，《中国社会保障》，2010年第1期，第22-24页。

②③ 徐月宾、刘凤芹、张秀兰：“中国农村反贫困政策的反思—从社会救助向社会保护转变”，《中国社会科学》，2007年第3期，第40-55页。

④ 范辰辰、陈东：“新型农村社会养老保险的减贫增收效应”，《求是学刊》，2014年第11期，第62-70页。

（CHES）2011 年的农村调查数据，分析了农村最低生活保障制度的减贫效应，研究结果表明：以农村最低收入家庭为对象的农村最低生活保障制度的实施基本达到制度设计的初衷，在绝大多数情况下瞄准了需要救助的贫困群体，具有一定的反贫困效应，从而在一定程度上缩小了这些地区农村的收入差距①。

由于农村老龄人口身体机能衰退，疾病风险多发易发，疾病往往是造成农村老龄人口贫困的重要原因。而医疗保险制度的建立健全，能够很好地预防和弥补农村老龄人口因高昂的医疗费用而导致的贫困问题。实证研究结果表明，新型农村合作医疗制度，在缓解农民“因病致贫，因病返贫”方面，发挥了一定的作用。例如 Sun et al. （2009）基于山东省临沂市的农户调查数据分析显示，参加新农合使得农户大病支出的发生率仅从 2004 年的 8.98% 下降到 8.25% 左右②。再如 Shi et al. （2010）利用河北、陕西和内蒙古的调查数据分析发现，新农合补偿后，参合者的大病支出发生率仅从 14.3% 下降到 12.9%，因病致贫率从 8.2% 下降到 7.6%③。

但是，从农村社会保障制度建设的现状来看，该地区农村社会保障制度的整体保障能力较低，制约了减贫效应的发挥。

从新型农村社会养老保险制度的覆盖面来看，见表 4－30。截至 2012 年 2 月调查时为止，有 87.4% 的农村老龄人口已经参加了新型农村社会养老保险制度，尚有 12.6% 的农村老龄人口还没有参加。新型农村社会养老保险制度的覆盖面与国家要求的在 2012 年底实现全覆盖的目标还是比较接近的（本次调查的时间点是 2012 年 1—3 月份），这也显示出本次调查数据的真实性和代表性。

表 4－30　　新型农村社会养老保险制度的覆盖面

您参加新农保了吗	频数	百分比（%）	有效百分比（%）	累计百分比（%）
没有参加	73	11.2	12.6	12.6
参加了	505	77.7	87.4	100
合计	578	88.9	100	

① 刘小珉：“民族地区农村最低生活保障制度的反贫困效应研究”，《民族研究》，2015 年第 2 期，第 41－55 页。

② Sun, X., S. Jackson, G. A. Carmichael and A. C. Sleigh, 2009, “Catastrophic Medical Payment and Financial Protection in Rural China: Evidence from the New Cooperative Medical Scheme in Shandong Province”. *Health Economics*. 18: 103－119.

③ Shi, W., V. Chongsuvivatwong, A. Geater, J. Zhang, H. Zhang and D. Brombal, 2010, “The Influence of the Rural Health Security Schemes on Health Utilization and Household Impoverishment in Rural China: Data from a Household Survey of Western and Central China”. *International Journal for Equity in Health*. 9: 7.

新型农村社会养老保险制度是一种社会统筹和个人账户相结合的制度模式。其中，社会统筹账户，主要是基础养老金部分，由国家财政予以支付，而个人账户部分，则有个人的缴费以及投资收益支付。其中，基础养老金是55元，个人账户部分的个人缴费，则设计了100元、200元、300元、400元和500元五个档次，经济发展水平较高的地方，可以根据当地的财力和农民的支付能力适当增加缴费档次。但是，从现实来看，农村老龄人口所参加的缴费档次比较低，大部分是100元的标准，见表4-31。

表4-31　农村老龄人口参加新型农村社会养老保险的缴费档次

缴费档次	频数	百分比（%）	有效百分比（%）	累计百分比（%）
100元	234	36	41.6	41.6
200元	84	12.9	14.9	56.6
300元	38	5.8	6.8	63.3
400元	15	2.3	2.7	66
500元	21	3.2	3.7	69.8
800元	13	2	2.3	72.1
1000元	26	4	4.6	76.7
1200元	8	1.2	1.4	78.1
其他	44	6.8	7.8	85.9
没有参加	53	8.2	9.4	95.4
年龄到，未交钱，正领取	26	4	4.6	100
合计	562	86.5	100	

每年交100元的养老保险费，30年也就3000元的个人账户规模，考虑到投资收益以及政府的激励措施，个人账户的总规模还会有所增加，但是总规模依然比较有限。新型农村社会养老保险制度的保障水平是比较有限的。

新型农村社会养老保险制度的保障水平比较低，也可以从农村老龄人口对新型农村社会养老保险制度在他们生活中的作用来衡量，见表4-32。

表 4-32　新农保在满足农村老龄人口日常生活开支方面的作用

新农保在满足您日常生活开支方面的作用	频数	百分比（%）	有效百分比（%）	累计百分比（%）
满足全部	33	5.1	6.2	6.2
满足大部分	143	22	26.9	33.1
满足小部分	316	48.6	59.4	92.5
几乎不起作用	40	6.2	7.5	100
合计	532	81.8	100	

从表 4-32 的统计结果来看，有超过 60% 的农村老龄人口认为，新型农村社会养老保险制度在满足他们的日常生活开支方面所起的作用非常小甚至不起作用。而只有 6.2% 的农村老龄人口依靠新型农村社会养老保险制度满足日常生活开支。这进一步凸显出新型农村社会养老保险制度的保障水平是比较低的。

新型农村合作医疗制度是降低农村老龄人口"因病致贫"和"因病返贫"概率的另一个重要保障制度，但是从调查的结果来看，尽管有超过 70% 的农村老龄人口认为，新型农村合作医疗制度明显降低了他们的医疗费负担，但是，新型农村合作医疗制度的保障水平仍然是比较有限的，因为，平均补偿水平只有 55% 左右（见表 4-33）。

表 4-33　地区新型农村合作医疗制度对降低医疗费负担的作用

对降低医疗费负担的作用	频数	百分比（%）	有效百分比（%）	累计百分比（%）
非常明显	158	24.3	27.4	27.4
比较明显	263	40.5	45.7	73.1
一般	138	21.2	24	97
不太明显	14	2.2	2.4	99.5
很不明显	3	0.5	0.5	100
合计	576	88.6	100	

从表 4-34 的统计结果来看，新型农村合作医疗制度的报销比例并不高，报销比例在 10% 以下的占 7.2%，报销比例在 10%—30% 的有 11.9%，报销比例在 30%—50% 的有 15.6%，报销比例在 50%—70% 占 31.7%，报销比例超过 70% 的占 33.7%。平均报销比例为 54.8%。这与一些学者在 2012 年之前的调查结果具有可比性，即农民医药费实际报销比例普遍较低，平均只有 20%—30%

（张广科①，2008；易红梅等②，2011）。尽管相对于这些学者的调查研究结果，新型农村合作医疗制度的报销比例较高，但是快速增加的医药价格和医疗服务价格，明显地降低了新型农村合作医疗制度的保障效果。新型农村合作医疗制度的实际报销比例偏低，降低了医疗保险制度的减贫效应。

表 4－34　　新型农村合作医疗制度的平均报销比例

新农合的报销比例	频数	百分比（%）	有效百分比（%）	累计百分比（%）
10%以下	33	5.1	7.2	7.2
10%—30%	55	8.5	11.9	19.1
30%—50%	72	11.1	15.6	34.7
50%—70%	146	22.5	31.7	66.4
70%—85%	116	17.8	25.2	91.5
85%以上	39	6	8.5	100
合计	461	70.9	100	

再从农村社会救助制度的保障水平来看，农村社会救助水平较低，也制约了制度的反贫困效果。随着市场经济、商品经济的发展，广大的农村地区日常生活消费的商品化和市场化也已经比较普遍，农民的水电煤气等生活成本以及交通成本也日益提高，每个月100元左右的最低生活保障水平对解决贫困人口的基本生存需求问题依然显得捉襟见肘。这从农村老龄人口对农村最低生活保障制度的作用的评价中，可以进一步得到验证。见表4－35。

表 4－35　　农村最低生活保障在保障困难老人基本生活方面的作用

"低保"能保障困难老人的基本生活吗	频数	百分比（%）	有效百分比（%）	累计百分比（%）
完全能够	11	1.7	1.9	1.9
基本能够	139	21.4	23.8	25.6
说不清	139	21.4	23.8	49.4
不太能够	224	34.5	38.3	87.7
完全不能	72	11.1	12.3	100
合计	585	90	100	

① 张广科："新型农村合作医疗制度支撑能力及其评价"，《中国人口科学》，2008年第1期，第83－93页。
② 易红梅、张林秀、罗仁福、刘承芳等："新型农村合作医疗：农民认知与受益调查"，《人口学刊》，2011年第1期，第47－53页。

从表4－34的统计结果来看，只有25.7%的农村老年人认为农村最低生活保障制度能够满足困难老人的基本生活，而有超过50%的农村老年人认为农村最低生活保障制度保障水平太低，不能满足困难老人的基本生活需求。另有23.8%农村老年人回答说不清楚，这主要是这部分农村老年人不太了解农村最低生活保障制度造成的，群众的知晓性差也正说明农村最低生活保障制度的宣传力度还不够，从一个侧面反映出农村最低生活保障制度的保障能力比较低，对缓解农村老龄人口贫困的作用较为有限。

农村社会保障制度是降低农村老龄人口贫困发生率和贫困严重程度的重要支撑，而农村在养老保险制度、医疗保险制度和社会救助制度等方面的不健全和不完善，降低了农村社会保障制度的减贫效应，是农村老龄人口贫困化的重要影响因素。

四、农村老龄人口贫困化的环境与风险原因

（一）农村老龄人口贫困化的环境原因

环境是造成人们生活贫困的重要因素之一。从大的方面来说，环境包括生存环境和生产环境两个方面。这两种环境，具体体现在自然地理环境、社会人文环境、生态气候环境以及公共政策环境等方面。姜德华等（1989）在《中国的贫困地区类型及开发》中，从自然资源角度概括贫困的分布和特征，总结了山区资源不合理开发利用与自然生态恶性循环的过程，并概略地讨论了合理开发利用和自然生态良性循环方法。这项贫困研究量化了贫困地区发展基础的差异，根据自然条件、社会经济条件指标，把664个贫困县归纳为6个集中连片的区域类型：黄土高原丘陵沟壑贫困，东西部接壤地带贫困，西南喀斯特山区贫困，东部丘陵山区贫困，青藏高原贫困，蒙新干旱区贫困①。

西部地区地形复杂、环境恶劣、交通不便、高寒、高原、戈壁等覆盖面较大等成为制约西部地区脱贫致富的重要原因。

① 沈红：“中国贫困研究的社会学评述”，《社会学研究》，2000年第2期，第91－102页。

（二）农村老龄人口贫困化的风险原因

随着社会经济的发展以及科技的进步，人类社会已经进入风险社会（Risk Society）时代。各种各样的风险，成为影响人们生产与生活的重要因素，也是导致人们陷入贫困的重要原因。风险包括自然风险、社会风险和市场风险等三个方面。与其他地区相比，由于特殊的地理位置、人文环境以及生态气候环境，西部地区面临自然风险、社会风险以及市场风险的概率就更大，其中，特别是由于多发易发的自然灾害风险，对农民以及农村老龄人口的贫困发生率和贫困深度影响最为明显。

西部地区是一个内陆型的干旱地区，山区、丘陵、盆地、沙漠各种地形复杂，生态与环境极其脆弱，自然灾害发生较为频繁。

自然灾害的发生所带来的巨大损失，是很难依靠政府的救助或救济来弥补的。很多情况下，自然灾害造成的损失，绝大部分是由受灾人口自己承担的。因而，因为自然灾害引起的贫困问题，不仅波及面很广，而且所造成的贫困的深度更深。以近期发生的风雪灾害和地震灾害为例，进一步证明了上述结论。政府的救济和帮扶，尽管对缓解受灾人口的生存困境起到了重要作用，但很显然政府的投入远远不能补偿受灾人口的损失，大量的损失由受灾的人们自己承担。在巨灾和巨额的损失面前，农村老龄人口往往成为最为脆弱和最容易被忽略的人群，也成为贫困发生率较高、贫困持续期较长的人群。

西部地区农村老龄人口面临的市场风险，主要是农村老龄人口的市场交易意识差对市场价格变化不敏感，由于农产品价格波动而导致“即便农民多收了三五斗，也因价格大幅度降低”导致收入降低；在打工经济时代下，外出务工的非农业收入已经成为农村家庭收入主要来源的情况下，经济危机引起的企业破产倒闭、兼并重组以及迁移等而引起的农民工下岗失业等问题，也是影响农村老龄人口贫困问题形成的重要因素。

第五章　农村老龄人口贫困发生率的决定因素

贫困的发生是由多种因素共同作用的结果，既有贫困者自身的因素，也有客观环境的因素，也有公共政策供给不足的因素等多个方面。前文交互分析和相关分析也已经表明，农村老龄人口的贫困发生率与农村老龄人口的性别、年龄、健康状况、文化程度以及民族状态等人口学因素有显著的相关关系，同时，也受到地理环境、人文环境等因素的影响。那么，一个值得进一步思考的问题是：上述这些因素，哪些因素是导致农村老龄人口贫困化的主要因素，哪些因素是导致农村老龄人口贫困化的次要因素？上述不同的因素，对农村老龄人口贫困发生率和贫困持续期起到了多大的影响作用？也即是说，上述不同影响因素的贡献率是多大？准确的回答这个问题，不仅有助于我们更加清楚地认识和把握农村老龄人口的贫困化问题，也有助于我们采取更为有效和针对性的措施，以切实有效地缓解甚至消除农村老龄人口贫困问题。

一、老龄人口贫困发生率：分析框架与研究缺陷

贫困具有动态性，这体现在贫困的过程性和相对性两个方面。贫困的动态性特点，为分析贫困问题带来诸多难题。因此，建立贫困问题的分析框架就显得非常重要。本书尝试从宏观与微观相结合的角度，建立老龄人口贫困发生率的分析框架。在这个框架下来分析农村老龄人口贫困发生率的决定因素。

（一）收入与支出：老龄人口贫困发生率的分析框架

贫困的动态性特点，为分析贫困问题所带来的首要难题就是如何界定贫困，

很显然这是一个尚未形成定论的问题。前文分析中所显示的贫困概念的多重定义以及测量方法的多维性，已经充分证明了这一点。但是，这并不意味着，我们不能建立一种贫困问题的分析框架。

从概念的微观解构来看，贫困是由“贫”和“困”两个字组成。贫意味着“匮乏”，意味着“少”，还意味着“弱”和“小”；困意味着“被限制”“被束缚”“没有出路”等。从宏观的层面来看，贫困实际上就是一种“入”不敷“出”的生存状态。但这里的“入”是一种广义上的“收入”，既包括经济收入等物质方面的收入，也包括人文地理环境、资源物质环境的便利性，还包括公共设施和公共服务与国民经济发展水平的相当性。其中，“收入”以经济上和物质上的收入为主。这里的“出”也是一种广义上的“支出”，既包括生活性支出，也包括生产性支出，还包括当地居民与国民经济社会发展水平相适应所应该具备的支付能力。其中，支出以生活性支出和生产性支出为主。由于学者们在谈论支付能力时，一般是指居民的实际支付能力，已经扣除了生产性成本，因此本书所指的支出主要是指生活性支出。

尽管贫困的类型和原因多种多样，如有的是收入型贫困，而有的是支出型贫困；有的是长期性贫困，有的是暂时的贫困；有的是个体性贫困，有的是群体性贫困；有的是自身原因造成的贫困，有的是客观环境造成的贫困等。但归根究底，贫困问题最终的落脚点就是“入不敷出”的状态。基于上述分析，本书认为“收入—支出”是分析贫困发生率的一个重要分析框架。由于收入和支出都是一种广义上的概念，因此，“收入—支出”贫困问题分析框架，不仅能分析“绝对贫困”问题，也能分析“相对贫困”问题。只是在分析绝对贫困问题时更加明确，在分析相对贫困问题时更加复杂而已。

老龄人口贫困发生率的分析框架如图 5－1 所示：

从图 5－1 可以看出，在老龄人口贫困发生率的“收入—支出”分析框架中，老龄人口的收入主要包括个人劳动收入、家庭转移支付收入、社会转移支付收入以及其他收入等四个方面。其中，个人劳动收入包括种植业收入、养殖业收入和外出务工收入三个方面；家庭转移支付收入包括家庭成员的内部转移收入和家庭成员之外的亲朋好友转移支付收入两个方面；社会转移支付收入，主要是指社会保障收入，包括社会养老保险金收入、医疗费用补偿收入、社会救助金收入和社会福利收入等四个方面。其他收入包括财产性收入、利息收入以及其他意外收入等。

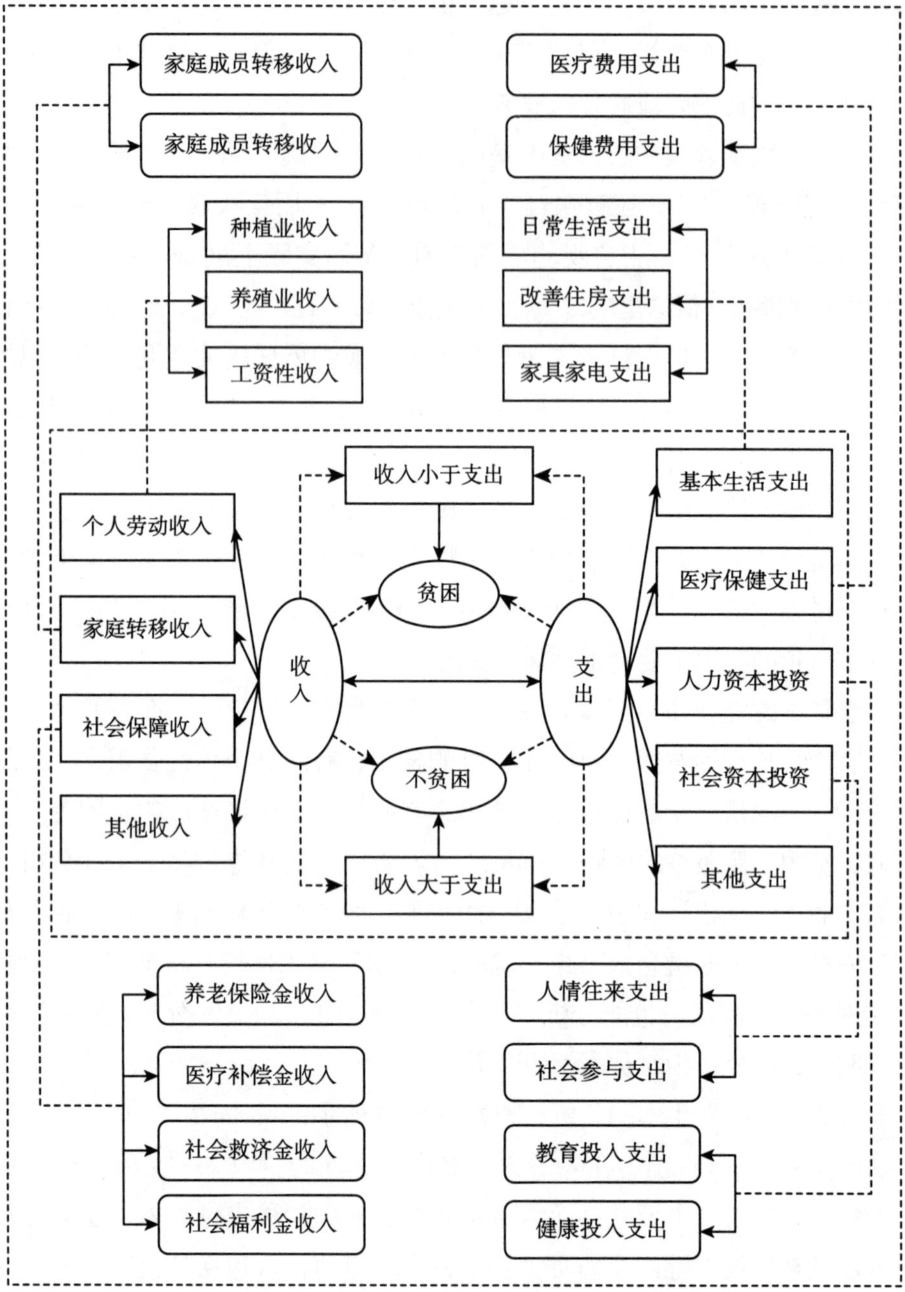

图 5-1 老龄人口贫困发生率分析框架

老龄人口的支出，主要包括基本生活支出、医疗保健支出、人力资本投入支出和社会资本投入支出四个方面。其中，基本生活支出，主要是指满足老龄人口衣、食、住、行等方面的日常生活支出，包括柴米油盐、水电煤气、手机电话、家具家电、住房保障等方面的生活消费性支出。医疗保健支出，包括医疗费支出、日常用药支出以及保健费用支出等。人力资本投入支出主要包括健康投入支出和教育投入支出两个方面。社会资本投入支出主要包括人情往来支出以及社会参与支出等两个方面。

$$f(\text{贫困}) = \frac{\sum_{k=0}^{n} \text{收入}}{\sum_{k=0}^{n} \text{支出}}$$

当老龄人口的收入之和大于支出之和时，也即收入之和与支出之和的比值大于1时，表示贫困没有发生；当老龄人口的收入之和小于支出之和时，也即收入之和与支出之和的比值小于1时，表示贫困发生。老龄人口的收入之和越大，表明老龄人口抵抗贫困风险的能力越强，贫困的脆弱性越低，陷入贫困的可能性越低；反之，老龄人口的收入之和越小，表明老龄人口抵抗贫困风险的能力越差，贫困的脆弱性越高，陷入贫困的可能性越高。老龄人口的收入之和与支出之和相差越大，表明老龄人口的贫困深度越大，贫困问题就越严重。

（二）老龄人口贫困发生率：现有研究缺陷

农村老龄人口的贫困发生率是贫困问题研究中的一个重要问题，而且随着人口老龄化的快速发展和老龄人口的快速增多，这一问题正逐渐被受到重视。研究农村老龄人口贫困发生率问题，包括两个方面：一是农村老龄人口的贫困发生率的高低，它反映了农村老龄人口贫困的广度和普遍性；二是农村老龄人口贫困发生率的决定因素，它反映了农村老龄人口贫困的生成机制，因此，研究农村老龄人口贫困发生率的决定因素，是有针对性的制定反贫困政策的基础和前提条件。回顾已有的研究文献可以发现，关于农村老龄人口贫困发生率的研究，更多的是关于农村老龄人口贫困发生率的高低、农村老龄人口贫困的原因以及反贫困的对策等方面，而对于农村老龄人口贫困发生率的决定因素的研究则为数不多。

（1）关于农村老龄人口贫困发生率的高低。从已有的研究文献来看，学者尚未就这一问题达成共识，甚至差异巨大，即便是利用同一个数据库，由于测算的标准不同也呈现出巨大差异。关于农村老龄人口贫困发生率的测算结果主要有：

王德文、张恺佛（2005）以2000年人口普查和中国城乡老年人口状况一次性抽样调查资料为基础，对中国老年人口数量、生活状况和贫困发生率进行分析。研究结果表明，全国贫困老龄人口规模在921万—1168万人，老龄人口的贫困发生率在7.1%—9.0%，其中城市该比例为4.2%—5.5%，农村该比例为8.6%—10.8%[①]。

乔晓春等（2005）利用中国老龄科研中心2000年12月组织的“中国城乡老年人口状况一次性抽样调查”数据，经过加权处理后对中国的城市和农村，以及调查到的省、市、自治区和直辖市的贫困老年人口的比例和规模进行了估计。研究结果发现，2000年11月1日全国贫困老年人口总量为2274.8万人，全国贫困老年人占全部老年人口的比例为17.5%，其中城市约为15%，农村18.8%[②]。

于学军（2005）利用2000年中国城乡老年人口状况一次性抽样调查数据，测算的农村老年贫困人口数量超过3000万人，老龄人口的贫困发生率城市老人为21%，农村老人为41%[③]。

杨立雄（2010）利用最低生活保障数据，采用不同贫困标准，对中国老年贫困人口规模进行测算。采用农村贫困线和“1天1美元”两个标准，测得农村老年贫困人口规模在1400万人以上，城镇老年贫困人口约为300万人，2009年中国老龄人口的贫困发生率为10.77%[④]。

从上述测算结果来看，农村老龄人口贫困发生率的研究，仍有待于进一步深化。

（2）关于农村老龄人口贫困发生的原因。贫困作为一种社会经济现象，贫困原因的研究也体现出多角度和多元化发展态势。从社会学的角度来看，西方关于贫困成因的理论大致有：马克思（K. Marx）的贫困结构论、甘斯（H. J. Gans）的贫困功能论、刘易斯（O. Lew is）的贫困文化论、瓦伦丁（C. Verlinden）的贫困处境论、约瑟夫（K. Joseph）的剥夺循环论、费里德曼（M. Freedman）个体主义贫困观。从经济学的角度来看，西方贫困成因的观点主要有马尔萨斯（T. R. Malthus）的土地报酬递减论、纳克斯（R. Nurkse）的

① 王德文、张恺悌：“中国老年人口生活状况与贫困发位率估计”，《中国人口科学》，2005年第1期，第58-67页。

② 乔晓春、张恺悌、孙陆军、张玲：“对中国老年贫困人口的估计”，《人口研究》，2005年第2期，第8-16页。

③ 于学军：“老年人口贫困问题研究”，载于中国老龄科学研究中心：《中国城乡老年人口状况一次性抽样调查数据分析》，北京：中国标准出版社，2003年版，第55-58页。

④ 杨立雄：“中国老年贫困人口规模研究”，《人口学刊》，2011年第4期，第37-45页。

贫困恶性循环论、莱本斯坦（H. Leibonstein）的临界最小努力理论、舒尔茨（T. W. Schultz）关于人力资本反贫困的观点等（罗必良，1991；沈红，1992）①。

国内学者关于贫困成因的研究更加关注微观方面，徐勤、魏彦彦（2005）的分析认为，健康状况差、文化程度低、社会转型、失去配偶、家庭供养不力也是老年妇女陷入经济贫困的一个主要原因②。向常春（2007）以三峡农村老年移民妇女为研究对象，以2001年世界银行对贫困的定义及其特征的描述为基础，从三个方面：即缺少机会（Lack of Opportunity）——缺少参与经济活动的机会；没有话语权（Powerlessness）——在一些关系到自己命运的重要决策上没有发言权；脆弱性或者缺乏保障（Vulnerability or Lackofsecurity）——容易受到经济以及其他冲击的影响，如疾病、粮食减产、宏观经济萧条，分析了三峡农村老年移民妇女陷入贫困的原因③。

罗遐、于立繁（2009）以过程和行动为分析框架，从结构层面、文化层面和个人层面三个方面分析了农村老龄人口贫困的原因，他们认为正式制度缺位和保障水平低、非正式制度保障能力弱、孝文化衰退、长老文化不复存在、思想观念保守、传统礼俗重、生理机能衰退、老年人整体素质差等是导致农村老龄人口贫困的重要原因④。王晶、刘彦喆（2012），以农村丧偶女性老年人口为研究对象，从社会因素、家庭因素和个人因素三个方面，分析了农村老龄人口陷入贫困的原因。她们认为农村老龄人口的社会保障缺位、传统父权观念对女性的规训、代际关系失衡、疾病和文化程度低，是农村丧偶女性老龄人口陷入贫困的重要原因⑤。熊滨（2006）从户籍制度、社会保障制度以及农村财产权利分配制度三个方面分析了农民贫困的制度原因，他认为城乡分割的二元户籍制度、农村社会保障制度建设滞后以及农民缺乏普遍的财产权利是导致农民贫困的制度原因⑥。

从农村老龄人口贫困的原因分析来看，几乎所有的研究都是从定性的角度

① 沈红："中国贫困研究的社会学评述"，《社会学研究》，2000年第2期，第91－103页。
② 徐勤、魏彦彦："从社会性别视角看老年贫困"，《市场与人口分析》，2005年增刊，第99－109页。
③ 向常春："三峡农村老年移民妇女贫困原因分析"，《中国老年学杂志》，2007年第14期，第1427－1429页。
④ 罗遐、于立繁："我国农村老年贫困原因分析与对策思考"，《生产力研究》，2009年第1期，第110－113页。
⑤ 王晶、刘彦喆："农村丧偶老年女性贫困原因的社会学分析"，《东北师大学报（哲学社会科学版）》，2012年第1期，第201－206页。
⑥ 熊滨："中国农民贫困的制度原因——权利贫困"，《农业经济》，2006年第1期，第80－81页。

和采用规范分析的方法来分析的，而没有从实证的角度来分析农村老龄人口贫困的原因，这是值得进一步深入研究的问题。

（3）关于缓解和消除农村老龄人口贫困的对策措施。在人口老龄化快速发展的时代背景下，采取必要和可行的措施以应对老龄人口的贫困化是西方发达国家面临的重要课题。国际社会早在20世纪70年代末期，就已经开始制定世界性的反贫困行动计划。如《1982年老龄问题维也纳国际行动计划》《联合国千年宣言》以及《日内瓦社会发展倡议》等都曾经做出针对贫困问题的行动战略。其中，《联合国千年宣言》第11条的要求是："我们将不遗余力地帮助我们10亿多男女老少同胞摆脱目前凄苦可怜和毫无尊严的极端贫穷状况。我们决心使每一个人实现发展权，并使全人类免于匮乏。"

中国是一个人口大国，也是一个老龄人口大国，中国的老龄人口占据世界老龄人口的1/3。中华人民共和国成立之初，有接近70%的人口都是贫困人口，老龄贫困人口也是其中的一个重要人群。经过40年的改革开放以及反贫困政策的大力实施，中国农村的贫困问题已经取得了明显的好转，农村贫困人口从1978年的2.6亿人左右，下降到2010年的3000万人。但是，中国目前所采取的反贫困措施，更多的是从整体上来进行的，而没有采取分层分类的反贫困措施。这其中，针对老龄人口贫困问题的反贫困措施就显得非常不足。尽管也有个别学者提出了针对农村老龄贫困人口的反贫困措施，如王德文、张恺悌（2005）认为，要从三个方面治理老年贫困：一是重视人口老龄化和老年贫困问题，对已陷人贫困的老年人口提供收人支持；二是积极地创造就业和完善社会保障体系，防止就业人口进人老年时就陷入贫困；三是重视女性、农村和中西部地区的老年贫困问题，采取综合措施减少贫困①。但综合来看，针对农村老龄人口贫困问题的对策建议，还显得比较薄弱和不足。这其中的重要原因是对农村老龄人口贫困问题的研究还不够深入和全面，比如，什么因素决定了农村老龄人口贫困发生率，哪些因素是最为重要和关键的致贫因素等都有待进一步深化和明确。

① 王德文、张恺悌："中国老年人口生活状况与贫困发生率估计"，《中国人口科学》，2005年第1期，第58-67页。

二、研究假说、变量选取与模型构建

从前文的分析框架中不难看出，影响农村老龄人口贫困发生率的因素有收入因素和支出因素两个方面。很显然收入因素对农村老龄人口贫困发生率的影响是不同于支出因素对农村老龄人口贫困发生率的影响的。已有的实证研究在分析农村老龄人口贫困发生率的影响因素时，仅仅考虑收入因素的影响很显然是不全面的。因此，本书将从收入因素和支出因素两个方面来分别研究他们对农村老龄人口贫困发生率的决定机制。

（一）研究假说

（1）收入因素对农村老龄人口贫困发生率的可能影响。收入因素包括个体劳动收入，包括种植业收入和养殖业收入；外出务工收入，包括在本地务工收入和到外地务工收入；家庭成员转移收入；社会保障转移收入，主要是养老保险金收入和医疗费用补偿收入；社会救济金收入，包括五保金收入和最低生活保障金收入。

从个体劳动收入对农村老龄人口贫困发生率的影响来看，收入越多，相对而言，农村老龄人口贫困发生的概率越低，反之，则贫困发生的概率就越高；由于农村老龄人口普遍耕种农田很少，很少有老龄人口还承包有大规模耕地的，因此，农村老龄人口的种植业收入越多，相对于养殖业收入越多的老龄人口，可能更容易陷入贫困。因为，养殖业收入（如养羊、养牛等），一方面是需要靠技术来创造收入的，另一方面，养殖业收入对老龄人口体力的要求并不是很高，即便是年龄较大，也可以从事养殖业，因而养殖业收入对于农村老龄人口来说，相对更加持久。外出务工是农民获得收入的重要渠道，在农村家庭收入来源中占据主要位置，外出务工收入越多的农村老龄人口，不仅总体上收入水平越高，同时，它也反映了农村老龄人口拥有一技之长。因此，外出务工收入越多的农村老龄人口陷入贫困的概率就越低。

基于上述分析，本书提出假设 5－1：收入越高的农村老龄人口，贫困发生率越低；种植业收入占总收入比例越高的农村老龄人口，贫困发生率越高；养殖业收入占总收入比例越高的农村老龄人口，贫困发生率越低；外出务工收入占总收入比例越高的农村老龄人口，贫困发生率越低。

从家庭成员转移收入对农村老龄人口贫困发生率的影响来看，家庭成员转移收入越多，意味着家庭养老的能力越强。家庭成员的转移收入，既取决于家庭规模（子女数量）的大小，也受子女收入水平的影响，更受到家庭关系的严重影响。如果家庭关系不好，即便是子女数量多、子女收入水平高，但他们的父母也很难从子女那里获得支持。因此，家庭成员转移收入对农村老龄人口贫困发生率的影响，可以转化为子女数量、子女质量和家庭关系对农村老龄人口贫困发生率的影响。相对而言，子女数量越多、子女质量越高和家庭关系越好的农村老龄人口，陷入贫困风险的概率将会越低。但是，由于数据的可获得性，本书依然用子女赠送收入这样一个指标，来反映其对农村老龄人口贫困发生率的影响。

基于上述分析，本书提出研究假设 5 - 2：子女赠送收入在总收入中比例越多的农村老龄人口，贫困发生率越低；反之，则农村老龄人口的贫困发生率越高。

从社会保障收入对农村老龄人口贫困发生率的影响来看，随着农村社会保障制度走向规范化，社会养老保险金收入成为农村老龄人口的稳定收入来源。社会养老保险金收入越高，意味着农村老龄人口的参保水平越高，它反映了农村老龄人口的综合经济条件比较好，因此，养老保险金收入越高的农村老龄人口，陷入贫困的概率将越低，反之，则越高。农村老龄人口的医疗保险，主要是新型农村合作医疗，尽管新型农村合作医疗已经实现了制度全面覆盖，但是从目前来看，新型农村合作医疗存在的主要问题是农民获得实际补偿水平比较低。因此，获得医疗费补偿越多的农村老龄人口，意味着刚刚患过大病，意味着他们刚刚发生过大额甚至巨额的医疗保险费支出，因此，获得医疗费补偿越多的农村老龄人口，陷入贫困的概率将可能更大。

基于上述分析，本书提出研究假设 5 - 3：社会养老保险金收入越高的农村老龄人口，贫困发生率越低；获得医疗保险补偿金越多的农村老龄人口，贫困发生率越高。

从社会救济金对农村老龄人口贫困发生率的影响来看，社会救济金包括五保金和最低生活保障金两个方面。其中，五保金是发给那些“三无老人”（无劳动能力、无收入来源、无法定赡养人）的，而最低生活保障金是发给那些收入水平在最低生活保障线以下的人群的，不难看出，无论是五保金还是最低生活保障金，都是最为脆弱的农村老龄人口才能享有的。一般来讲，两种社会救济金是不能同时拥有的，即便是同时拥有，也意味着这样的老龄人口更加脆弱，更容易陷入贫困状态。因此，那些拥有五保金或最低生活保障金的农村老龄人口更容易陷入贫困。

基于上述分析，本书提出假设 5－4：获得五保金和最低生活保障金的农村老龄人口，贫困发生率更高。

在农村社会保障体系还远未完善的情况下，农村老龄人口享有的社会福利金收入是可以忽略不计的，因此，在分析收入因素对农村老龄人口贫困发生率的影响时，本书没有对此进行分析。

（2）支出因素对农村老龄人口贫困发生率的影响。支出因素包括基本生活支出，是指农村老龄人口花费在衣食住行等方面的支出，包括日常生活支出（水电煤气、吃饭穿衣等），改善住房方面的支出，家具家电方面的支出等；医疗保健支出，包括医疗费用支出、保健费用支出；人力资本投入支出，包括健康投入支出和教育培训投入支出；社会资本投入，包括社会参与支出、人情往来支出等。

从日常生活支出对农村老龄人口贫困发生率的影响来看，基本的生活消费（吃饭穿衣、水电煤气等）是很难使农村老龄人口陷入贫困状态的，因为这些支出都不是农村老龄人口的“硬”支出，也就说这些支出虽然是必须的生活支出，具有一定的刚性特点，但是农村老龄人口可以根据自己的实际收入情况，来灵活的调整支出标准和水平，甚至“零消费”[①]。因此，日常生活消费支出对农村老龄人口贫困发生率的影响较为复杂而且比较有限。真正对农村老龄人口贫困发生率带来重要影响的基本生活支出是他们的住房改善支出，因为住房改善支出往往是农村老龄人口家庭最大的一笔支出，而且这些支出是大多因为子女婚嫁而被迫发生的支出，这对农村老龄人口贫困发生率有着重大影响。住房改善支出越大，农村老龄人口的贫困发生率可能越高。相对于住房改善支出而言，家具家电支出是一种软性的支出，一般而言，家具家电支出越多的家庭，意味着收入水平越高，经济条件越好，这时家具家电就成为了农村老龄人口的一种

---

① 张岭泉、邬沧萍、段世江：“解读农村老年人的‘零消费’现象”，《甘肃社会科学》，2008 年第 1 期，第 212－215 页。

资产或资本。因此，家具家电支出越多的农村老龄人口，贫困发生率可能越低。

基于上述分析，本书提出研究假设 5－5：基本生活消费支出对农村老龄人口贫困发生率没有显著的影响；住房改善支出越多的农村老龄人口，陷入贫困的概率越大；家具家电支出越多的农村老龄人口，陷入贫困的概率越小。

从医疗保健费用支出对农村老龄人口贫困发生率的影响来看，医疗保健费用支出包括医疗费用支出和保健费用支出两个方面。尽管国家每年都会对农村地区投入大批的医疗保健费用，但是对于农村老龄人口个体而言，却鲜有保健费用支出之说。因此，对于农村老龄人口而言，医疗保健费用支出，主要指的就是医疗费用支出，也即是农村老龄人口生病治疗时所花费的医疗费用。由于现在全国各地都已经普遍实行了新型农村合作医疗制度，合作医疗制度在一定程度上补偿了农村老龄人口的医疗费用支出，因此，这里所说的医疗保健费用支出，是指农村老龄人口生病住院所花费的医疗费用总额扣除新型农村合作医疗制度补偿之后，自己承担的实际医疗费用支出。很显然，农村老龄人口实际承担的医疗费用支出越多，他们陷入贫困的概率就会越大。

基于上述分析，本书提出研究假设 5－6：医疗保健费用支出越多的农村老龄人口，更容易陷入贫困状态。

从人力资本投入支出对农村老龄人口贫困发生率的影响来看，人力资本投入支出包括健康投入支出、教育投入支出、职业技能培训支出等多个方面，很显然对于农村老龄人口而言，人力资本投入支出更多的是一种存量，而非现在的实际投入支出，因为作为老龄人口，他们的健康投入支出体现在保健品的投入支出、保健药的投入支出以及保健设施的投入支出等方面，很显然这些方面的支出对农村老龄人口而言是非常少见的，取而代之的是他们是否每天从事锻炼身体的活动等。尽管《中国老龄事业发展“十一五”规划》中提出要让老龄人口实现老有所养、老有所医、老有所教、老有所学、老有所乐等“六个老有”。但是，农村老龄人口很少有在教育和技术培训上花费成本。因此，人力资本投入支出对农村老龄人口贫困发生率的影响，又可以转化为农村老龄人口的健康存量和教育存量等对贫困发生率的影响。

基于上述分析，本书提出研究假设 5－7：农村老龄人口的健康状况越好，贫困发生率越低；农村老龄人口的文化程度越高，贫困发生率越低。

从社会资本投入支出对农村老龄人口贫困发生率的影响来看，法国农村社会学的代表人物孟德拉斯（2005）认为，农村是一个熟人社会①。在这样一个互相熟识的社会中，人们之间保持着频繁的互动，体现在日常生活互助、生产互助和急重大事情互助等互助行为②。因此，社会事务参与和亲情往来是农村老龄人口生活中的一项重要支出。同时，由于农村老龄人口支出常常是一种单向的支出，即没有回报，因为回报的收入集中到了孩子们的手里，而没有到老年人的手里。所以，社会事务参与越多、人情往来支出越多，他们越可能陷入贫困状态。

基于上述分析，本书提出研究假设5－8：社会事务参与越多的农村老龄人口，贫困发生率越高；人情往来支出越多的农村老龄人口，贫困发生率越高。

（3）个体特征和社区环境特征对农村老龄人口贫困发生率的影响。上述收入因素和支出因素往往会因农村老龄人口的个体差异和所处环境的差异而表现出差异性。因此，为了控制这些因素的影响，本书把农村老龄人口的个体特征因素和社区特征因素作为控制变量纳入模型之中。

从个体特征因素对农村老龄人口贫困发生率的影响来看，个体特征因素包括性别、年龄、文化程度、健康状况、婚姻状况、民族以及政治面貌等7个方面。孔祥智、涂圣伟（2007）认为，女性是农村中的弱势群体，她们的经济安全状况和自我保障能力相对于男性要差一些，因此女性老龄人口陷入贫困风险的概率更大。年龄越大，身体机能越差，收入越少，疾病风险的发生率越大，因此，年龄越大的老龄人口越可能陷入贫困。文化程度和健康状况是人力资本的重要构成要素，文化程度越高、健康状况越好，老龄人口获得收入的能力就越强，陷入贫困的概率就越小。“少年夫妻，老年伴”，夫妻间的相互照顾、共同分担、共同劳动，往往能够产生“1＋1＞2”的效果，因此，婚姻状况为已婚的老龄人口，贫困发生率可能更低。从目前来看，少数民族老龄人口的思想观念更为保守、文化程度更低，因此，他们陷入贫困的概率会更大。政治面貌为党团员的农村老龄人口，很可能是农村的社会精英，他们的思想观念更为先进，素质更高，创造收入的能力更强，因此，政治面貌为党团员的农村老龄人口陷入贫困的概率更小。

① ［法］孟德拉斯：《农民的终结》，中国社会科学出版社，2005年版，第9页。
② 于长永：“人口老龄化背景下农民的养老风险及其制度需求——基于全国十个省份千户农民的调查数据”，《农业经济问题》，2011年第10期，第56－66页。

基于上述分析，本书提出研究假设 5－9：女性农村老龄人口，贫困发生率更高；年龄越大的农村老龄人口，贫困发生率更高；文化程度越低的农村老龄人口，贫困发生率更高；健康状况越差的农村老龄人口，贫困发生率更高；婚姻状况处于非在婚状态的农村老龄人口，贫困发生率更高；政治面貌为一般群众的农村老龄人口，贫困发生率更高。

从社区环境特征对农村老龄人口贫困发生率的影响来看，社区环境包括地理环境、地区环境以及所在村经济情况三个方面。从地理环境来看，相对于住在平原地区的农村老龄人口来讲，居住在山区、丘陵、盆地等地理环境的老龄人口，他们的就业机会、交通成本、出行便利程度等都不如居住在平原地区的农村老龄人口。因此，相对于平原地区的农村老龄人口而言，居住在山区、丘陵和盆地等地区的农村老龄人口的贫困发生率更高。所在村的经济发展水平越高的地区，农村老龄人口陷入贫困的概率就越低，因此，本书把所在村的经济发展情况作为一个重要控制变量纳入模型中。

基于上述分析，本书提出研究假设 5－10：居住在山区、丘陵、盆地地区的农村老龄人口，贫困发生率更高；所在村经济发展情况越差的地区，农村老龄人口贫困发生率更高。

（二）变量选取

本节要研究的问题是，什么因素决定了农村老龄人口的贫困发生率。因此，变量选取包括因变量、自变量和控制变量三个方面。

因变量。由于农村老龄人口的贫困发生率可以从多个方面来反映。本书是从主观感受视角、收入视角和相对视角三个角度，来分别测量农村老龄人口的贫困发生率。因此，因变量的选取包括主观贫困、收入贫困和相对贫困三个方面。其中，主观贫困的测量指标是“您觉得自己的收入状况如何?”答案设计为：“1＝够用有余；2＝大致够用；3＝有些困难；4＝非常困难。”经过处理，转换成二分类因变量。收入贫困的测量指标是“农村老龄人口的收入与当年当地贫困线的比例”，大于 1 为不贫困；小于 1 为贫困，变量类型为二分类因变量。相对贫困的测量指标是指“与周围农户相比，您目前的收入水平如何?”答案设计为：“1＝高水平；2＝中上水平；3＝一般水平；4＝中下水平；5＝低水平。”经过处理，转化为二分类因变量。

自变量。本书的自变量包括两个方面，一是收入因素，二是支出因素。其中，收入因素主要包括工资性收入、养老金收入、子女转移收入、农业收入（种植业、养殖业收入）和医疗费补偿收入。变量类型均为连续变量。支出因素主要包括社会参与支出、基本生活支出、通信费支出、医疗保健支出和人情往来支出。变量类型也是连续变量。

控制变量。为了消除其他因素对农村老龄人口贫困发生率的影响，本书加入农村老龄人口的个体特征因素、家庭特征因素和社区特征因素三个层面的控制变量。其中，个体特征层面的控制变量包括性别、年龄、文化程度、健康状况、婚姻状况、政治面貌六个指标；家庭特征方面的因素包括儿子数量、女儿数量、子女是否上大学、子女是否外出务工四个指标；社区特征因素包括所在村的经济情况、所在村的地理环境、所在村的所处的区域三个指标。

从控制变量的类型来看，性别、婚姻状况、政治面貌、子女上大学、子女外出务工、所在村地理环境、所在村所在区域等为哑变量；文化程度、健康状况、村经济情况为定序变量；其他控制变量为连续变量。在社会科学研究中，由于有序多分类变量比较多，研究者为统计方便，也常把有序多分类变量近似的当成是连续变量来处理[①]。因此，本书的自变量和控制变量均满足回归分析的基本要求。解释变量及其统计分布情况见表5－1。

表5－1　　　　　　自变量的含义及其统计描述

变量分类	变量名称	变量含义与赋值	最大值	最小值	均值[②]	标准差
因变量	主观贫困	您觉得您自己的收入状况如何？贫困＝1；不贫困＝0	1	0	0.25	0.43
	收入贫困	农村老年人的收入与贫困线的比例？贫困＝1；不贫困＝0	1	0	0.43	0.50
	相对贫困	与周围农户相比，您目前的收入状况？贫困＝1；不贫困＝0	1	0	0.14	0.35

① 柯惠新：《调查研究中的统计分析法》，北京广播学院出版社，1992年版。

② 值得说明的是，分类变量计算均值是没有实际的统计意义的，这里之所以计算均值，是想通过简便的方式了解调查数据的基本情况，即可以通过均值的大小，来判断上述样本的基本结构。

续表

变量分类	变量名称	变量含义与赋值	最大值	最小值	均值	标准差
收入因素	工资性收入	外出务工和本地劳务收入占个人收入比例	0.96	0	0.17	0.24
	养老金收入	社会养老保险金收入占个人收入中的比重	0.78	0	0.04	0.08
	子女赠送收入	子女赠送收入占个人收入中的比重	0.83	0	0.20	0.23
	农业收入	种植业和养殖业收入占个人收入中的比重	1.0	0	0.58	0.37
	医疗费补偿收入	医疗费用补偿收入占总医疗费用的比例	0.99	0	0.59	0.22
支出因素	社会参与支出	您参加宗教活动了吗？参加了 =1；没参加 =0	1	0	0.46	0.50
	基本生活支出	基本生活支出占总支出中的比例	0.94	0	0.36	0.21
	通信费支出	电话、手机等通信费支出占总支出的比例	0.57	0	0.05	0.07
	医疗保健支出	医疗保健费用支出占总支出中的比例	0.87	0	0.12	0.16
	人情往来支出	人情往来支出占总支出中的比例	0.89	0	0.08	0.12
个体特征因素	性别	被调查人员的性别。男 =1；女 =0	1	0	0.58	0.49
	年龄	被调查人员的年龄。55—91 岁	91	55	65.3	6.3
	文化程度	您的受教育程度。1 = 文盲；2 = 小学；3 = 初中；4 = 高中；5 = 大学及以上	5	1	1.97	0.89
	健康状况	农民健康自评状况。健康 =1；一般 =2；较差 =3；残疾 =4	4	1	1.90	0.76
	婚姻状况	您的婚姻状况。已婚 =1；未婚、离异、丧偶 =0	1	0	0.76	0.43
	政治面貌	您的政治面貌。1 = 党团员；0 = 一般群众	1	0	0.30	0.46

续表

变量分类	变量名称	变量含义与赋值	最大值	最小值	均值	标准差
家庭特征因素	儿子数量	您有几个儿子？0—7 个	7	0	2.00	1.18
	女儿数量	您有几个女儿？0—8 个	8	0	1.87	1.18
	子女上大学	您的子女是否有上大学？有 =1；无 =0	1	0	0.38	0.49
	子女外出务工	您的子女是否外出务工？是 =1；否 =0	1	0	0.36	0.48
社区特征因素	村经济情况	您村的经济情况怎么样？很富裕 =1；比较富裕 =2；一般 =3；比较穷 =4；非常穷 =5	5	1	2.85	0.61
	村所在区域	您村是在北部地区还是南部地区？南部地区 =0；北部地区 =1	1	0	0.39	0.49
	村地理环境	您村的地理环境怎么样？平原 =1；山区、丘陵、盆地 =0	1	0	0.62	0.49

（三）模型构建

本书的因变量是“农村老龄人口的贫困发生率”，分别从收入视角、主观感受视角和相对视角三个方面来深入分析这一问题。因变量的类型，经过处理和转化全部转化为二分类因变量。因此，模型应该选择 Binary Logistic 回归模型。Binary Logistic 回归模型，不直接分析因变量 y 与自变量 $X_i(i=1, 2, \cdots, m)$ 之间的关系，而是利用多元线性回归模型对 $y=1$ 的概率 P 进行建模①，即：

$$P_y = 1 = b_0 + \sum_{i=1}^{m} B_i X_i \tag{5-1}$$

式（5-1）中，还存在两个不足之处：一是由于概率 P 的取值范围是 0—1 之间，而一般的线性回归模型要求因变量的取值范围在 $-\infty$ — $+\infty$ 之间，因此，还需要对概率 P 进行合理的变换，使变换之后的概率 P 的取值范围也符

① 王济川、郭志刚：《Logistic 回归模型方法与应用》，北京：高等教育出版社，2001 年版，第 59-78 页。

合一般线性回归模型的前置条件；二是式（5－1）中的概率 P 与自变量 X_i 之间的关系是线性的，但是实际应用中，概率 P 与自变量 X_i 之间的关系是非线性的。

鉴于上述两点缺陷，需要对概率 P 进行如下两次转换：

首先，将 P 转换成 Ω：

$$\Omega = \frac{P}{1-P} \tag{5-2}$$

式（5－2）中，Ω 被称为发生比，是指事件发生的概率与不发生的概率之比。Ω 与 P 呈正相关的关系，保证了概率 P 与 Ω 变化趋势的一致性，使模型易于解释。从式（5－2）可以看出，由于 $1-P$ 的取值范围接近于0—1，那么，Ω 的取值范围就在0—∞之间。

其次，再将 Ω 转换成 $\ln\Omega$：

$$\ln\Omega = \ln\frac{P}{1-P} \tag{5-3}$$

式（5－3）中，$\ln\Omega$ 与 Logit P 同义。转换之后，Logit P 与 Ω 从而与 P 之间保持变化趋势的一致性，$\ln\Omega$ 的取值范围为（$-\infty$，$+\infty$），从而达到与现行回归模型中因变量的取值范围相一致。

上述两次变换，在应用统计学中被称之为 Logit 变换，经过 Logit 变换之后，则可以利用一般线性回归模型建立因变量取值为1的概率与自变量 $X_i(i=1, 2, \cdots, m)$ 之间的依存模型，即：

$$\text{Logit } P = b_0 + \sum_{i=1}^{m} b_i x_i \tag{5-4}$$

式（5－4）就是 Logistic 回归模型，其中，b_0 为常数项，$b_i(i=1, 2, \cdots, m)$ 为回归系数。在式（5－4）中，Logit P 与自变量之间呈线性关系，而概率 P 与自变量之间的关系，很显然非线性关系，我们用 $\ln\Omega$ 代替 Logit P，而 $\ln\Omega = \ln\frac{p}{1-p}$，那么 P 与自变量之间的关系，则会有：

$$\ln\frac{P}{1-P} = b_0 + \sum_{i=1}^{m} b_i x_i \tag{5-5}$$

把式（5－5）进行对数变换之后，则可以得到：

$$\frac{P}{1-P} = \exp\left(b_0 + \sum_{i=1}^{m} b_i x_i\right) \tag{5-6}$$

整理式（5－6）则可以得到：

$$P = \frac{1}{1 + \exp[-(b_0 + \sum_{i=1}^{m} b_i x_i)]} \tag{5-7}$$

式（5－7）是增长函数，体现了概率 P 与自变量 $X_i(i=1, 2, \cdots, m)$ 之间的非线性函数关系。

Logistic 回归模型的参数估计，采用的是最大似然估计法进行估计的，当模型参数通过各种检验之后，在对模型参数的解释时，这需要注意。因为，经过 Logit 变换之后，模型参数体现的是自变量与 Logit P 的线性关系。由于 Logit P 回归模型与一般线性回归模型的参数含义相同，因此，模型回归参数的含义是，在控制其他变量的情况下，自变量 X_i 每增加或减少一个单位，将引起 Logit P 增加或减少 b_i 个单位。在实际应用中，人们往往关心的是自变量的变化所引起的概率发生比 Ω 的变化情况，因此，需要通过上述公式（5－6）进行简单的数学转换，以找出 Ω 与自变量 $X_i(i=1, 2, \cdots, m)$ 的函数关系，经过对公式（5－6）进行简单的数学转换之后可以得到：

$$\Omega = \exp\left(b_0 + \sum_{i=1}^{m} b_i x_i\right) \tag{5-8}$$

在实际应用中，在控制其他自变量不变的情况下，分析 x_j 每增加 1 个单位对概率发生比 Ω 的影响时，可以将新的发生比设定为 Ω'，于是则有：

$$\Omega' = \exp\left(b_j + b_0 + \sum_{i=1}^{m} b_i x_i\right) = \Omega\exp(b_j) \tag{5-9}$$

式（5－9）表明，当其他自变量不变的情况下，x_j 每增加或减少一个单位，将引起概率发生比变化 $\exp(b_j)$。这样就把自变量与因变量的对应变化关系进行了彻底的线性转换，在解释起来就显得简单明了。

设因变量为 y，取值 1 表示农村老龄人口贫困发生了，取值 0 表示农村老龄人口贫困没有发生。影响 y 的 m 个自变量分别记为 x_1，x_2，…，x_m。设农村老龄人口 i 贫困发生的条件概率为 $p(y=1|X)=p_i$，$1-p_i$ 则表示农村老龄人口 i 没有发生贫困的概率，它们均是由自变量向量 X 构成的非线性函数：

$$p_i = \frac{1}{1 + e^{-(\alpha + \sum_{i=1}^{m}\beta_i x_i)}} = \frac{e^{\alpha + \sum_{i=1}^{m}\beta_i x_i}}{1 + e^{\alpha + \sum_{i=1}^{m}\beta_i x_i}}, \quad 1 - p_i = 1 - \frac{e^{\alpha + \sum_{i=1}^{m}\beta_i x_i}}{1 + e^{\alpha + \sum_{i=1}^{m}\beta_i x_i}} = \frac{1}{1 + e^{\alpha + \sum_{i=1}^{m}\beta_i x_i}} \tag{5-10}$$

农村老龄人口贫困与不贫困的概率之比 $p_i/1-p_i$ 被称为事件发生比，简写为 Odds。Odds 一定为正值（因为 $0<p_i<1$），且没有上界。对 Odds 进行对数变换，

得到 Logistic 回归模型的线性表达式为：

$$\mathrm{Ln}\left(\frac{p_i}{1-p_i}\right)=\alpha+\sum_{i=1}^{m}\beta_i x_i \qquad (5-11)$$

（5－10）式和（5－11）式中，α 为常数项，m 为自变量的个数，其中，β_i 是自变量的系数，反映自变量影响农村老龄人口贫困发生率的方向及程度。

三、农村老龄人口贫困发生率：模型估计结果及解释

（一）收入因素对农村老龄人口贫困发生率的影响

从表 5－2 模型 1 来看，工资性收入、养老金收入、子女赠送收入、农业种养收入和医疗补偿收入 5 个解释变量，对农村老龄人口的主观贫困发生率都有显著的影响。其中，农业种养收入对农村老龄人口贫困发生率的影响为正向影响，其他 4 个解释变量的影响为负向影响。也即是说，农业种养收入在总收入中的比重越大，农村老龄人口的主观贫困发生率越高；工资性收入、养老金收入、子女赠送收入和医疗费补偿收入在总收入中所占的比重越大，农村老龄人口的主观贫困发生率越低。农业收入占总收入中的比例每增加 1 个百分点，农村老龄人口主观贫困的发生率将增加 8.6%，相反，工资性收入、养老金收入、子女赠送收入、医疗补偿收入在总收入中的比例每增加 1 个百分点，农村老龄人口的主观贫困发生率将分别降低 21 倍、4E＋007 倍、23 倍和 5.5 倍。因此，不难看出，养老金收入的提高对降低农村老龄人口主观贫困发生率的作用是最大的，养老金收入对降低农村老龄人口贫困发生率的作用，不仅仅体现在它所提供的物质支持，更体现在养老金对于农村老龄人口的精神赡养功能。子女赠送收入、工资性收入和医疗补偿收入在降低农村老龄人口主观贫困发生率方面所起到的作用是依次降低的。

表 5-2　　收入因素对农村老龄人口贫困发生率的影响①

	模型 1：主观贫困		模型 2：收入贫困		模型 3：相对贫困	
	β	Exp(β)	β	Exp(β)	β	Exp(β)
性别	0.434	1.543	-1.417*	0.243	0.090	1.094
年龄	0.015	1.015	-0.125*	0.882	0.029	1.029
文化程度	-0.523	0.592	-0.878*	0.416	-0.388	0.679
健康状况	1.206**	3.339	-0.113	0.893	0.883**	2.417
婚姻状况	-0.780	0.458	0.694	2.002	-0.053	0.948
政治面貌	-1.453	0.234	1.588	4.892	-1.615	0.199
儿子数量	0.866***	2.378	0.126	1.134	-0.520	0.594
女儿数量	-0.531**	0.588	0.067	1.069	-0.148	0.862
子女上大学	-0.801	0.449	-1.806**	0.164	-0.145	0.865
子女外出务工	1.461*	4.311	0.192	1.212	0.117	1.124
村经济情况	3.604***	36.735	1.190**	3.286	1.616***	5.035
村所在区域	-5.744***	0.003	-2.851***	0.058	-0.662	0.516
村地理环境	-3.765**	0.023	1.791**	5.998	-0.264	0.768
工资性收入	-3.120**	0.044	-0.753	0.471	1.654	5.226
养老金收入	-17.452*	2.6E-008	-3.645	0.026	4.347	77.246
子女赠送收入	-3.215***	0.040	1.419**	4.131	-0.721	0.486
农业种养收入	0.082**	1.086	0.049	1.050	0.125**	1.133
医疗补偿收入	-1.872*	0.154	-0.649	0.522	-0.085	0.919
Constant	-8.647**	0.000	6.142	464.982	-8.876	0.000
-2 Log likelihood	84.444		95.438		84.092	
Asymp. Sig.	0.000		0.000		0.000	
Cox & Snell R^2	0.367		0.466		0.222	
Nagelkerke R^2	0.627		0.663		0.454	

注：***、** 和 * 分别表示变量在 1%、5% 和 10% 统计水平上显著。

从模型 2 可以看出，工资性收入、养老金收入、子女赠送收入、农业种养收入和医疗补偿收入五个解释变量，只有农业种养收入对农村老龄人口的主观贫

① 在社会科学研究中，由于有序多分类变量比较多，研究者为统计方便，也常把有序多分类变量近似的当成是连续变量来处理。见：柯惠新：《调查研究中的统计分析法》，北京广播学院出版社，1992 年版。

困发生率有显著的影响。但是，值得注意的是，子女赠送收入对农村老龄人口收入贫困发生率的影响是正向的，也即是说农村老龄人口子女赠送收入在总收入中所占的比例越大，农村老龄人口陷入收入贫困发生率的风险越大。子女赠送收入在总收入中的比例每增加 1 个百分点，农村老龄人口陷入收入贫困的概率将提高 3.1 倍。这与研究假设 5 - 2 相反。可能的解释是：子女赠送收入占总收入中的比例越大，说明这样的农村老龄人口对子女的依赖性更大，其他收入来源较少，但是代际距离的拉大、代际关系的恶化，往往使这些老龄人口更容易陷入“老无所养”的贫困状态，因此，得出了与研究假设相反的结果。

从模型 3 来看，工资性收入、养老金收入、子女赠送收入、农业种养收入和医疗补偿收入五个解释变量，只有农业种养收入一个解释变量对农村老龄人口的相对贫困发生率有显著的影响。农业种养收入在总收入中的比例每增加 1 个百分点，农村老龄人口的相对贫困发生率将增加 13.3%。这与研究假设 5 - 1 相符。

（二）支出因素对农村老龄人口贫困发生率的影响

从表 5 - 3 模型 4 来看，社会参与支出、基本生活支出、日常通信支出、医疗保健支出和人情往来支出五个方面，只有社会参与支出一个解释变量，对农村老龄人口的主观贫困发生率有显著的影响。而基本生活支出、日常通信支出、医疗保健支出和人情往来支出四个解释变量对农村老龄人口主观贫困发生率的影响没有通过显著性检验。这说明，农村老龄人口的主观贫困发生率受基本生活支出、日常通信支出、医疗保健支出和人情往来支出的影响比较弱。

社会参与支出，在本书中是指是否参与了宗教活动，模型估计结果显示，参与宗教活动的农村老龄人口的主观贫困发生率发生比是没有参与宗教活动的农村老龄人口这一概率发生比的 2.4 倍。这是一个值得深思的问题。可能的解释是：一是参与宗教活动的农村老龄人口受民族文化的影响比较深，这一部分农村老龄人口是少数民族老龄人口，而少数民族老龄人口相对而言，他们的收入水平、文化程度、居住环境等都相对较差，贫困发生率较高；二是参与宗教活动的汉族农村老龄人口，因为重大疾病而信教的可能性较大，而这部分农村老龄人口之所以因为疾病信教，是因为他们在面临疾病风险时没有出路，而把希望寄托在“神灵”保佑上。郑风田等（2010）的研究表明，农民的信教行为明显受到疾病因素的影响，建立健全农村医疗保险制度有利于遏制农民的信教行为，他们认为新型农村合作医疗制度的开展能够有效地降低农村居民宗教信仰人数的增长速度①。

表 5－3　　支出因素对农村老龄人口贫困发生率的影响

	模型 4：主观贫困		模型 5：收入贫困		模型 6：相对贫困	
	β	Exp(β)	β	Exp(β)	β	Exp(β)
性别	－0.170	0.844	－0.373	0.689	－0.350	0.705
年龄	0.013	1.014	－0.064*	0.938	0.036	1.036
文化程度	－0.630**	0.533	－1.208***	0.299	0.048	1.049
健康自评	0.278	1.321	0.039	1.039	0.147	1.158
婚姻状况	－0.312	0.732	0.589	1.802	－0.528	0.589
政治面貌	－0.010	0.990	1.317*	3.732	－0.713	0.490
儿子数量	－0.089	0.915	0.241	1.272	－0.579	0.561
女儿数量	－0.312**	0.732	－0.085	0.919	－0.218***	0.804
子女上大学	－0.444	0.642	－1.243**	0.289	0.502	1.652
子女外出务工	－0.308	0.735	0.029	1.030	0.735*	2.085
村经济情况	0.861***	2.365	1.009**	2.742	1.519***	4.565
村所在区域	－0.900**	0.407	－2.950***	0.052	0.786	2.195
村地理环境	－0.060	0.942	0.840	2.317	0.738	2.091
社会参与支出	0.888**	2.429	1.346***	3.841	1.540***	4.664
基本生活支出	－0.547	0.579	0.759	2.135	－3.223**	0.040
日常通信支出	－0.201	0.818	－6.646	0.001	－0.842	0.431
医疗保健支出	－0.666	0.514	－0.527	0.590	3.110**	22.427
人情往来支出	－1.093	0.335	2.979	19.664	2.159	8.659
Constant	－2.563	0.077	2.092	8.101	－8.774	0.000
－2 Log likelihood	265.774		144.727		189.722	
Asymp. Sig.	0.000		0.000		0.000	
Cox & Snell R^2	0.235		0.506		0.206	
Nagelkerke R^2	0.353		0.692		0.369	

注：***、**和*分别表示变量在1%、5%和10%统计水平上显著。

① 郑风田、阮荣平、刘力：“风险、社会保障与农村宗教信仰”，《经济学（季刊）》，2010 年第 3 期，第 829－851 页。

从模型5来看，社会参与支出、基本生活支出、日常通信支出、医疗保健支出和人情往来支出五个方面，只有社会参与支出一个解释变量，对农村老龄人口的收入贫困发生率有显著的影响。参与宗教活动的农村老龄人口的收入贫困发生率的概率发生比，是没有参与宗教活动的农村老龄人口这一概率发生比的3.8倍。这与模型4中社会参与支出对农村老龄人口收入贫困发生率有显著影响的原因是类似的。

从模型6来看，社会参与支出、基本生活支出、日常通信支出、医疗保健支出和人情往来支出五个方面，有社会参与支出、基本生活支出和医疗保健支出三个解释变量，对农村老龄人口的收入贫困发生率有显著的影响。其中，基本生活支出对农村老龄人口相对贫困发生率的影响是负向的，即基本生活支出占总支出中的比例越高，农村老龄人口的相对贫困发生率越低。相反，社会参与支出和医疗保健支出对农村老龄人口相对贫困发生率的影响是正向的，即社会参与支出越多、医疗保健支出越多，农村老龄人口陷入相对贫困的概率越大。医疗保健支出对农村老龄人口相对贫困发生率的影响与研究假设相符，而基本生活支出对农村老龄人口相对贫困发生率的影响却与研究假设相反。

基本生活支出占总支出中的比例，是恩格尔测量一个家庭或个人是否贫困的重要指标，基本生活支出占总支出中的比重越高，说明这个人或家庭越贫困。这与模型估计结果正好是相反的。这到底该如何解释这一现象呢？本书认为，基本生活支出之所以对农村老龄人口相对贫困发生率有显著的负向影响，即基本生活支出占总收入中的比例越高，农村老龄人口的相对贫困发生率越低。可能是因为他们受“贫困文化”的影响较为严重，即他们都处在贫困中，所有的老龄人口的主要支出都是基本生活支出，而其他方面的支出都非常少，在与左邻右舍的横向的比较中，尽管他们的收入水平不高，生活并不富裕，但是在与周围的老龄人口相比时，他们的生活状况并不是特别差，感觉大家都差不多，也就更容易达到心里面的一种低端平衡。因此，他们认为相对来说，他们并不贫困。表面上看，农村老龄人口的相对贫困发生率比较低是一种好的现象，但是，其实这是一种更为可怕的问题，因为他们处在集中连片的贫困当中。

（三）控制变量对农村老龄人口贫困发生率的影响

从表5－4模型7、模型8和模型9来看，控制变量中的个体特征因素、家庭特征因素和社区特征因素的13个解释变量中，有8个变量对农村老龄人口的主观贫困发生率有显著影响；有5个变量对农村老龄人口的收入贫困发生率有显著影响；有6个控制变量对农村老龄人口主观贫困发生率有显著的影响。其中，健康状况、儿子数量和村经济情况三个控制变量对农村老龄人口主观贫困发生率有显著的正向影响，即健康状况越差、儿子数量越多、村经济情况越差的农村老龄人口，主观贫困发生率越高。健康状况每下降一个档次、儿子数量每增加一个、村经济情况每下降一个水平，农村老龄人口主观贫困发生的概率发生比将分别增加69.3%、21.5%和65.7%。性别、文化程度、女儿数量、子女上大学、村所在区域四个控制变量对农村老龄人口的主观贫困发生率有显著的负向影响。即男性、文化程度越高、女儿数量越多、子女上大学、平原地区的农村老龄人口的主观贫困发生率更低。农村的男性老龄人口主观贫困发生的概率发生比是女性农村老龄人口这一概率发生比的0.664倍；文化程度每上升一个水平，农村老龄人口主观贫困发生的概率发生比将降低65.6%；女儿数量每增加1个，农村老龄人口主观贫困发生的概率将降低3.5%；子女上大学的农村老龄人口主观贫困发生的概率发生比是子女没有上大学的农村老龄人口这一概率发生比的0.604倍。

表5-4　　控制变量对农村老龄人口贫困发生率的影响

	模型7：主观贫困		模型8：收入贫困		模型9：相对贫困	
	β	$Exp(\beta)$	β	$Exp(\beta)$	β	$Exp(\beta)$
性别	-0.410*	0.664	0.175	1.192	-0.659***	0.517
年龄	0.027	1.027	-0.033	0.968	0.051**	1.052
文化程度	-0.447**	0.640	-0.334*	0.716	0.015	1.015
健康状况	0.527***	1.693	0.311	1.365	0.194	1.215
婚姻状况	-0.211	0.810	0.329	1.389	-0.359	0.698
政治面貌	-0.031	0.970	-0.175	0.839	-0.516	0.597
儿子数量	0.195**	1.215	0.177	1.193	-0.314**	0.730
女儿数量	-0.034**	0.966	-0.110	0.896	-0.071	0.932
子女上大学	-0.503**	0.604	-1.254***	0.285	-0.487**	0.614
子女外出务工	0.056	1.058	-1.070***	0.343	0.478**	1.613
村经济情况	0.977***	2.657	0.786***	2.194	1.573***	4.820
村所在区域	-1.155***	0.315	-2.711***	0.066	-0.185	0.831

续表

	模型7：主观贫困		模型8：收入贫困		模型9：相对贫困	
	β	Exp(β)	β	Exp(β)	β	Exp(β)
村地理环境	0.143	1.153	0.274	1.316	−0.112	0.894
Constant	−5.534	0.004	0.770	2.160	−8.846	0.000
−2 Log likelihood	489.627		306.335		361.728	
Asymp. Sig.	0.000		0.000		0.000	
Cox & Snell R^2	0.198		0.412		0.136	
Nagelkerke R^2	0.296		0.553		0.246	

注：***、** 和 * 分别表示变量在1%、5%和10%统计水平上显著。

模型8的估计结果显示，文化程度、子女上大学、子女外出务工、村经济情况和村所在区域五个控制变量，对农村老龄人口的收入贫困发生率有显著的影响。其中，村经济情况对农村老龄人口收入贫困发生率有显著的正向影响，其他四个控制变量对农村老龄人口收入贫困发生率有显著的负向影响。即村经济情况越差，农村老龄人口的收入贫困发生概率越高，村经济情况每下降一个档次，农村老龄人口的收入贫困发生的概率发生比将增加19.4%。文化程度每上升一个水平，农村老龄人口收入贫困发生的概率发生比将下降39.7%；子女上大学的农村老龄人口收入贫困发生的概率发生比是子女没有上大学的农村老龄人口这一概率发生比的0.285倍。

模型9的估计结果显示，性别、年龄、儿子数量、子女上大学、子女外出务工、村经济情况六个控制变量对农村老龄人口的相对贫困发生率有显著的影响。其中，年龄、子女外出务工和村经济情况三个控制变量对农村老龄人口的相对贫困发生率有显著的正向影响。即年龄越大、子女外出务工、村经济情况越差的农村老龄人口的相对贫困的发生率越高，年龄每增加一岁农村老龄人口相对贫困发生的概率发生比将增加5.2%，村经济情况每下降一个水平，农村老龄人口相对贫困发生的概率发生比将上升82%。子女外出务工的农村老龄人口更容易陷入相对贫困，子女外出务工的农村老龄人口相对贫困发生的概率发生比是子女没有外出的农村老龄人口这一概率发生比的1.6倍。性别、儿子数量和子女上大学三个控制变量对农村老龄人口的相对贫困发生率有显著的负向影响。即男性、儿子数量越多和子女上大学的农村老龄人口相对贫困发生的概率更低，男性农村老龄人口的相对贫困发生的概率发生比是女性农村老龄人口这一概率发生比的0.517倍；儿子数量每增加1个，农村老龄人口的相对贫困发生的概率发生比将下降37%；子女上大学的农村老龄人口的相对贫困发生的概率更低，子女上大学的农村老龄人口的相对贫困的概率发生比是子女没有上大学的农村老龄人口这一概率发生比的0.614倍。

四、研究结论与讨论及政策启示

本书利用来自农村老龄人口的实地调查数据，以“收入—支出”为分析框架，从主观贫困、收入贫困和相对贫困三个角度，分析了农村老龄人口贫困发生率的决定因素。主要研究结论与政策启示如下：

（一）研究结论与讨论

（1）从收入因素对农村老龄人口贫困发生率的影响来看，收入因素对农村老龄人口贫困发生率的影响是比较复杂的。模型估计结果显示，五个收入因素解释变量没有一个解释变量对农村老龄人口的三种贫困发生率同时具有显著的影响。不仅如此，还出现了子女赠送收入这一解释变量对农村老龄人口主观贫困发生率和收入贫困发生率有相反方向的显著影响。即子女赠送收入越多，农村老龄人口主观贫困发生率越低，而收入贫困发生率越高。这是一个很有意思的估计结果。它看起来似乎是一个矛盾的结果，实际上这一统计结果具有内在的逻辑一致性。子女赠送收入越多，农村老龄人口的主观贫困发生率之所以越低，是因为子女赠送收入多，说明子女相对而言更多，这为农村老龄人口提供了一种老年生活安全预期，所以子女赠送收入越多，他们越觉得老年生活有保障，所以主观感觉贫困发生率越低。但是，事实却恰恰相反，一方面农村老龄人口为了子女的婚嫁（包括盖房子、买金银首饰、买家用电器等）花费了巨额开支，很多农村老龄人口因此陷入持久的贫困状态，另一方面在少子老龄化和代际分离加大的背景下，子女所能提供的保障实际上更多的是一种“虚幻”或“虚置”的保障，子女赠送收入所占比例越多，更说明了农村老龄人口其他收入更加有限，所以出现了子女赠送收入所占比例越多，农村老龄人口的收入贫困发生率越高的问题。

农业种养收入对农村老龄人口的主观贫困发生率和相对贫困发生率都有显著的正向影响。即农业种养收入占总收入的比例越高，农村老龄人口的主观贫困发生率和相对贫困发生率都越高。长期以来农业种养收入是全国各个地区农村老龄人口的主要收入来源，农村老龄人口也不例外。但是自从改革开放以来，随着市场经济的深入发展和农民工外出务工的不断增加以及农村社会保障体系的逐步建立和完善，工资性收入、养老金收入也成为农村老龄人口收入来源的重要一部分，甚至发挥着非常重要的作用。工资性收入所占的比例越高，一方面说明农村老龄人口年龄还比较低，属于低龄老龄人口，另一方面也说明如果一个老龄人口还有工资性收入，说明他是有比较高的人力资本和比较先进的思想观念的，而这样的农村老龄人口贫困发生率是相对更低的。相反，农业种养收入越高的农村老龄人口，说明他们的收入结构越是单一，反映了他们适应市场经济的能力越差，在市场经济深入发展的背景下，他们就更加脆弱，也更加容易陷入贫困。

养老金收入和医疗费补偿收入等社会保障收入对农村老龄人口的主观贫困发生率有显著的负向影响，即养老金收入和医疗费补偿收入占总收入中的比重越高，农村老龄人口的主观贫困发生率越低，这凸显出建立健全农村社会保障制度的重要性和价值，因为它至少为农村老龄人口提供一种重要的生活风险保障途径，为他们应对生活风险提供了一种安全预期。但是，养老金收入和医疗费补偿收入对农村老龄人口收入贫困发生率和相对贫困发生率都没有表现出显著的影响，这说明农村社会养老保险和医疗保险的保障能力还比较低，还没有切实的为他们的生活风险提供有效的安全保障。

（2）从支出因素对农村老龄人口贫困发生率的影响来看。社会参与支出、基本生活支出、医疗保健支出、日常通信费用支出和人情往来支出五个方面的支出因素，只有社会参与支出这一个解释变量对农村老龄人口的主观贫困发生率、收入贫困发生率和相对贫困发生率有显著的正向影响。

基本生活支出对农村老龄人口的相对贫困发生率有显著的负向影响。即基本生活支出占总收入中的比例越大，农村老龄人口的相对贫困发生率越低。这与统计结果，与恩格尔系数所反映的贫困程度正好是相反的。可能是因为农村老龄人口受到“贫困文化”的影响较为严重，即他们都处在贫困中，所有的老龄人口的主要支出都是基本生活支出，而其他方面的支出都非常少，在与左邻右舍的横向的比较中，尽管他们的收入水平不高，生活并不富裕，但是在与周围的老龄人口相比时，他们的生活状况并不是特别差，感觉大家都差不多，也就更容易达到心里面的一种低端平衡。因此，他们认为相对来说，他们并不贫困。表面上看，农村老龄人口的相对贫困发生率比较低是一种好的现象，但是，其实这是一种更为可怕的问题，因为他们处在集中连片的贫困当中。

医疗费用补偿收入对农村老龄人口的相对贫困发生率有显著的正向影响。即医疗费用补偿收入占总收入中的比例越高，农村老龄人口相对贫困发生的概率更高。这一统计结果看似矛盾的，其实它正好反映了这样一个现实：即在农村老龄人口的收入水平普遍较低的背景下，医疗费用补偿收入占总收入中比重高的农村老龄人口，正好反映了他们近期刚刚发生了大额的医疗费用支出。尽管农村合作医疗制度也能为农村老龄人口报销一部分，但是由于制度还不完善、不健全，往往报销的比例相对较少，而自己承担的比例相对较大。这也就意味着，医疗费用补偿收入越高，农村老龄人口因病所花费的医疗费用就越多，也因此他们觉得自己的生活水平就越低，他们就越觉得自己处在贫困当中。

（3）从个体特征因素、家庭特征因素和社区特征因素对农村老龄人口贫困发生率的影响来看。13 个控制变量中，只有村经济发展情况和子女上大学这两个控制变量对农村老龄人口的主观贫困发生率、收入贫困发生率和相对贫困发生率具有相同方向的显著影响。即村经济情况越差，农村老龄人口上述三个方面的贫困发生率越高。从村经济情况对农村老龄人口贫困发生率的影响程度来看，村经济情况对农村老龄人口主观贫困发生率的影响力最大，其次是相对贫困发生率，最后才是收入贫困发生率。这说明，如果一个村或一个地区的经济发展水平比较低，村庄比较落后，很容使这个地区的老龄人口形成一种“贫困文化”，这种贫困文化对农村老龄人口贫困发生率的影响是非常致命的，它容易让人们形成一种惰性思维、不敢冒险的精神等，限制该地区人们的自我发展能力，最终形成一种贫困的恶性循环。

子女上大学对农村老龄人口主观贫困发生率、收入贫困发生率和相对贫困发生率等三个方面都有显著的负向影响。即子女上大学的农村老龄人口他们的主观贫困发生率、收入贫困发生率和相对贫困发生率都相对更低。这一方面是因为，子女上大学意味着子女的成才，首先对他们来说是一种更加积极的心里慰藉，使他们精神上得到很大的愉悦，心态更加积极，生活更加有信心，而这样的农村老龄人口往往会通过各种途径来工作和挣钱，也就更不容易陷入贫困状态；另一方面是因为，子女成才的农村老龄人口，他们更有可能获得子女的支持，因为子女成才意味着子女跳出了千百年来“土里刨食”的收入脆弱性困境，他们的收入更加有保障，收入水平更高，收入也更加稳定，也就更加为他们的父母提供了安全的保障预期。因此，他们的主观贫困发生率和相对贫困发生率也就更低。

儿子数量和女儿数量对农村老龄人口贫困发生率的影响结果相反。儿子的数量越多，农村老龄人口的贫困发生率越高，而女儿数量越多，农村老龄人口的贫困发生率越低。这是一个非常有意思的研究结果。到底是什么原因造成的呢？我们认为，这既与农村老龄人口“养儿防老”的传统观念有关，也与农村地区正在发生的家庭养老实践事实有关。儿子的数量多，表面上看起来是更加有保障，因为他们依然相信“养儿可以防老”，儿子数量多，就意味着养老生活更加有保障，所以他们觉得儿子数量多，相对贫困发生率就越低。但是，在新的时代背景下，过去的那种“嫁出去的女儿如泼出去的水”的“养儿防老”传统已经发生了悄悄的转变，即不仅儿子可以防老，女儿也可以防老，不仅儿子在养老，女儿也在为老年父母提供各种支持。但是有个重要的事实是，现在的农村地区，不是“养儿可以防老”，而是“养老得防儿”，因为儿子的“啃老”往往成为他们陷入贫困的重要原因。儿子的“啃老”最突出的体现就是“婚嫁”方面，彩礼钱、盖房子、“三金”、家具家电等各个方面的开支，已经成为很多农村老龄人口的沉重负担，很多农村老龄人口因为为儿子结婚，背负沉重的负担进入老年，陷入持久的贫困当中。这是一个值得政府出面干预的地方。

（二）政策启示

根据前文的分析结果和主要研究发现，本书可以得出以下三点重要的政策启示：

（1）进一步完善农村社会保障制度。农村社会保障制度包括农村社会养老保险制度（新农保）、新型农村合作医疗制度（新农合）和农村社会救助制度（五保、最低生活保障制度以及大病救助制度）等多个方面。进一步完善农村社会保障制度的重点任务，在于的新农保、新农合和大病医疗救助制度；而进一步完善农村社会保障制度的着力点，就在于进一步建立健全这三项制度，建立健全的具体表现是提高这三项制度的覆盖面和保障能力。实证结果显示，农村社会养老保险制度和新型农村合作医疗制度为农村老龄人口提供的收入或补偿，对农村老龄人口贫困发生率具有显著的抑制作用。但是，从农村这两种社会保障制度的发展情况来看，尽管制度已经实现了全覆盖，但是保障水平还比较低，对农村老龄人口的保障能力还比较有限。需要进一步提高这两项制度的保障能力。同时，因病致贫特别是因大病致贫，依然是农村老龄人口贫困发生率高的一个重要推动因素，因此，除了完善新型农村合作医疗制度以外，还应该通过进一步扩大受益范围和完善补偿机制等措施，建立健全的大病医疗保险制度，为农村老龄人口提供稳定的健康安全的“保护伞”。

（2）农村扶贫，既要坚持整村推进，也要注重典型带动。农村扶贫政策与全国其他地区的扶贫政策历史具有高度的相似性，也经过了体制改革推动大面积扶贫、八七扶贫攻坚计划、整村推进、集中连片贫困地区扶贫开发等发展历程，目前正逐步转向精准扶贫发展道路。但是，农村的贫困问题却与全国其他省份的农村贫困问题差异巨大，针对西部地区的贫困问题应该“因地制宜”，应该更加注重“针对性”和“瞄准性”，既要解决“集中连片的贫困”问题，也要减少“富饶中的贫困”问题。现在农村的贫困问题大多是集中连片的贫困，这本身就需要坚持“整村推进”的扶贫策略，因为贫困问题像一个“传染病”，具有非常强的传染性，使那些生活在“贫困文化”当中的农村贫困老龄人口而不以为自己贫困。但是，农村的反贫困也应该注重典型的带动作用，因为，“贫困中的富裕”会像一盏指路明灯，为那些身处贫困中的农村老龄人口带来光明和希望。值得进一步说明的是，这里的典型，即可以是以“贫困人口”中的个案为典型，这符合精准扶贫的本源含义，也可以是以“富余人口”中的个案为典型。我们认为，典型带动的“典型”应该选择后者，因为后者的扶贫更加好扶，更容易见效，收效更为明显。同时，这也符合国家所提倡的提高当地农民的自我发展能力的政策目标。

（3）加强农村地区教育发展的支持力度。通过发展教育反贫困具有坚实的理论基础，如国际反贫困问题专家阿玛蒂亚·森认为，良好的教育和健康的身体，对反贫有直接和间接的作用①；美国著名经济学家舒尔茨也认为，教育、卫生等方面投资所形成的人力资本可产生知识和非知识的效应，从而直接或间接地

---

① ［印］阿玛蒂亚·森，任赜、于真译：《以自由看待发展》，中国人民大学出版社，2002 年版，第 60 – 120 页。

促进经济增长，进而产生递增效应，以克服资本和劳动要素的边际收益递减倾向[①]。遗传学理论认为，天赋和受教育年限成了决定收入高低和是否贫困的主要原因[②]。实证研究也证实，教育发展对降低农村老龄人口贫困发生率具有显著的影响。这体现在农村老龄人口自身的文化程度和农村老龄人口的子女是否上大学两个方面。文化程度越高的农村老龄人口的贫困发生率更低，子女上大学的农村老龄人口贫困发生率也更低。这为加强农村地区教育发展的支持力度，提供了充分的依据。加强对农村地区教育发展的支持力度，其着力点应该集中在两个方面：一是通过职业教育和老年大学教育，通过思想观念教育和职业技能教育两个途径，提高年龄较低的农村老龄人口的文化水平，让他们适应农村社会经济发展的新形势的要求；二是要进一步加大对农村地区贫困学生的支持力度，支持他们能够考上大学，同时，也要支持他们顺利完成学业。

① ［美］西奥多·W. 舒尔茨：《论人力资本投资》，北京经济学院出版社，1994 年版，第 17 – 20 页。
② 周彬彬：《向贫困挑战——国外缓解贫困的理论与实践》，人民出版社，1991 年版，第 76 – 77 页。

第六章　农村老龄人口贫困持续期的决定因素

如果说，贫困发生率反映的是贫困的广度问题，那么，贫困持续期反映的则是贫困的深度问题。因此，可以说贫困发生率反映的是横向的贫困问题，而贫困持续期反映的则是纵向的贫困问题。从反贫困的难度来讲，横向的贫困问题即贫困的广度问题是比较容易解决的问题。新中国成立以来，中国的贫困发生率从接近70%，下降到现在的不到5%，贫困人口的规模从1978年的2.6亿人左右，下降到2010年的3000万人左右，已经充分说明了贫困广度问题是一个比较容易解决的问题。相对而言，贫困的深度问题是一个较难解决的问题，贫困深度问题之所以难解决：一方面是因为贫困深度致贫原因的复杂性，很难对症下药；另一方面是因为极端贫困人口的脆弱性和边缘性，自我发展能力极端低下，很难通过传统扶贫开发的方式加以解决。但是，作为贫困问题的一个重要方面，在大面积减少贫困的任务基本完成以后，极端贫困问题、深度贫困问题已经被提上政府的政策决策议程。那么，什么因素决定了农村老龄人口的持久贫困，哪些因素才是影响农村老龄人口贫困持续期的关键因素，这是解决极端贫困问题、减少深度贫困问题的一个重要基础和条件。这也是本书在这里研究农村老龄人口贫困持续期及其决定因素的重要原因。

一、老龄人口贫困持续期：分析框架与研究缺陷

农村老龄人口的贫困持续期，实际上就是农村老龄人口贫困生活状态的固化程度问题。贫困生活状态固化的一个重要的原因，也是根本的原因，那就是贫困人口自我恢复能力低，仅仅依靠自身的力量很难摆脱生存困境。因此，起

源于生态学领域的脆弱性能够很好的解释农村老龄人口贫困的持续期问题。

(一) 脆弱性：老龄人口贫困持续期的分析框架

前文的理论基础部分已经对脆弱性的概念及其主要特点进行了详细分析，在这里就不再赘述。目前关于脆弱性分析框架，1995 年世界粮食计划署（WFP）提出关于农村人口脆弱性的分析框架，具有较好的代表性和学界认同。在该框架中，从三个维度来分析农村人口的脆弱性问题：一是风险因素。即面临食物不足的风险，风险越高，脆弱性越高；二是抵御风险的能力。即能力越强，脆弱性越低；三是社会服务体系。它反映某一地区的社会发展水平，地区社会发展水平越高，越有利于贫困人口抵御各种风险①。因此，脆弱性也就越低。韩峥认为，上述三个维度综合起来，是一种能够较为全面反映研究对象脆弱性的分析框架②。本书也借鉴世界粮食计划署提出的脆弱性分析框架，来分析农村老龄人口贫困的持续期问题。

农村老龄人口的贫困化是多种因素共同作用的结果，既有生命发展规律的客观原因，如年龄越大，身体健康状况越差，疾病风险越高，医疗费用支出越多，劳动能力下降，收入水平降低；也有公共政策发展滞后的历史原因，如由于长期的重工业发展战略，导致国家重视工业发展，忽视农业发展；重视城市发展，忽视农村发展；重视城市企业职工的社会保护体系建设，忽视农民的社会保护体系建设等；也有自然、社会与市场的风险原因，如地震、洪涝灾害、干旱、海啸、冰雹等自然风险，再如交通事故、意外伤残、工伤事故等社会风险。市场风险主要是指在市场经济深入发展的背景下，农业的弱质性，使得农民很容易受到市场交易价格波动而带来损失的风险。因此，农村老龄人口的贫困化是保护体系的双重脆弱性在内外风险扰动下动态表现。

农村老龄人口贫困的脆弱性分析框架可以用图 6－1 表示：

从图 6－1 的逻辑关系我们可以看出，农村老龄人口贫困的脆弱性分析框架，实际上就是农村老龄人口抵抗风险的能力、社会保护体系和内外部风险冲击构成的脆弱性分析模型。其中，农村老龄人口的内在保障机制，主要包括基于身体机能的生理性保障机制和基于个人资源禀赋能力上的自我保障机制，基于身

① 李小云等：“农户脆弱性分析方法及其本土化应用”，《中国农村经济》，2007 年第 4 期，第 32－39 页。
② 韩峥：“脆弱性与农村贫困”，《农业经济问题》，2004 年第 10 期，第 8－12 页。

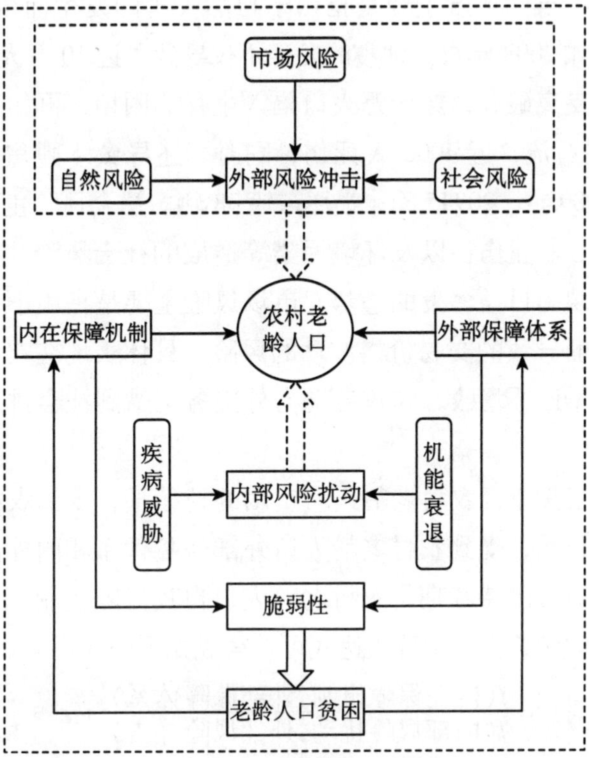

图 6－1　农村老龄人口贫困的脆弱性分析框架

体机能的生理性保障机制，主要受制于身体健康状况、身体抵御疾病风险的能力、身体在遭受疾病风险冲击后的恢复能力等因素，这些能力表现在性别、年龄、健康状况、婚姻状况、文化程度等的差异上；基于个人资源禀赋能力上的自我保障机制，主要受制于农村老龄人口的收入状况、家庭资产积累情况、老年人口的劳动能力等因素。

农村老龄人口的外部保障体系，既包括正式的保障体系，也包括非正式的保障体系。正式的保障体系，主要是指制度化的社会保障体系，包括社会保险、社会救助、社会福利、社会优抚和商业保险等；非正式的保障体系，主要是指家庭保障、土地保障以及邻里互助保障等。由于在中国，农村正式的社会保障体系建设长期滞后，政府重视不足、投入不够，导致农村社会保障体系残缺不全、保障水平较低，因此，农村的社会保障体系实际上主要是指新型农村社会养老保险制度、新型农村合作医疗制度、农村最低生活保障制度和农村五保户制度。农村非正式的保障体系，主要是指基于土地基础上的家庭养老。

农村老龄人口面临的风险冲击，主要包括自然风险、社会风险和市场风险三个方面。其中，自然风险主要是指由于自然灾害的发生而可能导致的损失，包括地震灾害，如2008年汶川地震的发生不仅导致了近10万人失去了生命，也导致了数万家庭支离破碎，数十万人口陷入生存的困境，再如泥石流，2010年甘肃舟曲特大泥石流，近4000人死伤，同时，还导致水毁房屋307户、5508间；进水房屋4189户、20945间；损坏车辆38辆。社会风险主要是指由于交通事故、意外伤残、职业伤害以及环境污染等造成的社会风险，在风险社会背景下，社会风险呈现出日益多发的态势。市场风险主要是指由于农产品的弱质性和农民的弱势性而导致的交易价格波动的风险，具体表现在农产品价格大幅度降低，导致农民增产不增收；农村劳动力外出务工遭到社会排斥而面临失业的困境等。

在上述分析框架下，农村老龄人口贫困的持续期，受到农村老龄人口自我保障机制的决定作用，受到农村老龄人口外部保障体系和内外部风险冲击的影响。农村老龄人口贫困持续期是农村老龄人口自我保障机制、外部保障体系和内外部风险扰动的函数。其函数表达式可以写成如下公式：

$$f(\text{贫困持续期}) = \frac{f(\text{内在保障机制,外部保障体系})}{f(\text{内部风险扰动,外部风险冲击})} + \varepsilon$$

上述公式中，ε为随机扰动项，表示未被识别的影响农村老龄人口贫困持续期的因素。在社会科学研究中，因果关系的发现是比较困难的，因此，ε既可能是对农村老龄人口贫困持续期影响较小的因素，也可能是对农村老龄人口更为重要的影响因素，但由于未被发现而被忽略了。

从上述公式来看，农村老龄人口的贫困持续期与农村老龄人口的内在保障机制和外部保障体系呈现出正向的关系，而与农村老龄人口面临的内外部风险冲击，呈现出反向的关系。即在假定其他条件不发生变化的情况下，农村老龄人口的内在保障机制越好，农村老龄人口贫困的持续期越短，农村老龄人口的外部保障体系越全面，农村老龄人口的贫困持续期越短。在假定其他条件不发生变化的情况下，农村老龄人口面临的内部风险扰动越多、扰动强度越大，农村老龄人口贫困持续期越长，农村老龄人口面临的外部风险冲击越多、冲击强度越大，农村老龄人口贫困持续期越长。

（二）农村老龄人口贫困持续期：现有研究缺陷

农村老龄人口贫困的持续期到底有多长，什么因素决定了农村老龄人口贫困的持续期，哪些因素对农村老龄人口贫困的持续期所起的作用更大，不同地区、不同社会经济环境下的农村老龄人口贫困持续期是否存在差异，存在什么样的差异等，这些都是值得深入研究的问题。那么，关于农村老龄人口贫困的持续期问题，学者们研究到什么程度呢？回答这个问题，是本节立论的基本前提和基础。

以“中国知网”为搜索数据库，以“贫困持续期”为检索关键词，搜索农村老龄人口的贫困持续期的学术文章，没有找到一篇针对性的文献。即便是以“农村老龄人口贫困”或“农村老年人口贫困”为检索关键词，也仅仅搜索到了30篇研究文献。

从能够收集到的所有文献来看，仅有一篇文献是关于农村老龄人口贫困的持续期的研究。即王增文（2010）利用来自2009年在山东省沂蒙山区部分县市的调查数据，运用Cox比例风险模型，以农村老年贫困女性人口为研究对象，分析了农村老年女性贫困的持续期及其决定因素。在这篇文献中，作者把老年女性的贫困区分为“暂时性贫困”和“持续性贫困”，他认为“持续性贫困”才是政府重点解决和帮扶的对象。作者利用计量分析模型，分析了影响农村老年女性贫困的持续期及其决定因素。作者认为，解决农村老年女性贫困的最优方案不是设计一个新的制度，而是对目前的针对农村居民的社会保障项目加以“整合”，然后重点对该部分群体加以倾斜和覆盖①。

关于农村老龄人口贫困的问题，从目前来看，大多数研究是把农村老龄人口贫困与农村的贫困问题放在一起来谈的。已有的研究，还没有专门分析典型地区的农村老龄人口贫困化问题的文章。

综合上述分析，不难断言，关于农村老龄人口贫困化的问题仍然未能引起专家学者们足够的重视，关于老龄人口贫困持续期的研究几乎是一片空白。归纳整理现有的这些为数不多的相关研究文献不难发现，学者们在探讨农村老龄人口贫困化问题时，是基于中国人口老龄化程度的逐步加深以及农村社会保护体系的不健全和不完善这一宏观背景下，给予中国贫困的农村老龄人口越来越多的担心，而且大多数探讨都是在宏观的层面、理论上的规范分析，鲜有从微观的层面进行实证研究。这是本书研究这一问题的重要意义。

① 王增文：“农村老年女性贫困的决定因素分析”，《中国人口科学》，2010年第1期，第75－84页。

二、研究假说、变量选择与模型构建

前文已经分析，农村老龄人口贫困的持续期，是农村老龄人口抵御风险的能力、社会保护体系、内部风险扰动和外部风险冲击四个方面构成的函数。其中，抵御风险的能力和社会保护体系是农村老龄人口的“保障”因素，而内部风险扰动和外部风险冲击是“风险”因素。因此，农村老龄人口贫困持续期的脆弱性分析框架，又可以简化为“风险—保障”分析框架。风险的狭义理解是损失发生的不确定性，测量风险可以通过主观与客观两种测量指标，由于本章要研究的问题是农村老龄人口贫困的持续期，这是一个客观存在的事实，主观上的测量方法，很容引起解释变量之间的内生性问题，本书在测量风险因素时选择的是后者。这里的保障是广义上的保障，而不是仅仅指正式的社会保障制度。

（一）研究假说

本章的研究有一个前置假设，即农民是理性的，而且大量的研究证明农民是理性的，也是风险厌恶型的（Roumasset，1976①；Ellis，1988②；詹姆斯·斯科特，2001③）。这为分析农村老龄人口贫困的持续期提供了便利。

（1）从风险因素的角度来看，内外部的风险冲击对农村老龄人口贫困持续期的影响，是通过两种途径来实现的。一种途径是风险发生的频率，在其他条件保持不变的情况下，风险发生的频率越高，农村老龄人口就更容易陷入长期的贫困，反之则反之。另一种途径是风险带来的损失程度，在其他条件保持不变的情况下，风险带来的损失程度越大，对农村老龄人口的生活冲击力就越大，他们就越容易陷入长期的贫困当中，很多情况下，严重的风险冲击，可能会让农村老龄人口一辈子陷入贫困的生活状态中，如意外的脑中风、严重的交通事

① Roumasset. Rice and risk：Decision Making Among Low Income Farmers. North Holland，Amsterdam. 1976.

② Llis，F.：Peasant Economics，Cambridge University Press，1988.

③ 詹姆斯·斯科特，程立显等译：《农民的道义经济学：东南亚的生存与反叛》，南京译林出版社，2001年版，第9页。

故、巨型自然灾害等。

鉴于上述分析，本书提出研究假设6-1：即农村老龄人口遭受的风险越多，他们贫困的持续期越长；农村老龄人口遭受的风险越大（操作化为风险类型），他们贫困的持续期越长。

（2）正式保障对缩短农村老龄人口贫困的持续期有重要作用。正式的保障在这里主要指新型农村社会养老保险制度、新型农村合作医疗制度。农村社会保障水平越高，农村老龄人口贫困的持续期就可能越短。由于新型农村社会养老保险制度与全国其他地方的制度框架是一致的，即“统账结合”制度模式。其中，基础养老金是基本上固定的，新型农村社会养老保险制度的保障水平的差异，主要体现在个人缴费水平的差异上。因此，农村社会养老保险制度对农村老龄人口贫困持续期的影响，又可以转化为农村老龄人口的个人缴费水平对他们贫困持续期的影响。即农村老龄人口养老保险制度的个人缴费水平越高，他们贫困的持续期可能越短。新型农村合作医疗制度对农村老龄人口贫困持续期的影响，主要体现在它对农村老龄人口大病支出的补偿作用。因此，新型农村合作医疗制度的补偿比例越高，农村老龄人口贫困的持续期可能越短。

基于上述分析，本书提出研究假设6-2：即农村老龄人口的养老保险缴费水平越高，他们的贫困持续期越短；新型农村合作医疗制度的报销比例越高，农村老龄人口的贫困持续期越短。

（3）非正式的保障对农村老龄人口贫困持续期也有着重要的影响。非正式的保障主要是家庭保障。长期以来，家庭保障是乃至全国农村老龄人口的主要保障来源。尽管，随着人口老龄化、家庭结构核心化和家庭规模小型化以及人口流动导致的代际分离加大等问题的出现，传统的家庭保障模式已经严重弱化。但是，对于现在已经进入老年时期的农村老龄人口而言，家庭保障依然是他们的核心保障来源。在某种程度上，家庭保障的实质是子女保障[①]，也包括家庭其他成员的支持。最终体现为子女数量的多寡、家庭收入水平的高低以及家庭关系的好坏等几个方面。相对于子女数量少的农村老龄人口而言，子女数量越多的农村老龄人口，他们可能获得保障越多，陷入长期贫困的风险就越低；家庭储蓄规模越大的农村老龄人口，其面临长期贫困的风险就越低；家庭收入水平越高的农村老龄人口，陷入长期贫困的概率越低；家庭关系越好的农村老龄人

① 穆光宗：“中国传统养老方式的变革和展望”，《中国人民大学学报》，2000年第5期，第39-44页。

口，他们就越有可能获得子女的支持，因此，家庭关系越好的农村老龄人口，陷入长期贫困的概率越小。

基于上述分析，本书提出研究假设 6－3：即农村老龄人口的子女数越多，他们的贫困持续期越短；农村老龄人口的家庭收入水平越高，他们的贫困持续期越短；农村老龄人口的家庭关系越好，他们的贫困持续期越短。

（4）为了消除农村老龄人口个体禀赋差异所导致的农村老龄人口贫困持续期的差异，本书把农村老龄人口的性别、年龄、文化程度、健康状况以及民族特征等作为控制变量纳入模型进行分析。在农村，女性的社会地位一般比较低，在农村中处于弱势地位，相对于男性而言，女性老龄人口的经济安全状况较差①，因此，农村女性老龄人口的贫困持续期可能越长。教育年限和健康状况是个体人力资本的重要构成要件，农村老龄人口拥有的人力资本越多，自我保障能力和参与社会保障的机会也将越多②，因此面临长期贫困的可能性就越小。在农村，农民是以家庭为单位处理各种风险的③，家庭规模越大的农村老龄人口，意味着家庭拥有的保障资源就越多，对风险的分散效果就越好，因此，家庭规模越大的农村老龄人口，其陷入长期贫困的可能性就越小。整体来看，少数民族的文化程度较低，地处在偏远的山区，就业机会较少，遭受各种自然灾害的机会也越多，因此，少数民族农村老龄人口的贫困持续期可能更长。

基于上述分析，本书提出研究假设 6－4：即相对于男性老龄人口而言，农村女性老龄人口的贫困持续期更长；年龄越大的农村老龄人口，贫困的持续期越长；健康状况越差的农村老龄人口，贫困的持续期越长；文化程度越低的农村老龄人口，贫困的持续期越长；相对于汉族老龄人口而言，农村少数民族老龄人口的贫困持续期越长。

（二）变量选择

因变量。本书的因变量是农村老龄人口贫困的持续期，在测量这一问题时，本书采用这样一个指标来测量，即“您目前的生活状态已经持续了多长时间?”答案是按照农村老龄人口的实际情况，让他们进行客观的回答，是多长时间就

① 孔祥智、涂圣伟：“我国现阶段农民养老意愿探讨——基于福建省永安、邵武、光泽三县（市）抽样调查的实证研究”，《中国人民大学学报》，2007 年第 3 期，第 71－77 页。
② 于长永：“农民‘养儿防老’观念的代际差异及转变趋向”，《人口学刊》，2012 年第 6 期，第 40－50 页。
③ 赵曼、张广科：《新型农村合作医疗保障能力研究》，中国劳动社会保障出版社，2009 年版。

填多长时间。因此，因变量的类型是连续变量。很显然，这里所说的农村老龄人口的贫困持续期问题，是一种综合性贫困的持续期。包括了收入贫困、相对贫困和主观感受的贫困。

因变量及其统计描述见表6－1：

表6－1　　农村老龄人口的贫困持续期

持续时间	频数	百分比（%）	有效百分比（%）	累计百分比（%）
0年	3	0.5	0.6	0.6
1年	28	4.3	5.7	6.3
2年	42	6.5	8.6	14.9
3年	81	12.5	16.6	31.5
4年	45	6.9	9.2	40.7
5年	84	12.9	17.2	57.9
6年	36	5.5	7.4	65.2
7年	18	2.8	3.7	68.9
8年	17	2.6	3.5	72.4
9年	9	1.4	1.8	74.2
10年	60	9.2	12.3	86.5
11年	3	0.5	0.6	87.1
12年	7	1.1	1.4	88.5
13年	10	1.5	2	90.6
14年	5	0.8	1	91.6
15年	18	2.8	3.7	95.3
16年	1	0.2	0.2	95.5
17年	1	0.2	0.2	95.7
18年	2	0.3	0.4	96.1
20年	11	1.7	2.2	98.4
23年	1	0.2	0.2	98.6
25年	1	0.2	0.2	98.8
30年	6	0.9	1.2	100
合计	489	75.2	100	

从表6－1的统计结果可以看出，农村老龄人口一旦陷入贫困的生活状态，很难在短期内摆脱贫困。贫困的持续期超过5年的农村老龄人口所占比例接近60%。这说明农村老龄人口的贫困生活状态有固化的趋势，也显示出社会经济发展对改善农村老龄人口贫困化状况的作用不那么明显，也显示出民生政策资金需要进一步加大向农村老龄人口贫困群体倾斜的力度。

解释变量。按照前文的分析，本书解释变量的选择，将按照风险因素自变量、保障因素自变量和控制变量三个方面来选择解释变量。

风险因素自变量。为了考察自然风险、社会风险和市场风险对农村老龄人口贫困持续期的影响。本书设计了三个指标分别反映农村老龄人口面临的自然风险、社会风险和市场风险。其中，自然风险的操作化为："你们村近几年是否发生过较大的自然灾害?"和"近几年，你们村发生过下列哪些自然灾害?"。前一个问题答案设计为"1＝是；0＝否"。后一个问题的答案设计为："1＝干旱；2＝洪涝；3＝冰雪灾害；4＝地震；5＝病虫害；6＝其他"。社会风险的操作化指标为："近几年，您或者您的家人是否遭受了意外伤害或打击""近几年，您或者您的家人是否遭受了重大疾病的打击"和"您现在患有哪些慢性疾病"。答案设计为"1＝腰肌劳损；2＝骨质增生；3＝高血压；4＝冠心病；5＝糖尿病；6＝气管炎；7＝其他"。两个问题的答案均设计为"1＝是；0＝否"。市场风险的操作化指标为："近两年当地的农产品价格是否发生了较大的波动?"答案设计为"1＝是；0＝否"。

风险因素自变量的统计描述见表6－2：

表6－2　　农村老龄人口遭受的自然风险情况

您所在的地区，近两年是否发生过较大的自然灾害	频数	百分比（%）	有效百分比（%）	累计百分比（%）
否	349	53.7	61.7	61.7
是	217	33.4	38.3	100
Total	566	87.1	100	

从表6－2的统计数据可以看出，在近两年内有接近39%的农村老龄人口遭受了自然灾害的冲击。这与该地区是一个自然灾害频发的地区的现实情况是比较吻合的。

表 6-3 农村老龄人口遭受自然灾害的类型

灾害类型	干旱灾害		洪涝灾害		冰雪灾害		地震灾害		病虫害灾害		其他	
	频数	百分比（%）	频数	百分比（%）	频数	百分比（%）	频数	百分比（%）	频数	百分比（%）	频数	百分比（%）
是	85	24.6	38	11.1	43	12.6	50	14.5	136	39.7	49	14.1
否	259	75.4	304	88.9	299	87.4	294	85.5	206	60.3	299	85.9
合计	345	100.0	342	100.0	342	100.0	344	100.0	343	100.0	348	100.0

从农村老龄人口近两年遭受的自然灾害的类型来看，遭受干旱灾害的农村老龄人口占被调查老龄人口的 24.6%；遭受洪涝灾害的农村老龄人口占被调查老龄人口 11.1%；遭受冰雪灾害的农村老龄人口占被调查老龄人口的 12.6%；遭受地震灾害的农村老龄人口占被调查老龄人口的 14.5%；遭受病虫灾害的农村老龄人口占被调查老龄人口的 39.7%；遭受其他自然灾害的农村老龄人口占被调查老龄人口的 14.1%。不难看出，农村老龄人口遭受最为严重的自然灾害是病虫害，这与当前农村地区大量青壮年劳动力外出务工，农作物管理不善的现实背景有关。遭受病虫害的直接后果就是粮食减产，农村老龄人口的收入降低，将加剧农村老龄人口的贫困化。

表 6-4 是农村老龄人口遭受社会风险的情况。

表 6-4 农村老龄人口遭受的社会风险情况

近两年，您或家人是否受到了意外伤害	频数	百分比（%）	有效百分比（%）	累计百分比（%）
否	455	70.0	78.4	78.4
是	125	19.2	21.6	100.0
合计	580	89.2	100.0	

从表 6-4 的统计数据来看，近两年，有 21.6% 的农村老龄人口遭受了意外伤害的打击。这个比例是一个比较大的比例。但是，数据的不足之处是，数据仅仅显示了农村老龄人口是否受到了意外伤害的打击，没有显示出受到了什么样的意外伤害，也没有显示出受到的意外伤害的程度，这是数据的一个缺憾。也因此，这一指标对农村老龄人口贫困持续期的影响将是一个较为复杂的结果。

表 6-5 是农村老龄人口遭受农产品价格波动风险的情况。

表6-5　　农村老龄人口遭受的市场风险情况

当地农产品价格是否经常发生大幅波动	频数	百分比（%）	有效百分比（%）	累计百分比（%）
否	375	57.7	65.9	65.9
是	194	29.8	34.1	100.0
合计	569	87.5	100.0	

表6-5显示，有34.1%的农村老龄人口近两年遭受了农产品价格波动的风险。在市场经济条件下，受到供求情况的影响，农产品价格波动是一个非常正常的现象。但是，由于农村老龄人口是一个弱势群体，他们获取的市场信息不仅是稀缺的，也是滞后的。农产品价格的波动，对于农村老龄人口而言，往往是损失发生的概率较大。因此，农村老龄人口遭受的市场风险，也可能加剧农村老龄人口的贫困化问题。

表6-6的统计结果为农村老龄人口近几年遭受疾病风险冲击的情况。

表6-6　　农村老龄人口遭受的重大疾病风险冲击

近几年，家人遭受疾病风险的情况	频数	百分比（%）	有效百分比（%）	累计百分比（%）
重大疾病	50	7.7	17.6	17.6
慢性病	111	17.1	39.1	56.7
生育类手术	16	2.5	5.6	62.3
意外伤害	32	4.9	11.3	73.6
感冒及其他常见病	75	11.5	26.4	100
Total	284	43.7	100	

从表6-6的统计结果来看，在近几年内，有17.6%的农村老龄人口遭受过重大疾病风险的冲击。老龄人口随着年龄的增大，身体状况本来就很差，一旦遇到重大疾病的冲击，不仅要花费巨额的医疗费用，而且治疗的效果也不会太好。很多老龄人口，当被查出来癌症等重大疾病之后，“保守治疗”（主要是长期吃药）是最为常见的方式。因此，老龄人口遭受重大疾病的冲击，基本上就从此陷入长期的贫困状态中了。

保障因素自变量。保障因素自变量，包括正式的保障制度和非正式的保障制度两个方面。其中，正式的保障制度用农村老龄人口是否参加新型农村社会养老保险制度、参加新型农村社会养老保险制度的缴费水平、是否参加新型农村合作医疗制度以及新型农村合作医疗制度的补偿水平来测量。非正式的保障制度，用农村老龄人口子女数量、家庭收入水平和家庭代际关系三个指标来测量。

控制变量。本书的控制变量，主要包括农村老龄人口的性别、年龄、文化程度、健康状况、民族情况等。

变量的含义及其统计描述见表6－7：

表6－7　　　　自变量的含义及其统计描述

变量分类	变量	变量名称	变量含义与赋值	最大值	最小值	均值①	标准差
因变量	Y	贫困持续期	您当前的生活状态持续了多少年多少个月	367	8	81.13	64.03
风险因素	X_1	疾病风险	近几年，您或家人是否遭受了重大疾病风险？1＝是；0＝否	1	0	0.18	0.38
	X_2	社会风险	近几年，您或家人是否遭受了意外伤害风险？1＝是；0＝否	1	0	0.22	0.43
	X_3	市场风险	当地农产品价格是否经常发生大幅度波动？1＝是；0＝否	1	0	0.34	0.47
	X_4	自然风险	近几年，当地是否发生过较大的自然灾害？1＝是；0＝否	1	0	0.38	0.49
保障因素	X_5	养老保险水平	您参加新型农村社会养老保险的水平？从100元到1200元，每档增加100元	1200	100	2.29	1.93
	X_6	医疗保险水平	新型农村合作医疗制度的报销比例	0.99	0	0.55	0.25
	X_7	家庭收入	您去年家庭的收入总计是多少元（万元）	18	0	3.6	3.6
	X_8	家庭关系	您和子女的关系如何？好＝1；差＝0	1	0	1.37	0.55
	X_9	子女数量	您总共有个几个子女	11	0	3.85	1.79

① 需要说明的是，分类变量计算均值是没有实际的统计意义的，这里之所以计算均值，是想通过简便的方式了解调查数据的基本情况，即可以通过均值的大小，来判断上述样本的基本结构。

续表

变量分类	变量	变量名称	变量含义与赋值	最大值	最小值	均值	标准差
控制变量	X_{10}	性别	被调查人员的性别。男=1；女=0	1	0	0.58	0.49
	X_{11}	年龄	被调查人员的年龄。55—91岁	91	55	65.3	6.3
	X_{12}	文化程度	是否上过高中。1=高中及以上；0=初中及以下	1	0	1.97	0.89
	X_{13}	健康状况	农民健康自评状况。好=1；差=0	1	0	1.90	0.76
	X_{14}	民族状况	您的婚姻状况。1=少数民族；0=汉族	1	0	0.61	0.49
	X_{15}	所在区位	您家在南部地区还是北部地区。1=北部地区；0=南部地区	1	0	0.39	0.49

（三）模型构建

本书要解释的问题是农村老龄人口贫困的持续期，变量的类型为连续性因变量。因此，本书选用多元线性回归模型来加以分析。经过因变量与解释变量之间的散点图分析可知，可以进行多元线性回归分析。

设农村老龄人口贫困持续期为 Y，影响农村老龄人口贫困发生率的 k 个自变量，分别记为 X_1，X_2，…，X_k，在本书中 X_1，X_2，X_3分别代表风险因素、保障因素和控制变量，他们与因变量之间的线性表达式可以写成如下公式①：

$$Y = B_0 + B_1 X_1 + B_2 X_2 + \cdots + B_{k-1} X_{k-1} + B_k X_k + \varepsilon \qquad (6-1)$$

其中，Y 为可观察的随机变量，X_1，X_2，…，X_k为可观察的一般变量，B_0，$B_1,\cdots,B_k$ 为待定模型参数，其中B_0为截距，相当于简单回归中的 α。式（6-1）中的 ε 被定义为不可观测的随机误差。由 n 组独立观察的样本数据：

被解释变量的一组观测值为：y_1

解释变量的一组观测值为：x_{i1}，x_{i2}，…，x_{ik}，$i=1$，2，…，n 代入方程

① 郭志刚：《社会统计分析方法——SPSS软件应用》，中国人民大学出版社，1999年版，第29-31页。

(6 - 1) 中，则有：

$$y_i = b_0 + b_1 x_{i1} + b_2 x_{i2} + \cdots + b_k x_{ik} + \varepsilon_i \tag{6-2}$$

其中，$i = 1,2,\cdots,n$

其中，n 个随机变量ε_i相互独立，且服从同一正太分布 $Nor(0, \sigma^2)$。根据最小二乘法原理，求 $B_0,B_1,\cdots,B_k$ 的估计值 $b_0,b_1,\cdots,b_k$ 使上式的误差平方和的最小值，即求：

即使函数 $\sum (e_i)^2 = \sum [y_i - (b_0 + b_1 x_{i1} + b_2 x_{i2} + \cdots + b_k x_{ik})]^2$最小。

为此，将式 (6 - 2) 分别对 $b_0,b_1,\cdots,b_k$ 求偏导数，令其等于0，当 $x_1,x_2,\cdots,x_k$ 相互独立时，由极值原理，可求出总体回归系数矩阵 $B_{总体} = [B_0,B_1,\cdots,B_k]^T$ 的估计值矩阵 $B_{总体} = [b_0,b_1,\cdots,b_k]^T$：

$$B_{样本} = (X^TX)^{-1}X^TY \tag{6-3}$$

其中，$X = \begin{pmatrix} 1 & x_{11} & x_{12} & \cdots & x_{1k} \\ 1 & x_{21} & x_{22} & \cdots & x_{2k} \\ \vdots & \vdots & \vdots & & \vdots \\ 1 & x_{n1} & x_{n2} & \cdots & x_{nk} \end{pmatrix}$ 和 $Y = \begin{pmatrix} y_1 \\ y_2 \\ \vdots \\ y_3 \end{pmatrix}$ 为观察数据矩阵。

于是得到回归方程：

$$\hat{y} = b_0 + b_1 x_{i1} + b_2 x_{i2} + \cdots + b_k x_{ik} \tag{6-4}$$

回归方程 (6 - 4) 成为回归平面，它拟合 ($y,x_1,x_2,\cdots,x_k$) 形成的 $k+1$ 维空间的三点 $(y_i,x_{i1},x_{i2},\cdots,x_{ik})$，$i = 1,2,\cdots,n$，使观察值沿 y 轴的方向到平面距离（即 y_i 与拟合值 $\hat{y}_i$ ）的平方和最小；使误差之和 $\sum \varepsilon_i = \sum (y - \hat{y}_i) = 0$；并通过 $(\bar{y},\bar{x}_1,\bar{x}_2,\bar{x}_k)$ 点和 $(b_0,0,0,\cdots,0)$ 点；平面上的点 $\hat{y}$ 是在$x_1 = x_1, x_2 = x_2,\cdots, x_k = x_k$ 条件下的平均值的估计。

$b_0,b_1,\cdots,b_k$ 称为回归平面的系数。$b_0 = \bar{y} - b_1 \bar{x}_1 - b_2 \bar{x}_2 - \cdots - b_k \bar{x}_k$，为平面在 y 轴上的截距。b_j，$j = 1,2,\cdots,k$，表示其他变量 x_i 在 $i = 1,2,\cdots,k(i \neq j)$ 固定时，x_j 每变化 1 个单位，y 的平均变化。这时，x_j 的变化对 y 的影响，无论其他变量在什么水平上，都是相等的；而 y 的取值范围则与各个变量的当前水平有关。

基于上述分析，本书的回归方程可以分别表示为：

风险因素模型的回归方程对农村老龄人口贫困持续期的影响的回归模型可以表示为：

$$\widehat{Y}_{风险因素} = b_0 + b_1 \text{natural risk} + b_2 \text{disease risk} + b_3 \text{market risk} + b_4 \text{social risks} + b_5 \text{control variable} \quad (6-5)$$

式（6－5）中，b_0为没有风险因素影响时，农村老龄人口的贫困持续期；b_1表示自然风险对农村老龄人口贫困持续期的影响；b_2表示疾病风险对农村老龄人口贫困持续期的影响；b_3表示市场风险对农村老龄人口贫困持续期的影响；b_4表示社会风险对农村老龄人口贫困持续期的影响；b_5表示控制变量对农村老龄人口贫困发生率的综合影响。

$$\widehat{Y}_{保障因素} = b_0 + b_1 \text{number of offspring} + b_2 \text{relation between generations} + b_3 \text{level of retirement pension} + b_4 \text{medical insurance level} + b_5 \text{household income} + b_6 \text{control variable} \quad (6-6)$$

式（6－6）中，b_0为没有保障因素影响时，农村老龄人口贫困的持续期；b_1为子女数量对农村老龄人口贫困持续期的影响；b_2表示代际关系对农村老龄人口贫困持续期的影响；b_3表示养老金水平对农村老龄人口贫困持续期的影响；b_4表示医疗保险水平对农村老龄人口贫困持续期的影响；b_5表示家庭收入对农村老龄人口贫困持续期的影响；b_6表示控制变量对农村老龄人口贫困持续期的综合影响。

$$\widehat{Y}_{保障因素} = b_0 + b_1 \text{sex} + b_2 \text{age} + b_3 \text{health} + b_4 \text{education} + b_5 \text{nationality} + b_6 \text{region} \quad (6-7)$$

式（6－7）中，b_0为常数项，表示没有控制变量影响时，农村老龄人口的贫困持续期；b_1表示性别因素对农村老龄人口贫困持续期的影响；b_2表示年龄因素对农村老龄人口贫困持续期的影响；b_3表示健康状况对农村老龄人口贫困持续期的影响；b_4表示文化程度对新建农村老龄人口贫困持续期的影响；b_5民族状况对农村老龄人口贫困持续期的影响；b_6表示地区因素对农村老龄人口贫困持续期的影响。

三、农村老龄人口贫困持续期：模型估计结果及解释

为了更加准确地分析不同层面的解释变量对农村老龄人口贫困持续期的影响，本书采用逐步回归的方式：首先，分析风险因素对农村老龄人口贫困化的

影响；其次，分析保障因素对农村老龄人口贫困持续期的影响；最后，分析控制变量对农村老龄人口贫困持续期的影响。

（一）模型估计结果及其稳健性检验

解释变量对农村老龄人口贫困持续期的影响的模型估计结果见表6-8。

表6-8　农村老龄人口贫困持续期的模型估计结果

	模型1：风险因素模型		模型2：保障因素模型		模型3：控制变量模型	
	β	Std. Error	β	$Exp(\beta)$	β	$Exp(\beta)$
自然风险	9.386	13.912				
疾病风险	34.579**	18.071				
市场风险	-18.478	18.664				
社会风险	-2.856	15.851				
子女数量			-3.047	26.446		
代际关系			19.114	3.034		
养老保险水平			-6.187*	19.052		
医疗保险水平			3.508	3.550		
家庭收入			0.898	21.869		
性别					9.465	37.631
年龄					1.055*	6.882
健康状况					-27.416***	0.565
文化程度					3.369	7.787
民族分类					-28.671***	11.176
所在区域					10.563	7.859
Constant	90.660***	13.912	79.200***	26.446	32.967	37.631
Sum of Squares	448992.990		563546.830		1024203.461	
Asymp. Sig.	0.003		0.406		0.000	
R Square	0.240		0.035		0.127	
Adjusted R Square	0.163		0.001		0.109	

注：***、**和*分别表示变量在1%、5%和10%统计水平上显著。

从表6-8显示的模型估计结果可以看出，风险因素、保障因素和控制变量三个层面的解释变量对农村老龄人口贫困持续期有不同程度、不同方向的影响，其中风险因素和控制变量两个层面的因素对农村老龄人口贫困持续期的影响通过了显著性检验，而保障因素对农村老龄人口贫困持续期的影响没有通过显著性检验。

从模型的解释力来看，风险因素模型的解释力为3.8%，也即是说农村老龄人口遭受的自然风险、社会风险、市场风险、疾病风险等四个解释变量共同解释了农村老龄人口贫困持续期变异的3.8%，模型整体通过了显著性检验。控制变量模型的解释力为10.9%，即农村老龄人口的性别、年龄、文化程度、健康状况、民族状况以及所在区域等六个解释变量，解释了农村老龄人口贫困持续期变异的10.9%，模型也非常显著。保障因素模型中，虽然农村老龄人口的养老保险水平对农村老龄人口贫困持续期有显著影响，但模型的总体显著性没有通过检验，因此，这一变量对农村老龄人口贫困持续期的影响，还有待于验证。

为了进一步验证上述模型估计结果的稳健性，本书采用三种方法对上述模型进行验证：①分析通过两个变量之间的两两相关关系，审视变量之间的相关性与相关的方向；②通过向前或向后逐步回归的方式，分析不同层面的解释变量对农村老龄人口贫困持续期影响的变化情况；③采用筛选关键指标的方法，通过剔除关键指标，以观察模型整体的显著性水平、解释变量估计结果的显著性水平和其对农村老龄人口贫困持续期的影响方向的变化情况。经过上述三种方法的稳健性检验之后，我们发现，两两相关分析的结果与模型估计的结果具有很强的相似性，采用逐步回归方法得到的回归结果，模型的总体解释力是基本一样的，而且解释变量对被解释变量的影响方向没有发生明显的改变，三是提出关键指标对模型的整体影响较为明显，说明选择的关键指标是正确的，不能剔除。经过上述三种方法的稳健性检验之后，我们认为，模型估计结果是稳健的，结果与结论具有可借鉴性。

（二）风险因素对农村老龄人口贫困持续期的影响

从风险因素对模型的估计结果来看，自然风险、社会风险、市场风险以及疾病风险四个层面的解释变量，只有疾病风险一个解释变量对农村老龄人口贫困持续期有显著影响。其他三个解释变量对农村老龄人口贫困持续期的影响，没有通过显著性检验，说明这三个变量对农村老龄人口贫困持续期的影响比较小或比较微弱。从大病风险冲击对农村老龄人口贫困持续期的具体影响来看，遭受大病风险冲击的农村老龄人口，在控制其他变量不变的情况下，农村老龄人口贫困的持续期将增加2.9年。疾病风险对农村老龄人口贫困持续期的影响与前文的研究假设相符。

自然风险与前文的研究假设不符。可能的解释是：①尽管自然灾害频发，但是类似于汶川地震、贵州冰雪灾害、以及甘肃舟曲泥石流等大型自然灾害风险较少，统计中，近两年没有发生较大的自然灾害；②农村老龄人口自身的财富积累本来就不多，即便是发生上述自然灾害，对他们带来的直接经济损失，可能也不会太大。基于上述这些原因，所以自然风险因素对农村老龄人口贫困持续期的影响没有通过显著性检验。

社会风险（意外伤害）对农村老龄人口贫困持续期的影响也没有通过显著性检验，可能的解释是：一是课题组在调查时，没有区分农村老龄人口遭受意外的类型以及遭受意外伤害所带来的损失程度，这在一定程度上降低了社会风险对农村老龄人口贫困持续期的解释力；二是农村老龄人口遭受的意外伤害风险，可能比较轻微，并不影响农村老龄人口的正常日常生活以及日常生产劳动，或者其所遭受的意外伤害风险对他们的日常生产活动和生活的影响比较小。所以社会风险对农村老龄人口贫困持续期的影响的估计结果与研究假设不相符。

市场风险（农产品价格波动）对农村老龄人口贫困持续期的影响，也没有通过显著性检验。可能的解释是：一般而言，农村老龄人口买卖农产品，都是当年新生产出来的农产品，而且由于农村老龄人口缺乏必要、可行的粮食保存方法和适宜的储存仓库，农作物收割出来后，扣除当年需要消费的量之后，一般都会卖掉。农产品价格波动对农村老龄人口当年的收入肯定会有影响，但是由于农业收入在农村老龄人口家庭收入中的比例是比较低的，而且呈现出下降趋势。因此，市场风险对农村老龄人口贫困持续期的影响与研究假设不相符。

（三）保障因素对农村老龄人口贫困持续期的影响

保障性因素，即子女数量、代际关系、养老保险水平、医疗保险水平、家庭收入五个保障因素中，只有农村老龄人口的养老保险水平对农村老龄人口贫困持续期表现出了显著的影响。但是从解释变量的显著性的水平来看，养老保险水平在10%的显著性水平下，对农村老龄人口贫困持续期有显著影响，显著性水平较低。这已经预示了保障性因素对农村老龄人口贫困持续期的影响是比较小的。

从保障性因素对农村老龄人口贫困持续期的总体解释力以及显著性水平来看，调整之前的解释力只有3.5%，而调整之后的模型解释力只有0.1%，而且显著性水平大于10%，即没有通过显著性检验。这说明农村老龄人口的保障性因素对他们贫困持续期的影响没有统计学意义，即农村老龄人口的子女数量、代际关系、养老保险水平、医疗保险水平以及家庭收入五个保障性因素，并没有起到有效缩短农村老龄人口贫困持续期的作用。可能的解释是：一是随着工业化的快速发展，农村老龄人口的子女数量在减少，家庭规模缩小，在资源有限的情况下，养老资源可能更多的向子辈倾斜；二是随着家庭规模的小型化和家庭结构的核心化以及代际之间距离的拉大，代际关系也在发生变化，表面上代际之间没有明显的冲突和矛盾，但是在资源分配中往往顾及小家不顾及大家，往往顾及自己的孩子，而忽视自己的父母；三是新型农村社会养老保险水平还比较低，每个月不到100元的养老金水平并不能起到解决农村老龄人口贫困的问题；四是农村医疗保险的保障水平还比较低，医药费平均报销比例不到60%，再加上一些费用被扣除在报销范围和报销目录之外，实际报销比例可能更低，不能很好的起到降低农村老龄人口“因病致贫，因病返贫”的效果；五是农村老龄人口的平均收入水平较低，父权权威的下降，降低了农村老龄人口对养老资源的控制权和分配权。所以，保障性因素对农村老龄人口贫困持续期的影响与研究假设不符。

（四）控制变量对农村老龄人口贫困持续期的影响

控制变量中，性别、年龄、健康状况、文化程度、民族分类、所在区域五个变量，有年龄、健康状况与民族特征三个解释变量对农村老龄人口贫困持续期有显著的影响，而性别、文化程度和所在区域对农村老龄人口贫困持续期的影响，没有通过显著性检验。

从影响的方向和程度来看，年龄对农村老龄人口贫困持续期的影响为正向，即年龄越大，农村老龄人口贫困的持续期越长，年龄每增加1岁，在控制其他变量不变的情况下，农村老龄人口贫困持续期将增加1.1个月，这与研究假设相符；健康状况和民族特征对农村老龄人口贫困持续期的影响为负向，即健康状况越好的农村老龄人口，他们的贫困持续期越短，健康状况好的农村老龄人口比健康状况差的农村老龄人口的贫困持续期将缩短 2.3 年，这与研究假设相符。

性别、文化程度和所在区域对农村老龄人口贫困持续期的影响与研究假设不符。可能的解释是：一是老龄人口都是弱势群体，在风险面前，农村老龄人口抵抗风险能力的性别差异非常小；二是农村老龄人口的文化程度普遍较低，小学以下文化程度的农村老龄人口占到了被调查农村老龄人口的77%，初中以下文化程度的接近95%，即几乎所有的农村老龄人口的文化程度都一样，所以贫困持续期的文化程度差异就比较小；三是农村老龄人口贫困持续期的区域差异，很可能是由于民族差异造成的，因此，在控制了民族特征变量之后，农村老龄人口贫困持续期的所在区域差异就不复存在了。

四、研究结论与讨论及其政策启示

本章利用来自农村的一线调查数据，利用多元线性回归模型对农村老龄人口的贫困持续期及其决定因素进行了实证分析，主要研究结论与政策启示如下。

（一）研究结论与讨论

（1）大病风险冲击是造成农村老龄人口长期贫困的首要外部因素。在控制其他变量不变的情况下，相对于没有遭受大病风险冲击的农村老龄人口而言，近两年遭受大病风险冲击的农村老龄人口，贫困的持续期要延长将近 3 年时间。农村老龄人口像全国其他地区的农村老龄人口一样，进入老年之后，一方面，身体健康日益下降，身体活动能力逐渐降低，抵御疾病风险冲击的能力也逐渐降低，在疾病风险冲击面前显示出很大的脆弱性；另一方面，农村社会保障制度建设滞后，自我保障能力、家庭保障能力出现弱化，又导致保障体系的脆弱性，因此，大病冲击对农村老龄人口贫困持续期的影响，是双重脆弱性影响下的一种结果。

（2）年龄和健康因素是影响农村老龄人口贫困持续期的内部因素。在控制其他变量不变的情况下，年龄每增加1岁，农村老龄人口贫困的持续期将延长1.1个月；相对于健康状况差的农村老龄人口而言，身体健康状况好的农村老龄人口的贫困持续期将缩短2.4年。年龄因素对农村老龄人口贫困持续期的影响是一个综合性的因素，因为年龄越大，往往意味着农村老龄人口的文化程度低，健康状况较差，身体活动能力差，养老保险的保障水平也较差等，这是年龄因素显著影响农村老龄人口贫困持续期的重要原因。从这个角度来讲，年龄因素实际上是一个中介因素。健康因素是一种直接因素，它对农村老龄人口贫困化的显著影响，更多的是因为农村老龄人口的健康状况，不仅决定了农村老龄人口的内部脆弱性程度，也决定了农村老龄人口的外部保障体系的脆弱性程度。因此，在人口老龄化快速发展的背景下，如何在积极老龄化理论指导下，如何促进农村老龄人口加强体育锻炼，实现健康老龄化对于解决农村老龄人口长期贫困具有重要的现实指导意义。

（3）民族特征因素显著影响农村老龄人口的贫困持续期，但这种影响并不是人们常常认为的少数民族老龄人口贫困持续期更长，而是恰恰相反。本书第三章以及本章的研究结果均表明，民族特征显著影响农村老龄人口的贫困持续期，但是农村老龄人口贫困持续期的民族差异是与人们的通常认识相反的。即相对于汉族农村老龄人口而言，少数民族农村老龄人口的贫困持续期更短。少数民族农村老龄人口的贫困持续期，要比汉族农村老龄人口的贫困持续期短2.4年。也即是，农村的长期贫困人口，主要是由汉族农村老龄人口构成的，他们更多的是居住分散的极端贫困人口，而少数民族农村老龄人口的贫困问题，更多的是集中连片的短期贫困问题。这对于我们重新审视农村贫困人口的结构性特征具有重要的现实意义。

（二）政策启示

根据前文的研究结论与讨论，本书的政策启示是：

（1）进一步完善农村医疗保险制度，提高农村医疗保险实际补偿比例。大病风险冲击之所以成为影响农村老龄人口贫困持续期的关键因素，一个重要的原因是新型农村合作医疗制度并没有完全起到减少农村老龄人口医疗费用负担的作用，新型农村合作医疗制度对解决农村“因病致贫，因病返贫”的问题收效依然不够明显。而这主要是新型农村合作医疗制度的实际补偿比例较低造成的，本书的统计结果显示，新型农村合作医疗制度的医药费平均补偿比例只有55%，如果再扣除不能报销的医疗费支出，实际补偿比例很可能不到50%。因此提高新型农村合作医疗制度的实际补偿比例是解决大病冲击对农村老龄人口贫困持续期的关键路径。提高新型农村合作医疗制度的补偿比例，不是要进一步提高农村老龄人口的缴费水平，因为这会增加他们的收入困境，提高新型农村合作医疗制度的实际补偿比例，关键在于优化医疗保险的支出结构。具体措施包括：一是提高县级医疗机构的报销比例，因为县级医院是大病支撑能力较强的医疗机构，一旦得了大病，农村老龄人口最先选择的是县级医疗机构；二是降低乡镇卫生院的实际补偿比例，乡镇卫生院更多的是小病就医的地方，而小病风险对农村老龄人口贫困持续期的影响较小；三是把一些带来较大医药费支出的常见病、慢性病等纳入新型农村合作医疗制度报销范围，切实减轻农村老龄人口的医药费负担。

（2）进一步完善新型农村社会养老保险制度，提高农村老龄人口的收入水平。在风险冲击不变的情况下，农村老龄人口的收入水平越高，他们抵抗风险冲击的能力就越强，本书的分析结果显示，收入因素和养老保险水平均没有表现出对农村老龄人口贫困持续期的显著影响，这主要是农村老龄人口的实际收入较低、养老保险水平较低决定的。统计结果显示，农村老龄人口参加农村社会养老保险制度选择的缴费档次一般100元，其中选择缴费档次在200元以下的比例接近75%。但是，由于中国仍然是一个发展中国，社会经济发展水平还比较低，提高农村社会养老保险制度的保障水平毕竟是有限的，因此，提高新型农村社会养老保险制度的保障水平，只是提高农村老龄人口收入水平的一个方面。除此之外，还要构建多元化、多层次的养老保障体系，如鼓励家庭养老、鼓励自我储蓄、鼓励购买商业养老保险等，都是提高农村老龄人口收入水平的重要途径。

（3）鼓励农村老龄人口进行适宜、适度的体育锻炼，储备健康资本，以积极的姿态应对老年贫困问题。随着年龄的增加，农村老龄人口的健康状况会越来越差，容易遭受疾病风险的冲击，更容易陷入贫困和长期贫困状态，实证研究结果也证明了这一点。但是，在人口老龄化面前，农村老龄人口也并不是没有主动权。在积极老龄化理论支持下，一方面政府要出台适宜的鼓励政策，鼓励农村老龄人口进行适当的体育锻炼，储备健康资本，这不仅能够增强农村老龄人口自身抵抗疾病风险的能力，还能够为社会参与提高前提和基础；另一方面，农村老龄人口自身，也要养成良好的生产、生活习惯，如在农业生产中量力而行，不要超负荷劳动而导致身体严重受损，戒烟、不酗酒、养成良好的作息习惯等方式，来提高农村老龄人口的健康水平，特别是低龄老龄人口的健康水平，来降低农村老龄人口的贫困持续期。

第七章 应对农村老龄人口贫困化的政策建议

在人口转变、社会转型与经济转轨的宏观背景下，农村发展必须在现有社会经济制度的基础上更加强调与注重发展的均衡性、协同性。在“十二五”期间，农村地区社会经济发展取得了巨大的突破，民生与社会事业建设稳步提升。与此同时，我们必须看到，由于地理位置以及自然环境的限制，农村地区贫困问题依然严峻，尤其是西部地区的农村地区，大规模与高频次的扶贫、缓贫、减贫政策在有效降低农村地区贫困发生率的同时，对于农村地区老年人口贫困问题的关注与保障力度还有待进一步提升。农村老人是脆弱性与各种劣势的集合体，经济社会发展政策的建构必须兼具包容性与普惠性，在以民生为本的社会建设成为经济社会持续发展动力来源的背景下，沿用嵌入性的理论范式，将创新解决农村老龄人口贫困化的政策，嵌入城乡一体化发展的社会行动中，充分考虑家庭结构转变、人口流动与迁移以及城乡互动融合深化的时代背景，通过构建个人、家庭、政府、社会“四位一体”的社会行动框架，以及“家庭保障、社会保险、社会救助”的多元福利体系，构筑起农村老人生活的安全网。

一、站在城乡统筹的角度解决农村老龄人口贫困化

如同其他发展中国家以及发达国家的早期发展阶段一样，城乡发展的二元性一直以来是中国经济社会发展的突出特点，在不同的社会发展阶段，这种二元性的强弱呈现出不同的趋势，因而，其对社会政策的形塑乃至社会成员行动的导向产生了巨大的作用，也使得后来的经济社会政策对其产生了严重的路径依赖效应。在充分认识城乡二元非均衡发展所带来的种种弊端与发展的不可持

续性后，在党的十六大报告提出的“统筹城乡经济社会发展”、党的十七大报告提出的“统筹城乡发展，推进社会主义新农村建设”的基础上，党的十八大报告进一步提出“推动城乡发展一体化”，努力实现工业化、城镇化、信息化和农业现代化“四化同步”。这一系列举措被认为是发展战略实质内容的进一步深化，尤其是对全面建成小康社会、让全体居民共享发展成果的切实回应。

统筹城乡发展是在未来很长一段时间内，是我国经济社会实现持续、健康、长足发展的内源性动力，也是我国实现“四化同步”与解决“三农”问题的关键所在。无论是经济结构亦或是社会政策体系，以往“城乡分治、二元分立”的制度理念与制度特点将被“一体化”“统一性”的发展思维所代替，推进城乡经济社会协同发展成为新时期经济社会政策制定与评估的重要考量依据。在城乡统筹发展的大背景下，农村老龄人口贫困问题的解决在实践上既具有可行性与可操作性，也有其现实的必要性，并且在深化经济社会体制改革的背景下已然具有了相当的制度基础。

（一）统筹解决农村老龄人口贫困化的必要性

统筹城乡发展的出发点在于进一步消除二元化的经济社会结构对国家经济发展所造成的不利影响，进一步提升发展质量和发展的持续性，而其根本目的是实现城乡共同发展，让城乡居民共享改革发展的成果，缩小与防止城乡居民日渐扩大的收入差距。在所有社会群体中，老年人口是一个特殊的群体，其社会角色与生理特征在一定程度上决定了其遭遇贫困与社会排斥的概率要远远大于其他群体，但这并不能成为任由老年人陷入贫困而无视的理由。制度主义研究经验告诉我们，个体陷入贫困状态在一定程度上并非个人原因，而是社会制度结构及其运作产生了个体排斥现象。从这个角度出发，无论是经济结构亦或是社会政策，在统筹城乡发展的过程中，更加注重社会政策对社会群体尤其是弱势群体的生活保障与福利提升作用，成为城乡协同发展政策落到实处的基础，更是城乡统筹发展质量提升的关键。

统筹城乡发展的一个重要着眼点在于弥合以往城乡发展水平、速度、质量逐渐扩大的差距。老龄人口贫困化的形成原因具有多样性，但最根本的原因在于经济发展成果不能惠及各个群体，尤其是落后的农村地区的老年人。他们退出农业生产之后，由于收入结构的单一性和收入来源的不确定性，加上并不完备的农村社会保障体系，其陷入贫困的几率大大增加。统筹城乡发展是让更多的人群享受经济社会发展的成果，尤其是以往被发展“遗忘”的群体，增强发展成果的普惠性，必然要求在推动城乡统筹发展的过程中，更加关注发展在特殊地区、特殊群体的倾斜作用，因此，将共生共融、包容普惠的理念嵌入城乡统筹发展制度框架内，在保证“普惠型”制度覆盖面的基础上，建立并提升补缺型福利制度的水平，成为统筹城乡发展的重要取向。

（二）统筹解决农村老龄人口贫困化的可行性

长久以来，“二元发展结构”所带来的经济社会问题已被社会各界认知、诟病，事实上，党和国家也一直在努力缩小城乡发展的差距，党的十六大以来，“城乡协同发展”“城乡共同发展”“城乡统筹发展”等一系列旨在促进城乡发展差距缩小的战略决策被提到前所未有的高度，社会主义新农村建设、以工促农与以城带乡、农村发展改革若干重大决议、增强工业化与城镇化对农业现代化的引领、城乡公共服务均等化等制度政策渐次出台，10 多年的改革历程与改革成果为我国继续推进城乡统筹发展奠定了坚实的制度基础，提供了丰富的实践经验。具体而言：

（1）统筹城乡发展将为农村老龄人口贫困化问题的解决提供物质基础。无论是农业现代化、农村劳动力有序流动、亦或是农村社会体制改革，统筹城乡发展的首要任务是促进城乡居民收入的持续增加，在保证城乡居民收入存量的同时，优化城乡居民收入结构，在发展中进一步缩小城乡居民收入差距。尤其是让广大农村居民的收入水平在农业现代化的过程中持续增加，这构成了缓解与消除农村老龄人口贫困的先决条件。

（2）统筹城乡公共服务发展将为农村老龄人口贫困化问题的解决提供制度保障。自 2000 年以来，农村社会事业建设取得了突破性进展，新农合、新农保、农村最低生活保障制度、大病医保、大病救助以及统一的城乡居民养老保险制度等一系列旨在减轻农村居民负担、改善农村居民福利水平、促进城乡融合的公共服务政策陆续密集的出台，这些政策在具体设计上既体现了福利性特征，同时能够极大的适应城乡融合、衔接统一的需要。

（3）在城镇化与全面建成小康社会的推进过程中，户籍制度的改革与城乡公共服务均等化使得社会资源流动更加均衡合理，农业现代化建设、农村地区城镇化与农民就地城镇化的力度空前，这为农村老龄贫困化的缓解提供了内源性动力。

（三）统筹解决农村老龄人口贫困化的基本思路

农村老龄老龄人口贫困化的形成原因是多样的，既有宏观社会变迁所引起的社会排斥，也有个体特征（教育、健康、技能）以及家庭禀赋（家庭人力资本、家庭关系）的缺失与不足所导致的个体在劳动力市场、社会服务与社会关系的边缘化。因此，对于农村老人贫困化问题的解决，需要在明确其各种可能致因的基础上，建构包括个体、家庭、国家以及社会大众协同参与、各尽其长的责任分担机制。同时，区别于以往城乡二元发展的思维，在推进城乡统筹发展的过程中，强化政府社会保障、社会救助等公共服务均等化等对农村老龄人口贫困问题的积极作用，及时出台相应的配套措施与过渡办法，推进城乡社会保障制度与社会服务体系在现有的基础上实现衔接与融合，成为新时期统筹解决农村老龄人口贫困问题的关键所在。

二、构建“四位一体”解决农村老龄人口贫困化的责任机制

贫困是一个复杂的经济和社会问题，以往众多关于贫困问题研究所形成的制度主义范式成为众多社会政策研究者推崇的理论之一。该理论强调，无论是贫困问题的成因亦或是贫困问题的广度，贫困并非是社会成员个体问题，是由社会制度与社会发展带来的社会问题，故不能将贫困问题置于非常狭窄的个人层面亦或是局限于数量微乎的群体中，因此，对贫困问题解决的关键在于改革与创新社会救助制度、社会政策①。虽然该理论对贫困问题产生的宏观背景，尤其是置于社会结构的情境中做出了合理的解释，但也忽略了社会问题的产生与发展演变，其实是个体与社会两大主体相互建塑、型构的事实。因此，在农村

① 彭华民：“中国社会救助制度创新的制度分析：范式嵌入、理念转型与福利提供”，《学术月刊》，2015 年第 1 期，第 93－100 页。

老龄人口贫困化的问题上，我们一方面需要继续完善与创新农村的社会政策，包括普适性的社会救助政策（农村低保、农村五保）、专项救助制度（医疗救助、住房救助等）以及临时性的救助（如灾害救助等）等，另一方面，还需要合理发展与建构个体、家庭乃至社会群体在防止农村老龄人口贫困问题上的能力，在明确各方责任的基础上，共同保障农村老龄人口的生活安定与和谐。

（一）解决农村老龄人口贫困化的个人责任——底线

大量的事实证明，农村老龄人口的贫困问题是多种原因共同作用的结果，而且个人的责任并不是主要责任。但是，在解决农村老龄人口贫困问题上，我们认为，农村老人个人要承担一定的责任是不可避免的，也是合理的、公平的。这种合理性与公平性，主要体现在：一是农村老龄人口的贫困化有其个人的原因在内，如农村老龄人口的依赖思想、惰性思想以及“等、靠、要”思想等在一定程度上广泛存在，这是他们个人承担反贫困责任的理论基础；二是农村老龄人口对自己的贫困负责，对自己的行为负责，也是其他责任主体对他们的贫困负责的现实基础和前提。如果农村老龄人口对自己不负责，那么其他责任主体是无法、也没有能力对他们的贫困问题负责的，这里并不是想刻意的模仿英国济贫事业发展中广受诟病的“劣等处置原则”。但是，在现实中，却不乏这样的案例，农村的一些脆弱人群，他们在享受了政府提供的公共福利之后，不是在政府的扶持下增强自我发展能力，而是拿着政府提供的补助或补贴，去赌博，甚至去花天酒地等，在我们看来，脆弱群体的这种行为，就是他们对自己不负责，那么对于这样的农村老龄人口，其他责任主体也无法对其负责。因此，从这个角度来说，农村老龄人口对自己的贫困问题负责，是其他责任主体对农村老龄人口贫困问题负责的底线和前提条件。

农村老龄人口自己对自己的贫困问题负责，不仅有上述的理论基础，也有实践依据。这体现在个体人力资本、保险意识等对反贫困的重要积极影响。对于农村老人而言，教育水平、健康状况、劳动技能以及其对风险的认知与判别，是影响其生存质量的根本所在，这是因为，健康状况是人力资本发挥作用的前提条件，同时也决定了农村老人医疗费用的支出状况。保持与提高健康水平，不仅有助于改善农村老人的收入状况（尤其是年轻的农村老人），还可以降低农村老人因病致贫、因病返贫的概率。

劳动技能与教育水平是影响农村老人收入水平高低的重要因素。生命周期理论研究表明，年轻时的收入状况直接影响其年老时期的生活状况，对农村老人生活产生直接影响。因而，提高教育水平，加强劳动技能培训可以极大提高农村年轻老人的收入水平，降低其年老后的贫困发生概率；而保险意识与风险规避能力成为农村老人摆脱贫困的重要驱动力。现代社会是一个风险社会，尤其在经济社会转型过程中，各种社会风险、市场风险频繁发生，农村老人又是一个风险抵抗能力较弱与脆弱性较强的群体。对这些风险的认知与判断，成为农村老人摆脱困境的前提，具体而言，疾病风险、养老风险、经济风险等构成影响农村老人生活质量的主要风险类型，因此，对于农村老人而言，应通过积极参与农村医疗保险（包含大病医疗保险）、养老保险以及各种商业保险来预防与化解年老时的各种风险。

（二）解决农村老龄人口贫困化的家庭责任——基础

长期以来，家庭养老是中国农民的主要养老模式，也是农村老龄人口最为主要的养老方式，这一方面是由于社会化的养老机制在农村地区长期处于缺位或低水平运行的状态，另一方面在于家庭养老所天然具备的经济支持、生活照料、护理服务等养老服务，是任何一种养老方式无法替代的。然而，在工业化、城镇化的发展过程中，大规模的农村人口（主要是年轻人）迁移流动与城市定居趋向，使得这种传统的养老方式日渐式微，大量留守于农村的老龄人口，不仅要肩负起农业生产的责任，更要从事照料孙辈的事务，这一状况的存在可能会影响农村老人的生活质量。虽然目前学界关于城镇化、工业化过程中，农村劳动力流动对农村老人生活质量影响的研究已有许多，但这些研究并没有得出一致结论。

由于我们所界定的农村老人贫困化不仅包括农村老人经济状况，还包括农村老人的健康状况以及精神状态，劳动力流动虽然在一定程度上会改善家庭收入状况，但也间接导致农村空巢老人的比例急剧上升，经济水平提升所带来的正向效应或许会被常年的精神孤独所抵消。因此，在人口流动常态化与城镇化的快速推进当中，进一步强化家庭对农村老龄人口生活的保障作用是防止农村老人陷入贫困的基础。具体而言：

（1）强化家庭对农村老年人经济支持的力度。虽然目前农村养老保障体系已基本实现全覆盖，但其保障水平尚处于较低的层次，农村社会养老保险所提供的养老金对于农村老人生活支出的替代率尚不足13%①。由此可以看出，家庭内部的转移支付仍是农村老人的主要经济来源。

（2）社会角色的转型与家庭地位的变迁使得农村老人更容易受到孤独感的侵蚀，家庭要肩负起农村老人日常生活照料与精神慰藉服务的责任。哺育与反哺是我国家庭延续发展的主要模式，也是代际关系和谐稳定的前提。对于大多数的农村老人而言，他们对来自子女的精神关怀与陪护甚至超出了对物质的需求。因此，强化家庭在农村老人生活保障与照料服务，是未来家庭发展的重要内容。

（三）解决农村老龄人口贫困化的国家责任——保障

城乡统筹发展的一个重要内容是推进城乡公共服务均等化，让城乡居民享受到与经济发展水平相适应且大致均等的公共服务。作为政府公共服务重要内容之一，农村社会保障制度是影响农村居民生活水平与生活质量的重要制度安排，它通过群体间收入再分配与个体生命周期内消费平滑，对农村老人生活提供稳定与保障机制。因此，在目前农村老人的收入结构单一、收入水平较低以及家庭养老保障式微的情况下，加强农村地区社会保障制度建设，成为防止农村老龄人口陷入贫困的重要举措。

值得注意的是，虽然目前农村社会保障制度建设，已有了基本的框架体系并实现目标人群与保障项目的全覆盖，但制度的保障力度与福利水平有待进一步提升。为此，需要进一步强化国家对农村社会保障制度的基本责任，加大政府特别是中央财政的支持力度，提高农村社会保障制度的保障水平与保障力度。具体而言：

（1）健全农村社会救助制度，实施完善的农村社会救助体系。当前农村社会救助制度的实践主要集中于以农村低保、五保供养为主的基本生活保障，农村专项救助（医疗救助、住房救助等）的政策实践较少，在这种背景下，创新农村社会救助政策就成为预防农村老人贫困的重要基础。

（2）进一步提升农村社会保险制度的保障力度与保障水平。截至2013年

① 薛惠元："新农保能否满足农民的基本生活需要"，《中国人口·资源与环境》，2012年第10期，第170－176页。

底，新型农村社会养老保险制度已实现全覆盖，但是其所提供的养老金水平较低，每月只有75元左右的养老金，远远不能满足农村老人的基本生活需要，加强政府对农村社会养老保险制度的财政支持力度，成为防止农村老人陷入贫困的关键。

（3）进一步提高新型农村合作医疗制度的保障水平。虽然新型农村合作医疗制度的全面实施，降低了农村老人遭遇“因病致贫，因病返贫”风险的概率，但其在实践中也呈现出了报销比例偏低与费用分担机制不尽合理的问题。因此，进一步明晰新型农村合作医疗制度的费用分担机制，强化新型农村合作医疗制度的福利效应的发挥，成为预防农村老人因病陷入贫困的重要措施。

（四）解决农村老龄人口贫困化的社会责任——共享

相对于其他社会群体和城市老人而言，农村老人是一个弱势群体，农村老人贫困问题的解决，需要全社会的关注与支持。在目前，农村社会保障体系已初步建立的情况下，加强农村老人贫困的动态监测与专项救助，成为构筑农村老人生活保障安全网的重中之重。由于目前农村社会保障水平仍处于较低层次，农村老人在遭遇疾病、灾害、家庭变故等特殊情况下，陷入贫困的概率依然很大，这就需要社会各界尽其所能，帮助农村老人，形成关怀农村老人的社会文化氛围。

一方面，在城乡统筹发展的进程中，政府需要进一步强化农村地区基本民生性服务和公益基础性服务的覆盖范围与保障力度。虽然在目前公共服务提供领域里面政企合作、政社合作以及多元化供给体系正在逐步成型，但从覆盖范围与业务数量的角度而言，政府依然是公共服务提供与保障的主体，因此，诸如公共卫生、养老保障、专项救助等服务的提供，政府需要无可置疑的承担主要责任，但是，对于地方政府不擅长亦或是无法直接提供的公共服务，或者是政府提供效率不如由市场提供效率高的领域，就需要政府采用购买服务、购买岗位的方式与社会组织合作完成。这也符合十八大提出的让“市场在资源配置中起决定作用”的政策主张。

另一方面，社会组织和社会公众要主动参与到农村老人贫困预防与缓解的社会行动中，通过医疗救助、精神关怀服务等社会化行动，从不同侧面化解农村老人贫困的危机，构筑农村老人经济、健康、精神等各个方面的社会安全网。

三、健全城乡一体的农村老龄人口养老保障体系

建立健全城乡一体化的农村老龄人口的养老保障体系，不仅是统筹城乡发展、促进城乡公共服务均等化以及城镇化发展的关键，也是社会主义新农村建设以及我国社会保障制度自身完善发展的必然要求。统筹城乡发展是我国也是城镇化与工业化的持续动力来源，由于历史的原因，我国的社会保障制度建设对经济发展的产生了严重的路径依赖，农村地区社会保障制度建设一直落后于城市，并且农村社会保障制度长期处于残缺与低水平的状态。因此，家庭保障与土地保障长期扮演着社会保障的角色。在工业化和城镇化的推进过程中，农业生产规模化经营与农村劳动力就业非农化，使土地保障与家庭保障的功能不断弱化，这对农村社会保障体系的发展提出了新要求。一方面要在现有基础上，提高农村社会保障制度的保障水平，为城乡社会保障制度的衔接提供基础，另一方面，需要在制度设计上预留制度衔接的“接口”，为城乡社会保障制度一体化提供制度基础。此外，作为具有底线保障作用的社会救助制度，其制度体系的完善程度与救助水平的高低，对农村老年贫困的发生具有至关重要的作用，因此，建立包括基本社会救助、专项救助与临时救助的完善的社会救助体系及其增长机制，是保证农村老人生活底线的关键。

（一）统筹城乡视角下完善农村家庭养老保障

在现阶段农村社会保障体系逐步完善但保障水平较低的情况下，家庭仍然是农村老人生活保障的重要主体，其在农村老人精神慰藉、日常照料等方面所具备的天然优势是任何养老方式所无法比拟的。因此，强化农村家庭在老人经济供给、生活照料、精神慰藉方面的作用成为新时期家庭伦理与家庭发展能力建构的重要内容。一方面，由于退出农业生产之后，农村老人的收入主要来源于家庭内部的转移支付，因此，家庭收入水平的高低直接决定了农村老人从家庭内部得到经济支持的多寡。在城乡统筹发展的过程中，通过促进农民收入的增加来强化家庭对农村老人经济支持的力度。城乡统筹发展的根本要义在于缩

小城乡发展差距、城乡居民收入差距，而缩小这些差距的关键措施是提高农民收入，因而，促进农村居民收入增加将成为农村家庭养老保障功能发挥作用的基础。另一方面，强化农村家庭伦理中尊老、爱老等对老人的关怀作用。经济社会转型、农业生产方式转变以及家庭人口结构变迁使得农村老人的社会地位与家庭地位发生了很大的变化，农村老人很容易受到来自家庭、社会的排斥，容易陷入边缘化的状态。强化家庭伦理中尊老、爱老的内容，使农村老人受到来自家庭的关爱与支持。

（二）统筹城乡视角下完善农村社会养老保险

新型农村社会养老保险制度，是保障农村老人生活安全的重要制度。它通过向农村老人提供具有普惠性质的养老金，与家庭养老一起形成农村老人的养老支持体系。事实上，在20世纪末，关于农村养老是否需要建立以及以何种形式建立存在一定的分歧，主要原因在于部分学者认为农村居民拥有土地资源，因而并不需要建立针对农村居民的社会养老保险制度。此外，以经济发展为中心的制度取向也使社会事业建设尤其是农村社会事业建设被置于次要地位。这样就使得“旧农保”无论从制度理念、模式设计以及运作方式等方面都存在弊端，制度的福利性与保障能力处于低水平，因而也就陷入了制度无法持续运行的僵局。

2009年，党中央、国务院提出在农村地区建立新型农村社会养老保险制度，与“旧农保”相比，该制度最大的特点在于突出强调了政府的责任，政府财政投入力度空前。截至2013年底，该制度已实现目标群体的全覆盖。但是，具体实施过程当中，新型农村社会养老保险制度也呈现出了保障水平较低、制度可持续较差的特点。制度的激励性不足，使得年轻的农民不愿意参加新型农村社会养老保险制度，即便在外力的强制下参加了新型农村社会养老保险制度，也是选择非常低的缴费档次来参加。这导致新型农村社会养老保险制度的保障能力大打折扣。

在统筹城乡发展过程中，一方面需要保证农村社会养老保险制度水平，通过加强政府特别是中央财政的支持力度，合理设置财政激励与缴费档次提升机制，增强新型农村社会养老保险制度的保障能力。另一方面，完善新型农村社会养老保险制度的资金运营投资渠道，通过多元化的投资组合与扩大新型农村社会养老保险制度的资金来源，实现新型农村社会养老保险制度的可持续发展。另外，城乡统筹发展过程中，公共服务均等化与制度衔接也是重要内容，因此，在新农保制度设计方面，需要预留其与城镇居民养老保险制度、城镇职工养老保险制度的制度接口，增强城乡养老保险制度的转移接续能力。

（三）统筹城乡视角下完善农村社会救助体系

通过制度设计来弥补个体由于自然规律所带来的劣势，以保障每个社会成员都获得生存与发展的机会与能力，既是社会文明与人文关怀的体现，也是政府合法存在与运行的逻辑基础①。2007 年，我国农村最低生活保障制度建立，通过划定贫困线，采取物质救助与服务提供的方式，以保障农村居民最低生活水平。

目前，农村社会救助体系已初步形成，但由于我国社会救助制度尚处于未定型阶段，各项救助政策之间衔接不畅，呈现出一定的碎片化特征。同时，在具体实施过程中仍然呈现出发展不协调、项目发展不均衡以及监管力度与责任不明确的缺点。由于社会救助实施状况，直接关系到农村老人贫困的发生率与持续时间，进一步强化社会救助制度对农村老人的关注度，成为社会救助体系完善的关键。

首先，在最低生活保障方面，需要提高救助目标的精准度，建立流程标准化、操作规范化以及制度配套化的救助模式，加强城乡救助制度的可衔接性。其次，加强专项救助的力度，在医疗救助、住房救助等方面，建立各级民政部门的责任分担体系，形成“按类别、多层次、保基本、有重点”的救助新格局，健全社会力量参与社会救助的激励机制与服务措施，推进城乡专项救助一体化发展。最后，增强临时救助措施的主动性、前瞻性。加强突发灾害救助的应急机制建设，强化分类帮扶与跟踪服务的配套措施。通过综合性、协同性的社会救助制度体系建设，共同应对农村老龄人口贫困化问题。

① 仇凤仙、杨文健：“建构与消解：农村老年贫困场域形塑机制分析”，《社会科学战线》，2014 年第 4 期，第 173 - 178 页。

四、解决农村老龄人口贫困化的配套制度建设

农村老龄人口贫困问题的解决，既需要家庭、政府以及社会制度化的保障机制，更需要全社会尊老、敬老、爱老的文化氛围，以及根植于人们内心的观念和日常的行为规范。农村老人的家庭角色与社会地位在经济社会转型中已受到很大的冲击，在这种情况下，通过在全社会倡导与构建尊老爱老的孝文化概念与社会文化氛围，成为解决农村老龄人口贫困化的内在动力。经过修改后的《中华人民共和国老年人权益保护法》已于2013年7月1日正式实施，其在原有的基础上就老年人享有的权益、法律的战略定位与现实意义、老年社会保障以及优待原则、政府老龄权益保护的责任划分等方面做出了详细的说明，但是，由于它是具有概括性与统领性的制度，目前仍存在一定的模糊性与实施不力的问题，需要进一步的细化与完善。此外，作为目前最受欢迎的社区居家养老服务体系，它兼具家庭养老的亲情关怀与社区养老的多元服务，结合城乡统筹发展以及城镇化的宏观背景，应该在农村地区大力推行社区居家养老模式，通过这种多元的养老服务体系建设，进一步提升其对农村老人生活保障的力度。

（一）努力营造尊老爱老的社会文化氛围

尊老、敬老、爱老一直是中华民族的传统美德，也是我国家庭伦理的重要组成部分。尤其在传统的农耕社会，老人的生产经验与生活经验是农村生产以及家庭发展的重要驱动力。但是在经济社会转型过程中，生产方式现代化、生活方式多样化、乡村话语场域的异化等，使农村老人的社会地位与家庭角色发生巨大变化，农村老人的社会参与和家庭发展参与被逐渐边缘化，农村老人的“权威”受到来自现代性、法治化与理性化的冲击①。因而，在现代化、工业化以及城镇化席卷农村传统秩序的背景下，重塑农村社会秩序尤其是各主体间关系成为新农村建设过程中的一个重要任务。而这其中，对于农村老人的客观认

① 仇凤仙、杨文健：“建构与消解：农村老年贫困场域形塑机制分析”，《社会科学战线》，2014年第4期，第173－178页。

知以及农村孝道文化的弘扬成为解决农村老年贫困的关键所在。为此，一方面需要加强对农村老人生活的关注程度，构建全区尊老、敬老、爱老的社会文化氛围，重申家庭伦理发展过程中的孝文化内涵，倡导和谐的邻里关系，鼓励志愿者、社会组织等社会团体开展敬老、爱老的活动。另一方面，实行优待老人的社会政策。在公共服务提供，如乘车、旅游观光、卫生服务等方面为农村老人提供切实的便利与优惠措施，增强农村老人对公共服务享受的可及性与便利性。

（二）建立健全社会与居家养老服务体系

由于不同的社会主体在老年服务提供与老年生活保障方面具有不同的优势，因此，构建社会化的养老服务体系成为必然。社会化的养老服务体系的主体，主要包括政府、社区、家庭、社会组织等，在综合各种养老服务模式的优缺之后，我们认为，在现阶段推行社区居家养老服务是行之有效且符合农村社会的实际情况的。社区居家养老服务是指家庭养老和社会养老的一种组合优化的养老模式，相对于家庭养老而言有更多正式支持系统，同时也具有社会化养老所不具备的情感与精神慰藉的功能，在应对未富先老、家庭养老式微、社会化养老发展不足等方面有巨大的制度优势。居家养老具有“养老功能的全方位性、养老资源的多元性、养老体系的多层次性、养老体系的开放性与优势互补性”等特点，它以社区为实施载体，以社区组织为主导，通过人员组织、资源整合、潜力挖掘，使老年人在自己熟悉并依赖的环境中接受来自家庭、社区、政府、志愿者以及专业社会工作人员的养老服务，并且通过自身社会支持系统的挖掘、整合与利用，能够在物质、服务、精神、情感等方面得到最大化的满足。

（三）健全农村老年人权益的法律保障体系

老年人有从国家和社会获得物质帮助的权利，有享受社会服务和社会优待的权利，有享受社会发展成果的权利，这是国家宪法赋予每个老人的神圣权利。为保护老年人合法权益、发展老年事业、弘扬中华民族尊老爱老的传统美德，我国于1996年颁布了《中华人民共和国老年人权益保护法》（以下简称“《老年人权益保护法》），使保护老年人合法权益的事业有了法律依据，并且该法于

2012 年进行了进一步修整完善。修订后的《老年人权益保护法》进一步明确了老年人享有的基本权利，强化了政府、家庭、社区对于老人生活保障的作用，使得老人维护自己合法权益有了法律依据。但是，在现实社会中，农村老年人基本权益受到侵害的事实屡见不鲜，这一方面源于农村老龄人口法律意识的淡薄，另一方面是因为老年人权益保障法律法规缺乏可操作性等问题，也制约了老年人权益的有效实现。为了进一步将《老年人权益保护法》落到实处，需要进一步明确各责任主体在老年人权益保护中的责任划分与追责机制，强化法律在实施过程中的操作细则，尤其在老年人精神慰藉、公共服务享有、多层次养老保障体系构建方面。地方政府，可根据社会经济发展的基本情况、地域特色与文化特色等，制定具有更强操作性的农村老年人权益保护规章制度，补充与完善老年人权益保护法。

参考文献

[1] [法] 孟德拉斯. 农民的终结 [M]. 北京：中国社会科学出版社，2005.

[2] [美] 阿瑟·奥沙利文. 城市经济学 [M]. 周京奎，译. 北京：北京大学出版社，2008.

[3] [美] 吉姆斯·舒尔茨. 老年人的经济保障 [M]//陈功. 我国养老方式研究. 北京大学出版社，2003.

[4] [美] 瓦伦丁·M. 莫格哈登，马元曦. 贫困女性化——有关概念和趋势的笔记 [C] //社会性别与发展译文集. 北京：生活·读书·新知三联出版社，2000.

[5] [美] 西奥多·W. 舒尔茨. 论人力资本投资 [M]. 北京：北京经济学院出版社，1994.

[6] [印] 阿玛蒂亚·森. 以自由看待发展 [M]. 任赜，于真，译. 北京：中国人民大学出版社，2002.

[7] 阿玛蒂亚·森. 贫困与饥荒 [M]. 王宇，王文玉，译. 北京：商务印书馆，2001.

[8] 阿瑟·奥肯. 平等与效率——重大的抉择 [M]. 北京：华夏出版社，1987.

[9] 安东尼·吉登斯. 社会学 [M]. 赵旭东，等，译. 北京：北京大学出版社，2003.

[10] 蔡禾，等. 城市居民和郊区农村居民寻求社会支援的社会关系意向比较 [J]. 社会学研究，1997 (6)：8－15.

[11] 曹振飞. 我国城市老年贫困问题研究 [J]. 乐山师范学院学报，2009 (1)：113－116，121.

[12] 柴效武. 生命周期理论及其在售房养老模式中的运用 [J]. 西安财经学院学报，2004 (4)：5－9.

[13] 陈成文，潘泽泉. 论社会支持的社会学意义 [J]. 湖南师范大学社会

科学学报，2000（6）：25－31.

［14］陈银娥，高思．社会福利制度反贫困的新模式——基于生命周期理论的视角［J］．福建论坛（人文社会科学版），2011（3）：13－17.

［15］程建家．农村老龄贫困群体社会心理“扶贫”探析——基于优化人口心理素质的反贫困视角［J］．安徽农业大学学报（社会科学版），2011（5）：1－6.

［16］池振合，杨宜勇．贫困线研究综述［J］．经济理论与经济管理，2012（7）：56－65.

［17］仇凤仙，杨文健．建构与消解：农村老年贫困场域形塑机制分析［J］．社会科学战线，2014（4）：173－178.

［18］崔红威．低龄老年人口特征及其人力资源开发潜力研究［J］．河北大学学报（哲学社会科学版），2011（4）：76－81.

［19］杜鹏．人口老龄化世纪的全球行动［J］．人口与计划生育，2002（6）：33－36.

［20］杜卫华．可持续发展与少数民族地区的计划生育政策［J］．西北人口，2002（1）：35－37.

［21］范辰辰，陈东．新型农村社会养老保险的减贫增收效应［J］．求是学刊，2014（11）：62－70.

［22］方甲．现代工业经济学［M］．北京：中国人民大学出版社，1996.

［23］冯更新．现阶段我国城镇化的内涵和中小城市区域城镇化的重点［J］．郑州大学学报（哲学社会科学版），2004（3）：50－54.

［24］冯立天，马瀛通．21世纪中国人口老龄化与养老能力辨析［J］．中国人口科学，2002（2）：8－12.

［25］高梦滔，姚洋．健康风险冲击对农户收入的影响［J］．经济研究，2005（12）：15－25.

［26］辜胜阻．当代中国人口流动与城镇化［M］．湖北：武汉大学出版社，1994.

［27］郭景平，宋月萍，谭琳．关于我国新型农村合作医疗制度的若干思考［J］．天津社会科学，2008（6）：57－60.

［28］郭庆然．农业信息化推进农业产业化的策略研究［J］．农业经济，2009（4）：70－72.

[29] 郭荣丽. 老年人口贫困的成因及对策研究 [J]. 商业经济, 2012 (9): 11-12.

[30] 韩峥. 脆弱性与农村贫困 [J]. 农业经济问题, 2004 (10): 8-12.

[31] 何宇鹏, 张同生. 人口流动和中国城镇化的空间分布 [J]. 中国劳动经济学, 2007 (2): 88-100.

[32] 贺寨平. 社会经济地位、社会支持网与农村老年人身心健康 [J]. 中国社会科学, 2002 (3): 135-148.

[33] 贺有利, 王生林, 赵晗彬. 城市化的动力——工业化和三产化 [J]. 甘肃理论学刊, 2009 (3): 106-111.

[34] 贺寨平. 国外社会支持网研究综述 [J]. 国外社会科学, 2001 (1): 76-82.

[35] 洪兴建. 贫困指数理论研究述评 [J]. 经济评论, 2005 (5): 112-117.

[36] 胡善联. 全国新型农村合作医疗制度的筹资运行状况 [J]. 中国卫生经济, 2004 (9): 24-25.

[37] 黄家亮. 论社会歧视及其治理——一个社会学视角的理论分析 [J]. 华东理工大学学报 (社会科学版), 2008 (3): 1-6.

[38] 姜向群. 中国老年人口高龄化发展前景及其影响 [J]. 人口学刊, 1994 (6): 18-26.

[39] 蒋美华. 农村已婚女性贫困状况及脱贫对策——以河南农村已婚女性为例 [J]. 中州学刊, 2007 (1): 122-126.

[40] 蒋正华. 中国人口老龄化现象及对策 [J]. 求是, 2005 (6): 41-43.

[41] 金梅. 农村女性文化贫困的社会学分析 [D]. 华中师范大学, 2006.

[42] 景晓芬. "社会排斥"理论研究综述 [J]. 甘肃理论学刊, 2004 (2): 20-24.

[43] 靖继鹏, 马哲明. 信息经济测度方法分析与评价 [J]. 情报科学, 2003 (8): 785-791.

[44] 柯惠新. 调查研究中的统计分析法 [M]. 北京: 北京广播学院出版社, 1992.

[45] 孔祥智, 涂圣伟. 我国现阶段农民养老意愿探讨——基于福建省永安、邵武、光泽三县 (市) 抽样调查的实证研究 [J]. 中国人民大学学报, 2007 (3): 71-77.

[46] 李鹤，张平宇，程叶青．脆弱性的概念及其评价方法 [J]．地理科学进展，2008 (2)：18 - 25.

[47] 李强．社会支持与个体心理健康 [J]．天津社会科学，1998 (1)：67 - 70.

[48] 李少春．城市化中的贫困现象与和谐发展 [N]．光明日报，2006 - 06 - 15 (10).

[49] 李委沙．消除农村老年人口贫困的路径探讨 [J]．江汉论坛，2008 (12)：128 - 130.

[50] 李小云，张雪梅，唐美霞．当前中国农村的贫困问题 [J]．中国农业大学学报 (自然科学版)，2005 (4)：67 - 74.

[51] 李小云，等．农户脆弱性分析方法及其本土化应用 [J]．中国农村经济，2007 (4)：32 - 39.

[52] 李迎生，乜琪．社会政策与反贫困：国际经验与中国实践 [J]．教学与研究，2009 (6)：16 - 21.

[53] 李珍．社会养老保险私有化反思 [J]．中国社会保障，2010 (1)：22 - 24.

[54] 李芝兰．我国农村贫困问题中的女性视角——农村妇女更贫困吗? [J]．开发研究，2007 (6)：68 - 71.

[55] 林兆木．关于新型工业化道路问题 [J]．宏观经济研究，2002 (12)：3 - 8.

[56] 刘春湘，陈克云．非营利组织在妇女反贫困中的积极作用 [J]．湖南师范大学社会科学学报，2008 (2)：101 - 104.

[57] 刘纯阳，蔡铨．贫困含义的演进及贫困研究的层次论 [J]．经济问题，2004 (10)：5 - 6.

[58] 刘国恩，Dow W H，傅正泓，John Akin．中国的健康人力资本与收入增长 [J]．经济学 (季刊)，2004 (1)：101 - 118.

[59] 刘生龙，李军．健康、劳动参与及中国农村老年贫困 [J]．中国农村经济，2012 (1)：56 - 68.

[60] 刘轶芳，罗文博．1989—2009 年我国农村贫困演变及指标分解研究 [J]．农业技术经济，2013 (10)：4 - 15.

[61] 卢周来．农民贫困的根本原因 [J]．文化博览，2006 (7)：29.

[62] 鲁道夫·吕贝尔特. 工业化史 [M]. 上海: 上海译文出版社, 1983.

[63] 罗遐, 于立繁. 我国农村老年贫困原因分析与对策思考 [J]. 生产力研究, 2009 (1): 110-112.

[64] 马世骁, 徐萍, 孙彦. 城镇化水平综合评价方法研究 [J]. 沈阳建筑大学学报 (自然科学版), 2012 (3): 272-276.

[65] 马特, G, M. 范德普尔. 个人支持网概述 [J]. 国外社会学, 1994 (4): 3-7.

[66] 孟昕, 克里斯汀·杨. 老龄化与中国城市居民医疗支出 [J]. 中国劳动经济学, 2006 (1): 3-20.

[67] 穆光宗. "贫困" 的人口学思考——来自六盘山区的报告 [J]. 开发研究, 1990 (4): 56-59.

[68] 穆光宗. 中国传统养老方式的变革和展望 [J]. 中国人民大学学报, 2000 (5): 39-44.

[69] 牛文元. 中国新型城镇化报告·2011 [M]. 北京: 科学出版社, 2012.

[70] 彭华民. 福利三角: 一种社会政策的分析范式 [J]. 社会学研究, 2006 (4): 157-169.

[71] 彭华民. 中国社会救助制度创新的制度分析: 范式嵌入、理念转型与福利提供 [J]. 学术月刊, 2015 (1): 93-100.

[72] 钱纳里, 塞尔奎因, 等. 工业化和经济增长的比较研究 [M]. 北京: 三联书店出版社, 1989.

[73] 乔晓春, 张恺悌, 孙陆军, 张玲. 对中国老年贫困人口的估计 [J]. 人口研究, 2005 (2): 8-15.

[74] 乔晓春, 张恺悌, 孙陆军. 中国老年贫困人口特征分析 [J]. 人口学刊, 2006 (4): 3-8.

[75] 秦润新. 农村城镇化理论与实践 [M]. 北京: 中国经济出版社, 2000.

[76] 丘海雄, 陈健民, 任焰. 社会支持结构的转变: 从一元到多元 [J]. 社会学研究, 1998 (4): 31-37.

[77] 尚卫平, 姚智谋. 多维贫困测度方法研究 [J]. 财经研究, 2005 (12): 88-94.

[78] 申晓梅. 论教育与贫困的负相关性 [J]. 社会科学研究, 2002 (4): 102 - 105.

[79] 沈红. 中国历史上少数民族人口的边缘化——少数民族贫困的历史透视 [J]. 西北民族学院学报 (哲学社会科学版), 1995 (2): 53 - 60.

[80] 沈红. 中国贫困研究的社会学评述 [J]. 社会学研究, 2000 (2): 91 - 103.

[81] 世界银行. 1995 年世界发展报告 [M]. 北京: 中国财政经济出版社, 1995.

[82] 世界银行. 2000—2001 年世界发展报告: 与贫困作斗争 [M]. 北京: 中国财政经济出版社, 2001.

[83] 苏东海. 小康社会目标的实现与少数民族地区生育政策的调整 [J]. 社会科学, 2003 (2): 64 - 70.

[84] 孙陆军, 张恺悌. 中国城市老年人的贫困问题 [J]. 人口与经济, 2003 (5): 1 - 7.

[85] 唐钧. 中国城市居民贫困线研究 [M]. 上海: 社会科学院出版社, 1998.

[86] 唐康芬, 许改玲. 农村人口老龄化的特殊性分析 [J]. 西北人口, 2007 (2): 85 - 88.

[87] 汪传雷, 李从春. 信息化与工业化融合研究 [J]. 情报理论与实践, 2009 (11): 32 - 37.

[88] 汪三贵, 王瑜. 人口老龄化与人口流动背景下的农村老年贫困 [J]. 农业部管理干部学院学报, 2012 (4): 1 - 6.

[89] 王碧玉, 庞柏林. 我国农村贫困发生率变化趋势与贫困缺口率量化研究 [J]. 商业研究, 2006 (3): 150 - 153.

[90] 王诚. 论社会保障的生命周期及中国的周期阶段 [J]. 经济研究, 2004 (3): 98 - 107.

[91] 王德文, 张恺悌. 中国老年人口的生活状况与贫困发生率估计 [J]. 中国人口科学, 2005 (1): 60 - 68.

[92] 王桂新. 城市化基本理论与中国城市化的问题及对策 [J]. 人口研究, 2013 (6): 43 - 51.

[93] 王晶, 刘彦喆. 农村丧偶老年女性贫困原因的社会学分析 [J]. 东北

师大学报（哲学社会科学版），2012（1）：201－206.

［94］王宁，庄亚儿．中国农村老年贫困与养老保障［J］．西北人口，2004（2）：55－58.

［95］王跃生．中国农村家庭的核心化分析［J］．中国人口科学，2007（5）：36－49.

［96］王增文．农村老年女性贫困的决定因素分析［J］．中国人口科学，2010（1）：75－84.

［97］魏众．健康对非农就业及其工资决定的影响［J］．经济研究，2004（2）：64－74.

［98］吴理财．“贫困”的经济学分析及其分析的贫困［J］．经济评论，2001（4）：3－9.

［99］吴敏一．中国工业化理论和实践探索［M］．杭州：浙江人民出版社，1991.

［100］吴天然．中国农村工业化论［M］．上海：上海人民出版社，1997.

［101］吴香雪．农村老年贫困人口社会救助问题研究［J］．重庆工商大学学报（社会科学版），2014（6）：14－21.

［102］吴友仁．关于我国社会主义城镇化问题［J］．城市规划，1979（5）：13－24.

［103］向常春．三峡农村老年移民妇女贫困原因分析［J］．中国老年学杂志，2007（14）：1427－1429.

［104］向荣，张永群．对贫困地区人口老龄化与养老体系建设的调查与思考——立足于恩施自治州实际［J］．清江论坛，2014（3）：19－22，27.

［105］小松崎清介，等．信息化与经济发展［M］．李京文，等，译．北京：社会科学文献出版社，1994.

［106］谢康，李礼，谭艾婷．信息化与工业化融合、技术效率与趋同［J］．管理评论，2009（10）：3－12.

［107］［美］谢若登．资产与穷人［M］．北京商务印书馆，2005.

［108］熊波．中国农民贫困的制度原因——权利贫困［J］．农业经济，2006（1）：80－81.

［109］徐勤，魏彦彦．从社会性别视角看老年贫困［J］．市场与人口分析（增刊），2005：99－109.

[110] 徐月宾，刘凤芹，张秀兰．中国农村反贫困政策的反思——从社会救助向社会保护转变 [J]．中国社会科学，2007 (3)：40－55.

[111] 许艳丽，董维玲．单亲母亲家庭经济现状研究 [J]．人口学刊，2008 (2)：20－25.

[112] 薛惠元．新农保能否满足农民的基本生活需要 [J]．中国人口·资源与环境，2012 (10)：170－176.

[113] 阎竣，陈玉萍．农村老年人多占用医疗资源了吗？农村医疗费用年龄分布的政策含义 [J]．管理世界，2010 (5)：91－95.

[114] 杨殿兴，苏小川．发挥中医药优势走我国医疗卫生保障的特色之路 [N]．中国中医药报，2005－11－4.

[115] 杨菊华，陈志光．老年绝对经济贫困的影响因素：一个定量和定性分析 [J]．人口研究，2010 (5)：51－67.

[116] 杨立雄，胡姝．中国农村贫困线研究 [M]．北京：中国经济出版社，2013.

[117] 杨立雄．中国老年贫困人口规模研究 [J]．人口学刊，2011 (4)：37－45.

[118] 杨玉萍．健康的收入效应：基于分位数回归的研究 [J]．财经科学，2014 (4)：108－118.

[119] 姚云云，东波．农村反人文贫困的社会支持网络构建分析——以黑龙江省为例 [J]．西安电子科技大学学报：社会科学版，2011 (2)：75－79.

[120] 叶普万，贾慧咏．中国农村妇女贫困的现状、原因及解决对策 [J]．理论学刊，2010 (9)：61－64.

[121] 叶裕民．中国城市化之路一经济支持与制度创新 [M]．北京：商务印书馆，2002.

[122] 易红梅，张林秀，罗仁福，等．新型农村合作医疗：农民认知与受益调查 [J]．人口学刊，2011 (1)：47－53.

[123] 于学军，陈功．应对老年人口贫困问题的几点建议 [J]．老人天地，2004 (12)：30.

[124] 于学军．从上海看中国老年人口贫困与保障 [J]．人口研究，2003 (3)：33－38.

[125] 于学军．老年人口贫困问题研究 [M] /中国老龄科学研究中心．中

国城乡老年人口状况一次性抽样调查数据分析．北京：中国标准出版社，2003.

［126］于长永．农民“养儿防老”观念的代际差异及转变趋向［J］．人口学刊，2012（6）：40－50.

［127］于长永．农民养老风险、策略与期望的代际差异［J］．农业经济问题，2015（3）：24－32.

［128］于长永．人口老龄化背景下农民的养老风险及其制度需求——基于全国十个省份前胡农民的调查数据［J］．农业经济问题，2011（10）：56－66.

［129］余央央．老龄化对中国医疗费用的影响［J］．世界经济文汇，2011（5）：64－79.

［130］俞立平，潘云涛．武夷山工业化与信息化互动关系的实证研究［J］．中国软科学，2009（1）：34－40.

［131］袁蓓，傅国华，赵杠．农村家庭养老保障效果实证研究［J］．农业经济问题，2011（4）：61－71.

［132］詹姆斯·斯科特，程立显等译．农民的道义经济学：东南亚的生存与反叛［M］．南京：南京译林出版社，2001.

［133］张车伟．营养、健康与效率——来自中国贫困农村的证据［J］．经济研究，2003（1）：3－12.

［134］张德强，谭晶荣，罗丹．贫困地区农村老龄人口致贫情况分析及养老模式——以宁夏盐池县为例［J］．科学·经济·社会，2004（3）：10－12.

［135］张广科．新型农村合作医疗制度支撑能力及其评价［J］．中国人口科学，2008（1）：83－93.

［136］张广科．新型农村合作医疗制度保障能力及其建设建议［J］．财政研究，2008（10）：72－74.

［137］张航空．上海市贫困女性老年人口特征分析［J］．南京人口管理干部学院学报，2007（4）：45－48.

［138］张弘骅．教育水平与老年贫困问题的研究［J］．金田，2014（8）：290－291.

［139］张俊良，戴姗姗．城市老年人口贫困问题研究［N］．中国人口报，2010－10－18（3）.

［140］张恺悌，孙陆军，苗文胜．中国农村老年人的贫困问题［C］／中国老龄科学研究中心2003年度优秀论文集，2003.

[141] 张岭泉，邬沧萍，段世江．解读农村老年人的“零消费”现象 [J]．甘肃社会科学，2008 (1)：212-215.

[142] 张培刚．农业与工业化：上卷 [M]．武汉：华中科技大学出版社，2002.

[143] 张天潘．中国老龄化更高视野上的冲击和压力 [N]．南方都市报，2015-06-14.

[144] 张文宏，阮丹青．城乡居民的社会支持网 [J]．社会学研究，1999 (3)：12-24.

[145] 张雪梅，李晶，李小云．妇女贫困：从农村到城乡，从收入贫困到多维贫困——2000 年以来中国“妇女贫困”研究评述与展望 [J]．妇女研究论丛，2011 (5)：99-105.

[146] 赵曼，张广科．新型农村合作医疗保障能力研究 [M]．北京：中国劳动社会保障出版社，2009.

[147] 赵群．将社会性别平等观念纳入农村反贫困政策与实践的主流 [J]．妇女研究论丛，2005 (69)：11-15.

[148] 郑风田，阮荣平，刘力．风险、社会保障与农村宗教信仰 [J]．经济学（季刊），2010 (3)：829-851.

[149] 郑杭生．社会歧视和以人为本——一个社会学的分析 [M] /郑杭生．减缩代价与增促进步：社会学及其深层理念．北京：北京师范大学出版社，2007.

[150] 周彬彬．向贫困挑战——国外缓解贫困的理论与实践 [M]．北京：人民出版社，1991.

[151] 周林刚，冯建华．社会支持理论——一个文献的回顾 [J]．广西师范学院学报（哲学社会科学版），2005 (3)：11-15.

[152] 周林刚，胡杨玲．歧视理论视野下的残疾人就业 [J]．中国残疾人，2007 (6)：40-41.

[153] 周忠，孙开庆．转型期我国农村老年贫困问题成因及对策思考 [J]．中共四川省委省级机关党校学报，2009 (1)：53-55.

[154] 朱庆芳．从指标体系看老龄人口的贫困化 [J]．中国党政干部论坛，2005 (8)：25-28.

[155] Adrienne La Grange & Betty Yung. Aging in a tiger welfare regime: The

single elderly in Hong Kong . Cross-Cultural Gerontology, 2001 (16): 257.

[156] Allport, G. W. , The Nature of Prejudice. Cambridge, Ma: Addison-Wesley, 1954.

[157] Bastos, Casacab, Nunesc, et al. . Women and Poverty: A Gender-Sensitive Approach [J]. The Journal of Socio-Economics, 2009 (38).

[158] Booth. C. Pauperism: A Picture of the Endowment of Old Age: An Argument, Macmillan, 1892.

[159] Bourguignon, Chakravarty. The Measurement of Multidimensional Poverty [J]. Journal of Economic Inequality, 2003 (1).

[160] Burchardt, T. , Le Grand, J. & Piachaud, D. , "Social exclusion in Britain 1991 - 1995. Social Policy & Administration, 1999, 33 (3).

[161] C. K. KirK Patri. The Lndustrialisatin of less Devel-oped Countries. Editors Manchester University Press, 1983, 2.

[162] Chulhee Lee. Life-Cycle Saving in the United States, 1900 - 1990 [J]. Review of Income and Wealth, 2003: 472.

[163] Dannefer, D. Cumulative Advantage/ Disadvantage and the Life Course Cross-Fertilizing Age and Social Science Theory. Journals of Gerontology Series B: Psychological Sciences and Social Sciences, 2003.

[164] David E B, David C, Günter F. Implications of population aging for economic growth. Oxf Rev Econ Policy.

[165] Duffy, K. , The human dignity and social exclusion project-research opportunity and risk: trends of social exclusion in Europe, Council of Europe, 1998.

[166] Employment Policies. Sociological Quarterly, 2001 (42): 19 - 27.

[167] Ferge, Zs. & Miller, S. M. ed. Dynamics of Deprivation, Hants: Gower, 1987: 37.

[168] Gerdtham, U. -G. , J. Sögaard, B. Jönsson and F. Anderson. A Pooled Crossed Section Analysis of the Health Expenditure of the OECD Countries [C]. Health Economics Worldwide, Dordrecht: Kluwer Academic Publishers, 1992.

[169] G. F. White. Natural Hazards: Local, National, Global [M]. Oxford: Oxford University Press, 1974.

[170] Giddens, A. , Face a exclusion, Esprit, Quoted in Beck, W. , Maesen,

L. & Walker, A. (Ed), The social quality of Europe, Bristol: the Policy Press, 1995.

[171] Gordon, D. et al. , Poverty and social exclusion in Britain, York: Joseph Rowntree Foundation, 2000.

[172] Hermalin, A. I. (Ed.). Thewell-being of the Elderly in Asia: A four-country Comparative Study. Ann Ar-bor: University of Michigan Press, 2003.

[173] Hitiris, T. and J. Posnett. The Determinants and Effects of Health Expenditure in Developed Countries [J]. Journal of Health Economics, 1992, 11: 173 - 181.

[174] House, J. S. Social Relationships and Health. Science, 1988, 241: 540 - 545.

[175] Howse, Kenneth. Tackling Poverty and Social Exclusion of Older People-Lessons from Europe [Z]. Oxford Institute of Ageing Working Papers, 2008, October.

[176] Hyman P Minsky. The Financial Fragility Hypothesis: Capitalist Process and the Behavior of the Economy in Financial Crises [M]. Edited by Cambridge University Press, 1982.

[177] Ivaschenko, Oleksiy. Adult Health and Earnings in the Ukrainian Labor-Market, in Ivaschenko (eds), Essays.

[178] Jay Ginn. Older women in Europe: East follows west in the feminization of poverty? [J]. Ageing International, 1998: 244.

[179] Jönsson, B. and I. Eckerlund. Why Do Different Countries Spend Different Amounts on Health Care? Macroeco-nomic Analysis of Differences in Health Care Expenditure, Chapter 6 in A Disease-based Comparison of Health Sys-tems. What is best at what cost? OECD, Paris, 2003.

[180] Lenoir, R. , Les exclus: Un francais sur dix, Pairs: seuil, 1974.

[181] Llis, F. : Peasant Economics, Cambridge University Press, 1988.

[182] M. Makiwane, S. A. Kwizera. An Investigation of Quality of Life of the Elderly in south Africa, with Specific Reference to Mpumalanga Province [J]. Applied research in Quality of life, 2006 (1): 310.

[183] Machlup F. The Production and Distribution of Knowledge in the United States [M]. Princeton University press, New Jersy, 1962: 33.

[184] McGarry, K. and R. F. Schoeni. 1997. Transfer Behavior within the Family: Results from the Asset and Health Dynamics Study. Journal of Gerontology: Social Sciences 52 B (Special Issue): 82 -92.

[185] Merton, Robert K. Social Theory and Social Structure. New York: Free Press, Enlarged edition, 1968.

[186] Merton, Robert k.. Insiders and outsiders. Ameirican Journal of sociology, 2000, 78: 213.

[187] Miehael S. Rendall, Alden S Peare, Jr. Elderly Poverty alleviation through living with family [J]. Population Economics, 1995 (8): 383.

[188] Porat M. U. The Information Economy [M]. Washington, DC, Government Printing Office, 1977: 47.

[189] Poverity, Income Inequality and Health in Transition Economics, Economic Study 122, Department of Economics, Goteborg University Ph D. dissertation, 2003.

[190] Richardson, L. & Le Grand, J., Outsider and insider expertise: the response of residents of deprived neighbor hoods to an academic definition of social exclusion. Social Policy and Administration. 2002.

[191] Richardson, L. & Le Grand, J., Outsider and insider expertise: the response of residents of deprived neighbor hoods to an academic definition of social exclusion. Social Policy and Administration, 2002.

[192] Robbins, D., Social Europe towards a Europe of solidarity: combating social exclusion, European Community, 1994.

[193] Robert Haveman, Karen Holden, Kathryn Wilson and Barbara wolfe; Social Security, Age of Retirement, And Economic Well-Being: Intertemporal and Demographic Patterns Among Rerired-Worker Beneficiaries; Demogropy, Volume. No. 2, May 2003: 369 -394.

[194] Rojas. Experienced Poverty and Income Poverty in Mexico: A Subjective Well-Being Approach [J]. World Development, 2008, 36 (6).

[195] Roumasset. Rice and risk: Decision Making Among Low Income Farmers. North Holland, Amsterdam, 1976.

[196] Poverty: A Study of Town Life, Macmillan Saraceno, C., The importance of the concept of social exclusion, In Beck, W., Measen, L. V. D. & Walker, A.

(Ed), The social quality of Europe, Bristol: Policy Press, 1997.

[197] Schultz, T. Paul. Productive benefits of health: evidence from low-income countries [J]. IZA Discussion Papers.

[198] Se. Taylor, L. A. Peplau, D. O. Sears. 社会心理学 [M]. 谢晓非，等，译. 北京：北京大学出版社，2004.

[199] Sen, Amartya. Development as Freedom [M]. NewYork: Anchor Books, 1999.

[200] Shi, W., V. Chongsuvivatwong, A. Geater, J. Zhang, H. Zhang and D. Brombal. The Influence of the Rural Health Security Schemes on Health Utilization and Household Impoverishment in Rural China: Data from a Household Survey of Western and Central China [J]. International Journal for Equity in Health, 2010, 9: 7.

[201] Silver, H. Three paradigms of social exclusion, In Rodgers, G., Gore, C. & Figueiredo, J. B. (ED).

[202] Social exclusion: rhetoric, reality, responses [R]. Geneva: International Instrute for Labour Studies, 1995.

[203] Silver, H., Three paradigms of social exclusion, In Rodgers, G., Gore, C. & Figueiredo, J. B. (ED), Social exclusion: rhetoric, reality, responses, Geneva: International Instrute for Labour Studies, 1995.

[204] Strycker Robin. Disparate Impact and the Quota Debates: Law, Labor Market Sociology, and Equal.

[205] Sun, X., S. Jackson, G. A. Carmichael and A. C. Sleigh. Catastrophic Medical Payment and Financial Protection in Rural China: Evidence from the New Cooperative Medical Scheme in Shandong Province [J]. Health Economics, 2009, 18: 103-119.

[206] Tilak, J. Post-elementary education, poverty and development in India [J]. International Journal of Educational Development, 2007, 27 (4): 435-445.

[207] Timmerman P. Vulnerability, Resilience and the Collapse of Society: A Review of Models and Possible Climatic Applications [R]. Toronto, Canada: Institute for Environmental studies, University of Toronto, 1981.

[208] Wagstaff, A., M. Lindelow, J. Gao, L. Xu and J. Qian. Extending Health Insurance to The Rural Population: An Impact Evaluation of China's New Coop-

erative Medical Scheme [J]. Journal of Health Economics, 2009, 28 (1): 1 – 19.

[209] Wakker, A. , The Strategy of inequality, in Walker, A. & Walker, C. (Ed), Britain divided: the growth of social exclusion in 1980s and 1990s, London: CPAG, 1997.

[210] Walker, A. The Social Creation of Poverty and Dependency in Old Age, Journal of social Policy, 1980, 9 (1).

[211] Walker, A. Pensions and the Production of Poverty In Old Age, In Walker. A. and Phillip son, C. (eds), 1986.

[212] Wellman, B. & Wortley, S. Brothers' keepers: Situating kinship relations in broader networks of social support, Sociological Perspectives, 1989: 32.

[213] Zimmer, Zachary and Julia Kwong. Family Size and Support of Older Adults in Urban and Rural China: Current Effects and Future Implications. Demography, 2003, 1: 23 – 44.

